그리스도인도 인간이다 보니 별 수 없이 저마다 은밀하게 소유하고 다니는 가면들이 있다. 그래서 비그리스도인보다 훨씬 더 은밀하게 아파하고 힘들어한다. 이 책은 이런 가면들의 정체를 잘 보여 줄 뿐 아니라, 가면을 벗고 밝은 곳으로 나아가도록 우리를 온유하고 친절하게 안내한다. 좀더 용기를 내어 자신과의 투명한 대면과 치유를 기다리는 모든 분들에게, 이 한 권의 책을 흥분된 마음으로 추천하고 싶다. 가면을 벗고 밝은 곳으로 커밍아웃하는 더 많은 성도들이 바로 이 세상의 희망이다.

이동원 _ 지구촌교회 담임목사

10여 년이 넘도록 한국 교회 안에서 내적 치유 사역을 하면서 보게 된 것은, 인간관계 속에서 받은 상처와 아픔이 건강하게 치유되지 못할 때, 그것이 '쓴 뿌리'가 되어 인생의 여러 영역에서 부작용을 일으키는 것이었다. 특별히 이 '쓴 뿌리'는 속사람 안에 견고한 벽을 만들어 대인관계에 결정적이고 부정적인 원인을 제공한다. 이번에 출간된 「관계의 가면」은 건강한 대인관계를 가로막는 내면의 원인을 정확하게 보게 해주며, 드러난 증상들을 치유하는 데 결정적인 도움을 줄 것이다.

주서택 _ 청주주님의교회 담임목사·내적치유사역연구원 원장 저자는 여러가지 다양한 기질과 삶의 경험 속에서—각 개인이 자기도 모르게 갖게 된 '가면을 유형화'하였기 때문에 자신을 어떤 영역에 구분짓고 싶어하지 않는 우리의 속성상, 남을 판단하는데 사용하기 쉽지만—하나님과 또 사람들과의 관계에서 깊이 있는 '친밀함'을 누리지 못하고 있는 이유를 찾기 원하는 사람들에게 아주 실질적인 도움을 주고 있다. 관계를 향해 '마음을 닫기 시작한 지점'으로 돌아가 그 원인을 찾고, 다시 사랑할 수 있도록 우리의 좌절된 마음에 회복의 비전을 비춰 주는 안내서로서, 인격과 영혼이 멈추지 않고 계속해서 '사랑하기'를 추구하는 많은 영혼의 지도자와 리더들에게 이 책을 권하고 싶다.

이미순 _ 한국IVF학사회 간사

매우 시의적절하고 유용한 책이다. 이 책은 직접적이고 효과적으로 문제에 접근하여, 인간관계의 가장 강력한 벽을 허물 수 있도록 성경적·심리학적 지침을 제공한다.

아치볼드 하트 _ 「참을 수 없는 중독」(두란노)의 저자

관계의 **가면**

러셀 윌링엄 지음 · 원혜영 옮김

IVP

IVP(InterVarsity Press)는
캠퍼스와 세상 속의 하나님 나라 운동을 지향하는
IVF(InterVarsity Christian Fellowship)의 출판부로
생각하는 그리스도인을 위한 문서 운동을 실천합니다.

Originally Published by InterVarsity Press
as *Relational Masks* by Russell Willingham
ⓒ 2004 by Russell Willingham
Translated by permission of InterVarsity Press
P. O. Box 1400, Downers Grove, IL. 60515, U. S. A.

Korean Edition ⓒ 2006 by Korea InterVarsity Press
156-10 Donggyo-ro, Mapo-gu, Seoul 04031, Korea.

Removing the Barriers That Keep Us Apart
Relational Masks

Russell Willingham

New Creation Ministries에 속한 이들에게
사랑을 담아 이 책을 바친다.
지난 10년 동안 나는 여러분과 함께 지내면서
깊은 고통과 말로 다할 수 없는
기쁨을 경험하는 특권을 누렸다.
또한 나는 여러분들이 결코 알지 못할 방법으로
배웠으며 복을 받았다.

차례

감사의 글　11
서문　13
1. 관계의 가면이라는 견고한 요새　17
2. 관계의 가면의 기초 _ 핵심 신념　27
3. 회피자 유형 _ 내적인 반항아　51
4. 비껴가는 자 유형 _ 심장공포증　67
5. 자기 비난자 유형 _ 어두움의 숭배자　81
6. 구세주 유형 _ 맹목적인 섬김　99
7. 공격자 유형 _ 방어물로서의 적개심　119
8. 영적인 해석자 유형 _ 가면으로서의 하나님　139
9. 하나님과 동행하는 삶의 비결　163
10. 사람들과 동행하는 삶의 비결　195
후기 _ 내가 아는 것　211
부록1 _ 핵심 신념 7가지 한눈에 보기　215
부록2 _ 관계의 가면 6가지 한눈에 보기　221
부록3 _ 토론 문제　227
주　237

감사의 글

내 아내는 언제나 최고의 후원자였고 이 책을 만들 때도 예외는 아니었다. 아내와 아내의 기도가 없었다면 이 책은 세상에 나오지 못했을 것이다. 또 출판 과정에서 매우 중요한 역할을 해준 세 사람이 있는데, 델라 오르티즈(Della Ortiz), 도나 햄(Donna Hamm) 그리고 캐서린 벨몬트(Kathryn Belmont)가 그들이다. 이 세 여성은 아내와 함께 나를 격려해 주었고, 이 책이 나오도록 기도해 준 중보자들이다.

항상 기도해 주고 이 프로젝트에 대해 관심을 보여 준 스캇 렁그월스(Scott Rungwerth)에게 감사하고 싶다. 이 책에 대한 그의 진심 어린 관심은 나에게 큰 힘이 되었다. 내가 원고를 쓸 수 있도록 자신의 사무실을 내준 피플즈 교회(Peoples Church)의 페럴 핸더슨(Ferral Henderson)에게도 감사의 말을 전하고 싶다. 그 곳은 다른 마땅한 곳이 없을 때 일하기에 아주 조용한 장소였다. 이 책을 쓸 수 있도록 컴퓨터를 기부해 준 코니 헬블링(Connie Helbling)에게 감사한다. 이 책이 열매를 맺는다면 일부는 그의 공로다.

편집의 수고와 격려를 아끼지 않은 버지니아 뮤어(Virginia Muir)에게 감사한다. 이 프로젝트를 확신해 준 알 수(Al Hsu)와 IVP 출판위원회에 매우 감사한다. 그들의 비전으로 이 책이 나올 수 있었다. 「상처받은 마음」(*The Wounded Heart*)에서 관계 맺는 유형에 대한 글을 써 준 댄 알렌더(Dan Allender)에게 감사한다. 그의 글은 나에게 많은 생각을 하게 했다. 조나단 올포드(Jonathan Olford)의 우정과 멘토링에 감사한다. 그가 나에게 얼마나 많은 영향을 미쳤는지는 그 자신도 잘 모를 것이다. 나에게 "책은 잘 진행되나요?"라고 종종 관심을 갖고 질문해 준 New Creation Ministries의 모든 내담자, 후원자 그리고 자원 봉사자들에게 감사한다.

　마지막으로 나를 인도하신 주 예수님께 감사드린다. 나는 그분이 명령하신 일을(마 10:27) 했을 뿐이다. 주님, 이 책에 쓰인 말들이 상한 심령들의 질문에 대한 답이 되게 하시고 그들을 변화시키는 데 사용되게 하소서. 그분은 진리를 갈급해하는 이 세대를 아신다. 이 보잘것없는 메시지가 그분의 치료하시는 응답의 일부로 쓰이길 바란다.

서문

집수리하기를 좋아하던 어떤 아동 심리학자의 이야기다. 어느 토요일, 그는 집과 도로가 연결되는 지점에 시멘트 바르는 작업을 마무리하고 있었다. 그는 아직 젖어 있는 콘크리트 바닥을 흙손으로 부드럽게 펴고 있었으며, 몇 미터 떨어진 곳에서는 이웃집 소년이 그가 일하는 모습을 지켜보며 서 있었다.

길 건너에는 이웃 사람이 잔디를 깎고 있었는데, 그는 수년 동안 이 박사가 아이들의 심리를 연구하는 일을 얼마나 좋아하는지에 대해 얘기하는 말을 귀가 닳도록 들었다. 하지만 이번에는 무슨 문제가 생길지도 모른다고 생각하면서 박사와 어린 소년을 계속 주시했다. 아니나 다를까, 그 박사가 일을 마치고 자신이 한 일을 흐뭇하게 바라보기 위해 뒤로 물러서자마자, 소년이 행동을 개시했다. 그는 시멘트를 발라 놓은 곳에 뛰어들더니 이쪽저쪽으로 쿵쿵거리며 뛰어다녔다.

소년이 시멘트 밖으로 나왔을 때 박사는 소년을 붙잡고 등을 때리기 시작했다. 길 건너에 있던 남자는 박사의 반응에 너무나 놀랐다. 소년이 울면서 집으로 달려가자, 길 건너에 있던 이웃 남자가 외쳤다. "저기요,

헨리, 나는 당신이 아이들을 **사랑하는** 줄 알았는데요."

"난 **정말** 아이들을 사랑해요." 그 박사가 대답했다. "하지만 추상적으로(in the abstract) 사랑할 뿐이지 실제 생활에서는(in the concrete: concrete의 이중적인 의미를 담은 표현이다—역주) 그렇지 않아요."

자, 아동 보호 기관에 전화하라고 말하기 전에, 이 이야기의 핵심을 생각해 보라. 이 훌륭한 박사는 대부분의 사람들과 똑같다. 그는 자신이 믿는 것에 대해서는 많은 주장을 하지만 다른 사람들과 교류하는 모습은 그의 말과 일치하지 않는다.

나는 매일 다양한 문제로 씨름하는 각계 각층의 그리스도인들을 상담한다. 그런데 그 가운데 변함 없는 것이 하나 있다. 즉, 그들이 고수하는 성경적 신념들은 그들이 관계를 맺는 방식과 전혀 다르다는 것이다. 배우자와 자녀에게 상냥하지 않은 목회자들, 성경 공부를 훌륭하게 인도하지만 남편에게 욕설을 퍼붓는 여자들, 서로 말다툼하고 싸우는 교회 직원들, 포르노에서부터 무절제한 음식 섭취나 소비에 이르기까지 온갖 것에 남몰래 탐닉하는 남자와 여자들을 본다.

우리는 왜 이런 일을 하는 것일까? 위선자이기 때문인가? 진정으로 구원받지 못했기 때문인가? 마땅히 해야 하는 기도를 하지 않았거나 성경을 읽지 않았기 때문인가? 해답은 이것이다. 우리는 **실제로 우리 자신에 대해서 잘 모른다**. 감추어진 신념과 관계의 가면이 다른 사람들과 친밀해질 수 있는 능력을 무력하게 한다. 관계의 가면은 단지 '거짓으로 꾸민 겉모양'(phony fronts)이 아니다. 그것은 우리가 고통으로부터 자신을 보호하기 위해 어린 시절에 형성했던 관계 맺는 유형이다. 그 유형은 우리 각 사람의 고유한 태도나 행동이 얽힌 복합체다. 이러한 관계의 가면은 우리가 성인이 되어 살아갈 때 장벽이 되어 좀더 깊이 다른 사람들을 알고 자신을 알리지 못하도록 우리를 방해한다.

우리 속에 있는 관계의 가면을 알아보기는 어렵다. 왜냐하면 우리에 관한 한, 우리가 관계 맺는 방식은 '우리가 존재하는 방식 그대로'(just the way we are)이기 때문이다. 우리는 지금 그대로의 우리의 모습에서 어떤 잘못된 점을 보지 못하거나 가면은 그대로 놓아 둔 채 우리 삶의 다른 부분을 변화시키기 위해 노력한다. 우리는 또 다른 책을 읽거나 컨퍼런스에 참석하거나 다음에는 더 잘하겠다고 하나님께 약속한다. 그러나 우리의 관계의 가면은 여전히 남아 있다.

우리 대부분은 강건한 복음주의 신학을 가지고 있지만 하나님, 자신 그리고 다른 사람들과 친밀한 관계를 맺는 데 곤란을 겪는다. 회피자 유형과 공격자 유형의 사람은 어떤 일에든 대처하는 경우가 거의 없다. 단지 자신의 문제에 집중하는 것을 피하기 위해 종종 누군가를 쫓아다닌다. 자기 비난자 유형의 사람은 자신의 모든 실패와 약점을 쉽게 미워하지만 그것을 해결하는 데 필요한 일은 거의 하지 않는다.

나는 사람들과 상담을 하면서 그들의 문제를 이해하게 되었지만, 그렇다고 이 책을 쓰기에 적합한 자격을 갖춘 것은 아니다. 나 자신의 고통, 몸부림 그리고 혼란을 겪으면서 이런 주제에 관해서 말할 수 있는 자격이 형성된 것이다. 나는 온갖 종류의 사역 환경에서 수년 동안 하나님을 섬겼다. 그러는 동안 결혼 생활과 관련해서 끔찍한 시간을 보냈고, 자아상과 씨름하였으며, 다양한 공포와 의심을 극복하기 위해 싸웠다.

그러나 예수님은 나에게 은혜를 베풀어 주셨다. 그분은 나를 계속해서 바닥에 내동댕이치는 일, 곧 내 마음속에서 일어나고 있는 일을 내게 보여 주셨다. 그것은 고통스러운 여정이었지만(그리고 때때로 여전히 그렇지만), 나는 하나님이 내 안에 있는 불신, 반항, 고통의 층을 한 겹 한 겹 벗기시는 것을 보았다. 아직은 실망스럽기도 하지만 나 자신의 마음이 얼마나 멋지게 될 수 있는지 배워 가면서 다른 사람들 속에서도 비슷한 점을 보기 시작했다. 내가 열린 마음을 가진 그리스도인들에게 이런 생각을 이야기했을 때, 나는 그들의 삶에 놀라운 변화가 일어나는 것을 보았다.

어떤 사람들은 이 책에서 제시하는 것에 전혀 관심이 없을지도 모른다. 그들은 자신의 모습 그대로가 좋다거나 변화하기에는 너무 늦었다고 생각할지도 모른다. 그러나 그 두 가지 모두 사실이 아니다. 하나님은 당신이 될 수 있고 성취할 수 있는 것에 대해 놀라운 계획을 가지고 계신다. 당신은 예수님을 따르는 대다수의 사람들처럼 될 수 있고, 신학에 초점을 맞추거나 혹은 존경할 만한 생활 양식으로 살아가는 데 집중할 수 있다. 또는 어떤 희생이 있을지라도 예수님이 그들의 모든 구석까지 드러내시고 채우시며 소유하시도록 내어 드린 사람들과 합류할 수 있다.

나와 함께하면서 예수님과 당신 자신에 대해서 더 많이 배우기를 권한다. 가는 길이 험하고 두려울지도 모르지만, 그것은 옳은 길이다. 이 길을 묵묵히 걸어가는 모든 사람은 결국 본향에 도착할 것이다. 다른 길을 선택한다면 많은 친구들을 얻게 되겠지만 당신이 이르게 되는 곳을 좋아할 수는 없을 것이다. 해답을 얻을 준비가 되어 있다면, 앞으로 가는 길에서 그것을 발견할 것이다.

1. 관계의 가면이라는 견고한 요새

수년 동안 사람들과 함께 일하고 난 뒤에 깨달은 점이 있다. 곧 거의 모든 그리스도인들이 어느 정도는 부정직과 싸우고 있다는 것이다. 이보다 더욱 섬뜩한 사실은, 다른 사람들의 부정직함은 분명하게 볼 수 있으면서도 정작 자신의 부정직함은 알아차리지 못한다는 것이다. 그러나 성경은 우리 각자가 진리를 말하는 문제에 대해 자기 나름의 싸움을 하고 있다고 전제하고 있다.

> 만물보다 거짓되고 심히 부패한 것은 마음이라. 누가 능히 이를 알리요마는 (렘 17:9).

> 너희가 서로 거짓말을 하지 말라. 옛 사람과 그 행위를 벗어 버리고 새 사람을 입었으니 이는 자기를 창조하신 이의 형상을 따라 지식에까지 새롭게 하심을 입은 자니라(골 3:9-10).

> 그런즉 거짓을 버리고 각각 그 이웃으로 더불어 참된 것을 말하라. 이는 우리

가 서로 지체가 됨이라(엡 4:25).

참된 그리스도인들은 진리에 대해 깊은 관심을 가지고 있다. 그리고 우리 대부분은 절대 거짓말을 하고 싶어하지 않을 것이다. 그러나 거짓말을 교묘하고 주도면밀하게 하기 때문에 자신도 의식하지 못할 정도로 거짓말로 일관된 삶을 살고 있다면 어떨까? 당신 자신이 기독교의 미덕을 잘 실천하는 사람이라고 생각할 때조차도 거짓말하고 있다는 것을 깨닫게 된다면 어떨까? 대부분의 사람들처럼, 거짓말하고 있다는 것조차도 깨닫지 못한 채 그 행위에 빠져 있는 상태라면 어떨까? 당신은 자신이 어떤 상태인지 알고 싶지 않은가?

진리에 관한 이 총체적인 문제는 예수님께도 중요한 문제다. 그분은 심지어 **진리**라는 단어를 자신의 여러 이름 가운데 하나라고 주장하신다(요 14:6을 보라). 덧붙여 예수님은 자유를 줄 수 있는 유일한 것이 진리라고 말씀하신다(요 8:32을 보라). 우리는 대부분 복음주의 신앙의 기본 요소를 알고 있기 때문에 그것에 지나치게 신경 쓰지는 않는다. 그러나 나는 진실로 성경을 굳건히 믿는 수많은 사람들에게는, 자신의 생각과 행동의 어떤 부분을 분명하게 볼 수 없는 사각 지대가 **있다**는 것을 발견했다. 우리가 그리스도인으로 살아가면서 자유와 능력이 부족한 주된 이유가 일반적으로 우리 안에 있는 이러한 견고한 요새를 의식하지 못하기 때문은 아닐까?

우리 모임에 오신 것을 환영합니다

매주 내가 인도하는 그룹에는 삶에서 강박적 사고나 행동을 바꾸기 위해 몸부림치고 있는 사람들이 참여하고 있다. 이들 가운데는 성(sex)에 강박관념이 있는 사람들이 있는가 하면, 모든 사람들에게 인정받는 것에 강박관념이 있는 사람들도 있다. 또한 돈이나 섭식 장애, 권력 투쟁 등과 같은 문제에 시달리고 있는 사람들도 있다. 이러한 사람들이 갖고 있는 한 가지 공통점은 그들에게 관계의 가면이 있다는 것이다.

어느 날 밤, 나는 수업을 마친 후에 질문하고 대화하는 시간을 마련하였다. 데럴이 즉시 끼어들었다. "러셀, '내 속에 계신 하나님은 세상 속에 계신 하나님보다 더 위대하시다'라는 말씀을 하셨어야죠. 세상 살기가 힘이 들지만, 우리에게 힘을 주시는 하나님의 은혜로 우리 모두는 모든 것을 할 수 있어요."

데럴은 호감이 가는 사람이지만, 절대로 자신의 감정을 솔직하게 드러내지 않는다. 그는 항상 문제를 정직하게 다루지 않고 무조건 성경 말씀이나 명언을 사용해서 해결하려는 편이다. 데럴은 영적인 해석자 유형(Spiritualizer)이다.

교실을 둘러보는데 눈동자를 굴리고 있는 빌이 눈에 띄었다. "빌, 무슨 하고 싶은 말이 있어요?" 내가 물었다. 내가 보고 있었다는 것을 몰랐는지 빌은 깜짝 놀라며 고개를 저었다.

"아, 아닙니다. 전 그냥 듣겠어요." 빌은 대부분의 일을 그런 식으로 한다. 아내에게도 마찬가지다. 하루종일 멍하게 지내는 터라 아내가 심하게 짜증을 낼 정도다. 빌의 생활은 먹고, 텔레비전을 보고, 잠자는 것이 전부다. 바지에 불이라도 붙는다면 모를까, 그는 전혀 행동을 하지 않는 사람이다. 빌은 회피자 유형(Avoider)이다.

"빌이 할 말이 **있을** 것 같은데요!" 마가릿이 참견했다. 마가릿은 이 그룹에서 공격자 유형(Aggressor)이다. "빌, 왜 항상 솔직하지 못하죠? 다른 사람들은 속을 다 털어놓는데 당신은 가만히 앉아서 절대로 위험을 무릅쓰려고 하질 않잖아요. 무슨 문제 있어요?"

나는 마가릿의 불만을 확실히 알고 있었지만 진정하라고 그녀에게 말했다. 이 때 토마스가 나를 도와줘야겠다고 느꼈는지 다음과 같이 말했다. "에이, 이러시면 자매님한테 커피 더 안 줄 거예요!" 그는 싱긋 웃으며 말했다. 그러고 나서 빌 클린턴의 목소리를 똑같이 흉내내면서 말했다. "좀 사이좋게 지낼 수 없어요?" 모두 다 (심지어 마가릿도) 폭소를 터트렸다. 토마스는 살면서 이런 방식으로, 즉 농담으로 모든 일을 처리한다. 토마스는 비껴가는 자 유형(Deflector)이다.

바로 이 때 패티가 말했다. "당신들은 마음대로 웃고 떠들지만, 우리는 빌을 이해해야 해요. 빌이 가끔 말을 할 때도 우리는 그것을 놀림감으로 삼잖아요." 그녀는 빌이 있는 쪽으로 몸을 돌리고 매우 따뜻한 목소리로 말했다. "빌, 너무 괴롭죠? 우리가 당신을 위해서 기도해도 될까요?"

빌은 '정 원한다면 해도 좋다'는 식의 표정을 지으며 어깨를 으쓱했다. 나는 패티의 배려에 고마워했고 다같이 기도하자고 말했다. 패티는 훌륭한 여성이지만 항상 사람들을 '고치려고' 애쓰는 사람이었다. 패티는 구세주 유형(Savior)이다.

당신은 우리 모임의 구성원들을 통해 전형적인 성격 유형을 발견할 수 있을 것이다. 그들은 그리스도의 몸과 세상의 축소판이다. 당신의 상사는 공격자 유형의 사람일지도 모른다. 그래서 그는 당신의 감정을 계속 무시하고 당신의 장점을 절대로 보지 않는다. 당신은 비껴가는 자 유형의 여성과 결혼했을지도 모른다. 그녀는 무슨 일에든지 진지하게 대처하지 않고 농담으로 얼렁뚱땅 넘기면서 살아갈 것이다. 또한 당신이 그녀에게 어떤 문제에 직면하게 하려고 하면 그녀는 당신에게 그 문제를 떠넘기려고 할지도 모른다.

당신은 자기 비난자 유형을 알고 있을지도 모른다. 이런 사람은 자존감이 너무 낮아서 자신이 하는 모든 일을 부정적으로 판단한다. 이런 사람은 자신을 갈기갈기 찢는 데는 전문가이지만 정작 변화하기 위해서는 아무것도 하지 않는다(그래서 결국 '무가치한' 사람이 된다. 당연한 일 아닌가?). 당신은 회피자 유형을 알고 있을지도 모른다. 이런 사람은 살면서 닥치는 힘든 일에 맞서거나 성장하려는 노력은 조금도 하지 않기 때문에 당신을 매우 실망시킨다.

당신은 분명 영적인 해석자 유형의 사람을 알고 있을 것이다. 이런 사람은 거룩하고 심중이 깊으며 훌륭하다. 어떤 이들은 이런 사람을 경외심을 가지고 대한다(보통 이런 유형을 잘 모르는 사람들이 그렇다). 그러나 이런 유형을 가까이에서 보고 개인적으로 알고 지낸 사람들은 그의 위선과 맹목에 대해 좋지 않은 감정을 갖게 된다. 이런 유형은 성경 말씀을 잘 알기 때문에 모든 문제에 대해 대답할 준비가 되어 있다. 이런 유형에게서는 진실성을 찾아볼 수 없다.

당신은 또한 구세주 유형의 사람을 알고 있을 것이다. 이런 사람은 수십 개의 다양한 사역에 참여하고 있고, 자신이 만나는 불행한 영혼들을 모두 돕는다. 구세주 유형은 하나님이 주신 긍휼의 마음은 갖고 있지만, 그 마음을 아무 때나 발휘하는 경향이 있다. 그들은 자기 자신, 즉 자신의 상처를 제외하고 모든 사람들을 돌본다.

회피자 유형, 공격자 유형, 비껴가는 자 유형, 자기 비난자 유형, 영적인 해석자 유형, 구세주 유형 가운데 **당신도** 아마 어떤 유형에든 해당될 것이다.

그렇다면 문제가 무엇인가?

모든 사람은 자신만의 고유한 특질을 가지고 있다. 그렇지 않은가? 내가 만일 (공격자 유형의 사람처럼) 약간 밀어붙이는 유형이라면 그것에는 어떤 문제가 있을까? (비껴가는 자 유형의 사람처럼) 사람들을 기분 좋게 해주고 이 황량한 세상을 밝게 해주는 일이 뭐가 잘못됐다는 말인가? 문제는 각각의 이러한 관계의 가면이 하나님이 주신 능력을 왜곡하는 데 있다. 앞에서 언급한 사람들이 관계의 가면을 사용해서 서로 상호 작용하는 방식을 살펴보면, 실제로 각각의 사람들에게 문제가 있다는 것을 알게 될 것이다.

삶의 모든 영역에서 예수님을 따라 살려고 필사적으로 노력하는 수많은 사람들이 스스로의 발에 걸려 넘어지고 있다. 우리는 흡연이나 음주, 욕지거리는 하지 않을지도 모르지만, 이런 해결되지 않은 관계 맺는 방식의 문제 때문에 주위의 사람들에게 상처를 입히고 하나님과 안전 거리를 두게 된다. 그래서 이런 문제를 해결하지 못한 채 크고 작은 죄에 빠지게 된다.

우리 가운데 굉장히 많은 사람들이, 그리스도인으로서의 기본적인 사고 방식과 사회적으로 용인된 행동을 모두 익혔지만 하나님과의 관계가 무미건조한 이유가 도대체 무엇인지 남몰래 궁금해한다. 사랑하는 사람들과 더 친밀해지지 않는 이유가 무엇인지 알고 싶어한다. 그리고 마음속으로 이렇게 질문한다. '나에게 무슨 문제가 있나? 왜 나는 계속 이렇게 살고 있지?'

당신은 조만간 회피자 유형, 비껴가는 자 유형, 자기 비난자 유형, 구세주 유형, 공격자 유형, 영적인 해석자 유형의 사람을 만나게 될 것이다. 이들은 사악한 사람들이 아니다. 이들은 깨어진 사람들이다. 우리는 유년기에 익힌 대처 기제(coping mechanism)가 성년이 되었을 때 사람들과 관계 맺는 방식에 어떻게 영향을 미치는지 살펴볼 것이다. 그리고 이것이 자신과 주변 사람들에게 어떻게 그리고 왜 문제를 일으키는지 알아볼 것이다. 그리고 가장 중요한 것으로, 바로 자신의 존재에 대해 혼란에 빠져 있는 사람을 예수님이 치유하시는 방법도 살펴볼 것이다.

견고한 요새와 세상의 풍조

70년대에 새롭게 그리스도인이 된 사람으로서, 나는 색다른 가르침을 공유하였다. 그 가운데 하나는 견고한 요새라는 주제에 관한 것이었다. 유명한 복음전도자들은 각 지역마다 정욕이나 주술이라는 독특한 사탄의 세력 기반이 있다고 말하곤 했다. 그리고 이런 견고한 요새의 특징을 식별해서 '그것을 허물어뜨리도록' 하나님께 간구하는 일이 우리의 임무라고 했다.

우리는 동성애나 자유주의라는 이름의 견고한 요새를 무너뜨리기 위해 기도하려고 샌프란시스코나 워싱턴까지 여행했다. 은사주의 운동(Charismatic Movement)에 속해 있던 우리는 사탄의 궤적을 추적하여 잘못을 찾아내는 것이 매우 중요한 일이라고 느꼈다. 이러한 통찰을 통해서 우리는 사탄의 왕국을 완전히 무너뜨리고, 그리하여 복음을 전파할 수 있다고 믿었다. 가르침은 막연히 고린도후서와 다니엘서를 근거로 했다. 또한 선교사들은 제3세계 여러 국가에서 무당들과 주술사들로부터 수집한 정보를 기초로 우리를 교육했다.

특별 기도 모임에서 우리는 확실하게 악을 이길 수 있도록 보장해 주는 정교한 의식을 행하면서, 하나씩 하나씩 하나님의 전신 갑주를 입으려고 했다. 그렇다, 우리는 사탄에게 전면전을 선포하고 있었다! 하지만 애석하게도 교회에서 나오고 나면, 우리는 여전히 불륜을 저지르거나 가족을 학대하거나 윤리적으로 문제시되는 생활을 하고 있었다. 우리는 우리의 영성으로 세상을 감동시키지 못했다.

나는 우리가 견고한 요새의 중요성에 대해 잘못 이해했다고 생각하지 않는다. 단지 견고한 요새가 무엇인지에 대해 잘못 이해했었다고 믿는다. 다음과 같은 성경의 가르침을 자세히 살펴보면, 견고한 요새란 악마에 대한 것이 전혀 아님을 알게 된다. 그것은 우리에 대한 것이다. 바울은 견고한 요새에 대해서 세 가지를 강조한다.

우리의 싸우는 무기는 육신에 속한 것이 아니요 오직 어떤 견고한 진도 무너뜨리는 하나님의 능력이라. 모든 **이론**을 무너뜨리며 하나님 아는 것을 대적하여 **높아진 것**을 다 무너뜨리고 모든 **생각**을 사로잡아 그리스도에게 복종하게 하니(고후 10:4-5, 강조는 저자).

논증, 주장, 사상. 이런 것들은 우리가 매일 씨름하는 정신적이고 감정적인 요소다. 비록 사탄이 이러한 것들의 기원과 유지에 관련이 있기는 하지만, 정작 이 요새의 일차적 관리자는 **우리** 자신이다. 바울은 우리가 평생에 걸쳐서 발전시키는 신념과 관계의 가면을 재료로 건설한 거대한 성의 모습을 묘사한다. 사랑의 하나님은 이러한 벽을 허물기 위해 노력하고 계신다(많은 경우 허사로 돌아간다). 우리가 벽돌을 허무는 일을 돕기를 바라시면서, 하나님은 끊임없이 우리에게 외치신다. 우리의 반응에 따라 예수님이 얼마나 자유롭게 우리의 마음과 관계를 맺으실 수 있는지가 결정된다.

우리 가운데 많은 사람들이 이런 견고한 요새를 보지 못하기 때문에 하나님의 과업을 그리고 우리의 과업을 더욱 어렵게 만든다. 이 요새는 우리 눈에 보이지 않지만, 분별 있는 사람은 우리의 요새가 무엇인지 알 수 있을 것이다. 그 사람은 우리의 행동을 주시하고 감정을 자세히 살피며, 우리 개개인의 요새가 어떤 것인지 상당히 잘 파악할 수 있을 것이다.

바울은 이 견고한 요새에 대해 세상이 거기에 메시지를 쓰는 내면적인 칠판이라고 말한다. 그는 견고한 요새를 "이 세상의 기준"(standards of this world, 개역개정 성경은 "육신에 따라 행하는" 것이라고 번역하고 있다—역주)이라고 부르고, 그것이 육적인 전쟁이요 육적인 병기라고 말한다(고후 10:2-4). 바울이 이 세상의 생각과 규범으로 인해서 사람들이 "하나님 아는 것을 대적"(against the knowledge of God)하게 된다고 말하는 이유가 바로 이것이다. 이러한 생각과 규범들은 문자 그대로 우리 마음속에 하나님의 진리의 말씀이 들어오지 못하게 막는 장애물로 형성된다.

로마서 12:2에서도 바울은 똑같이 말한다. 그는 우리에게 "이 세대를 본받지 말라"고 간곡히 말한다. "이 세대"(the pattern of this world)라는 말은 고린도후서의 "이 세상의 기준"과 비슷한 말이다. 더 나아가 바울은 마음을 새롭게 하라고 말한다. 다른 말로 하자면, **우리는 신념을 바꿔야 한다.** 우리가 마음속에 여전히 숨어 있는 이 세상의 신념을 공격한다면, 바울의 말처럼 우리는 변화될 것이다. 그러므로 고린도후서 10:2-4, 로마서 12:2 말씀은 서로 보완된다. 이 두 본문은 동일한 가르침을 주고 있다.

나는 성경이 견고한 요새라고 부르는 것을 관계의 가면이라고 부른다. 우리의 관계의 가면이 벽을 형성한다면, 우리의 중심적인 신념은 벽돌이 된다. '정직하게 살면 버림받을 것이다' 또는 '모든 것을 완벽하게 해야 한다. 그렇지 않으면 무가치한 사람이다'라는 식의 신념은 관계의 가면의 원료다. 회피자 유형, 비껴가는 자 유형, 자기 비난자 유형, 구세주 유형, 공격자 유형, 영적인 해석자 유형의 사람을 이해하기 위해서는 그런 유형의 원료가 되는 여러 가지 신념에 대해 알아야 할 것이다. 다음 장에서 바로 그 주제에 대해 다룰 것이다.

2. 관계의 가면의 기초
_핵심 신념

자신이 잘 알지도 못하는 신념들을 마음속에 깊이 간직하는 것이 가능한 일인가? 그것이 가능하다면, 진술하는 신념과 생활 양식 간에 그토록 큰 차이가 나는 이유를 설명할 수 있을 것이다. 또한 이러한 핵심 신념이 (그것이 사실이든 거짓이든) 하나님 그리고 다른 사람들과 관계 맺는 방식을 점차 형성하게 된다는 말도 이해될 것이다. 몇 년 동안 힘겨웠던 나 자신의 씨름을 살펴보면서, 나는 관계의 가면의 기초가 되는 일곱 가지 핵심 신념을 알아냈다. 또한 이 신념이 수많은 그리스도인들의 삶에 영향을 주고 있음을 알게 되었다.

핵심 신념 #1: 하나님은 신뢰할 수 없는 분이다

세리는 멋진 그리스도인 여성이었다. 항상 말쑥하게 차려입은 그녀는 자신감과 자부심의 대명사였다. 그런데 최근에 그녀는 우울해지기 시작했다. 남편 윌과 자녀들이 왜 항상 자신에게 화가 난 것처럼 보이는지 그 이유를 알 수 없었기 때문이다. 그들은 점점 더 세리가 그들을 숨막히게 하고 그들의 삶을 통제하려 한다고 그녀를 비난했다. 그녀는 그리스도인

답게 가정 생활을 하려고 최선을 다했지만, 그럴수록 식구들은 그녀에게 더 화를 내는 것 같았다. 그녀는 이런 상황을 이해할 수 없었다.

몇 번의 만남 이후에 나는 셰리와 솔직하게 대화할 수 있을 만큼 편한 사이가 되었다. "당신은 윌이나 자녀들과 문제가 있는 게 아니에요. 당신은 하나님과 문제가 있어요. 당신은 하나님을 신뢰할 수 있는 분이라고 믿지 않잖아요."

셰리는 회의적이었다.

"현실을 한번 생각해 봐요. 당신은 하나님을 신뢰한다고 말하지만 항상 이런저런 일로 아이들을 들볶잖아요. 윌이 집안의 머리가 되기를 바란다고 말하지만 그에게 항상 일을 지시하잖아요. 지나치게 사람을 성가시게 하는 것이 당신의 문제예요, 셰리."

그녀는 한참을 가만히 있다가 대답했다. "정말 제가 하나님을 신뢰하지 **않는** 것 같아요." 갑자기 정적이 흘렀다. 견고한 요새가 처음으로 그 모습을 드러낼 때는 항상 이렇다. 셰리의 영성이 노출되었고, 그녀는 자신이 지금 알게 된 사실이 마음에 들지 않았다. 그러나 다행히 그녀는 정직한 쪽을 그리고 변명하지 않는 쪽을 선택했다.

대부분의 사람들은 처음 15년 동안 이런 신념을 배운다. 우리에게 하나님에 대한 모델이 되는 이들은 부모님이나 우리를 돌봐주는 다른 사람이다. 이것이 심리학적 사설처럼 들릴지 모르겠지만 성경에도 확실하게 나와 있다. 하나님은 말씀하신다. "네가 나를 너와 **같은 줄로** 생각하였도다"(시 50:21, 강조는 저자). 성경의 다른 부분에서도 말한다. "하나님은 사람이 아니시니 거짓말을 하지 않으시고 인생이 아니시니 후회가 없으시도다. 어찌 그 말씀하신 바를 행하지 않으시며 하신 말씀을 실행하지 않으시랴"(민 23:19). 다시 말해서 그분은 우리에게 상처를 주는 부모님이나 다른 사람들과 같지 않다.

많은 사람들이 하나님에 대한 우리의 관점이 오직 성경 말씀으로만 형성된다고 생각한다. 하지만 그 말이 사실이라면, 우리가 저지른 불륜이나 약물 사용, 사람들을 무정하게 대하는 행위, 두려움과 걱정으로 고통스러워하는 것은 어떻게 설명할 것인가? 맞다, 그것은 우리가 살면서 짓는 죄다. 그러나 그것은 또한 우리가 살면서 겪는 **고통**이기도 하다. 즉, 정직하게 바라보지 못해서 또는 용감하게 대처하지 못해서 비롯된 고통이다.

셰리는 실제로 하나님이 역사하실 것이라고 믿지 않았기 때문에 살면서 맺는 모든 관계들을 교묘히 조종하였다. 그녀는 이것을 자신의 아버지로부터 보고 배웠다. 그녀의 아버지는 일 때문에 항상 집에 없었고, 집에 있을 때에도 그녀의 필요에 감정적으로 무감각하게 대했다. 비록 물질적으로 부족한 것은 전혀 없었지만, 진정으로 사랑받고 있다거나 안전하다고 느낀 적은 단 한 번도 없었다. 어렸을 때부터 '혼자 힘으로' 해야겠다고 느꼈기 때문에 성인이 되어서도 계속 그런 식으로 모든 일을 조정했다. 감사하게도 그녀는 이 사실을 알았고 그 문제를 해결하기 시작했다.

당신의 핵심 신념이 '하나님은 신뢰할 수 없는 분이다'라면, 당신은
- 두려움과 공포, 걱정에 빠질 것이다.
- 신뢰가 부족한 당신 자신이 종종 부끄러울 것이다.
- 상황이 당신의 방식대로 풀리지 않을 때 화가 나거나 우울해질 것이다.
- 당신의 인생과 다른 사람들의 인생을 통제하고 싶은 욕구가 넘칠 것이다.

핵심 신념 #2 : 성경은 나에게 적용되지 않는다

예전에 어떤 남자에게 성경을 읽지 않는 이유를 물어본 적이 있다. 그는 가게에서 일하느라 자기가 얼마나 바쁜지 이야기하기 시작했다. 차들이 하루 종일 들어오고 자신은 그것을 수리해야만 한다고 말했다. 그리

고 퇴근해서 집에 가면 아내, 아이들 그리고 마당 청소가 그를 기다린다고 했다. 그러니 시간이 전혀 없다는 것이다! 그리고 그는 성경은 이해하기 힘들다고 말했다. "수백 년이 지났는데도 학자들조차 이해하지 못하는데 우리가 어떻게 이해하겠어요?" 그가 물었다. 그의 문제는 시간 부족이 아니다. 그는 자기가 생각하기에 중요한 일을 할 시간은 있었다. 그의 문제는 성경이 자신에게 적용된다는 것을 믿지 않는 것이었다.

그리스도인들이 모두 성경을 무시하는 것은 아니다. 많은 그리스도인들이 성경을 매우 진지하게 생각하지만, 성경을 성실하게 읽는 사람들도 여전히 이런 핵심 신념의 희생자가 될 수 있다. 신디가 그 중 한 사람이다. 신디는 도시에 사는 여성들이 참석하는 성경 공부를 인도했다. 그녀는 자주 화를 내는 문제 때문에 나를 찾아왔다. 그녀는 성경에 대해 뛰어난 지식을 갖고 있었지만, 같이 있기에 항상 유쾌한 사람은 아니었다. "게다가 남편은 내가 성관계를 좋아하지 않는다고 불평해요." 그녀가 말했다.

신디는 '너의 몸은 남편의 것이다'라는 식의 말을 모두 알고 있다고 말했다. 그녀의 남편은 (그녀가 인정한 대로) 상냥한 남자였고 그 문제를 한 번도 강요하지 않았는데도, 그녀는 여전히 남편을 원망했다. 신디는 여러 가지 것들에 대해서 불만이 많았다.

나는 신디의 성경적 지식이 자신의 감정을 은폐하는 도구가 아닐까 하는 생각을 하기 시작했다. 그리고 몇 주가 지난 후 그녀가 오빠에게 성희롱을 당했었다고 고백했을 때 그 생각이 확증되었다. 어린 시절의 어느 시기에

당신의 핵심 신념이 '성경은 나에게 적용되지 않는다'라면, 당신은

- 성경을 거의 또는 전혀 읽지 않을 것이다.
- 성경을 열심히 읽고 연구하지만 그것을 적용하지는 않을 것이다.
- 성경 전체를 자신과 관계가 없다고 여길 것이다.
- 신학 이론을 논의하는 것을 좋아하지만 사람들과 교제하는 면에는 관심이 부족할 것이다.
- 기독교 서적을 많이 읽는 반면에 성경책에는 먼지가 쌓일 것이다.

그녀는 느끼는 것이 유익하지 않다는 결론을 내렸던 것이다. 고통을 느끼는 것은 고통을 사라지게 하지 못했고, 어쨌든 아무도 그녀의 감정에 신경을 쓰지 않았다. 감정을 묻어버리고 열심히 지적 탐구를 하는 것이 그녀에게 더욱 안전했다.

나는 잃어버린 것을 슬퍼하고 자신의 감정을 느끼는 것에 관한 성경의 많은 가르침들을 그녀에게 보여 주었다. 신디는 그런 구절들을 결코 이해한 적이 없었고, 그것은 '스킨십을 좋아하는' 유형의 사람들을 위한 말씀이라고 생각한다고 고백했다. 감정을 느끼기를 거부하는 것은 아주 비성경적이라는 것을 그녀는 알게 되었고, 그래서 성경에서 행하라고 새롭게 배운 방법대로 실제로 **경험해 보기로** 결심했다. 그녀는 또한 자신을 도와줄 수 있는 일단의 여성들이 필요하다는 것을 깨달았다. 외로운 방랑자가 되어 혼자 모든 사람들을 섬기는 것으로는 충분하지 않았다.

핵심 신념 #3: 나는 다른 사람들이 필요 없다

크레이그는 성공한 사업가였다. 그는 아내가 자신을 '길들이려' 한다고 나를 찾아왔다. 이유를 묻자 그는 아내가 결혼 생활에 얼마나 불만족스러워하는지, 끊임없이 어떻게 불평을 늘어놓는지 누구든 다 아는 이야기를 했다. 그는 직업상 일하는 데 많은 시간을 보내야 하는데, 집에 있을 때면 그들 부부는 아이들을 스포츠 행사장에 데려다 주는 택시 기사에 지나지 않는 존재라고 말했다.

크레이그의 아내 린다가 나머지 반쪽 이야기를 들려주었다. 크레이그는 매일 밤 텔레비전 앞에 붙어 앉아 있고 주말마다 골프를 치러 간다고 했다. 크레이그는 아내의 말이 사실이라고 인정은 했지만 다음과 같이 자신을 변호했다. "남자도 좀 쉬어야 하잖아요?" 그는 짜증 섞인 불만의 목소리로 말했다.

"크레이그, 당신의 행동을 보면 '다른 사람은 필요 없다'는 말인 것 같군요."

"물론, 다른 사람은 필요해요." 그는 항변했다.

"왜죠?" 나는 물었다.

크레이그는 한동안 나를 빤히 쳐다보았다. 나는 한마디 말도 하지 않고 대답을 기다렸다. 결국 그는 '다른 사람들과 마찬가지로' 사랑과 친밀한 교제를 원한다고 말했다. 나는 다시 한 번 그의 행동은 그의 말과는 다른 의미를 보여 주고 있다고 지적했다. 그가 정말로 사귀고 싶어하는 것은 방송 프로그램이나 골프였다.

"그것이 뭔가 잘못됐다는 말이군요?" 그는 질문 반, 주장 반으로 이렇게 대꾸했다.

많은 사람들이 그렇게 살고 있다. 우리와 가장 가까운 관계들을 무시하면서, 한 가지 일이 끝나면 또 다른 일에 매진하고 집안일이나 정원일 또는 '주님을 섬기는 일'로 바쁘다. 우리는 할 수 있는 한 모든 것을 혼자 하면서 살아간다. 물론 실제로 이렇게 사는 데 성공한 사람은 아무도 없다. 단지 그것은 자율성이라는 환상을 줄 뿐이다.

기초를 약화시키는 것

분주하게 지내면서 다른 사람들과 가까워지는 것을 피하든지, 고립됨으로써 다른 사람들과 가까워지는 것을 피하든지, 이런 행동은 기독교의 기초를 공격하는 것이다. 예수님은 구약 성경 전체가 두 가지 계명에 집중하고 있다고 말씀하셨다. "하나님을 사랑하라. 그리고 네 이웃을 사랑하라"(마 22:34-40). 이웃을 사랑한다면서 그 사람에게 마음을 열지도 않는 것이 어떻게 가능한가?

그리고 당신 자신의 연약함을 드러내지 않고 어떻게 마음을 열 수 있는가? 베드로는 다음과 같이 기록했다. "무엇보다도 뜨겁게 서로 사랑할 지니"(벧전 4:8). 사역, 사업적 책임, '기독교적인' 일들 그리고 복음 전도 사업보다도 우선적으로, 우리는 우리의 연약함을 드러내며 마음 깊이 이웃을 사랑해야 한다.

우리 가운데는 마음을 열기가 불안한 사람들도 분명히 있다. 이런 경우도 예상해야 한다. 성경의 저자들은 우리가 **모든 사람들**과 잘 지낼 수 없다는 것을 알고 있었다(롬 12:18을 보라). 그들은 또한 우리 마음을 상하게 하고 우리에게 상처를 주는 사람이 있을 것이며 따라서 조심해야 한다는 것도 알고 있었다(마 7:6; 10:17; 요 2:24-25; 살후 3:2). 그러나 이런 말씀도, 관계를 맺는 위험을 감수해야 할 필요에서 우리를 면제시켜 주지는 않는다.

당신은 위험을 감수하고 있는가? 당신을 정말로 잘 아는 사람, 즉 상처받기 쉬운 당신의 급소를 본 사람이 있는가? 친한 친구에게 털어놓은 일들로 인해 때때로 고통받고 있는가? 이런 질문들에 '아니오'라고 대답한다면, 당신은 정말로 다른 사람들이 필요 없다는 환상 속에서 살고 있는 것이다. 적어도 당신이 중요하게 여기는 면에서는 그들이 필요하지 않을 것이다.

그래서 다음과 같이 말할 일도 없을 것이다. "믿을 사람 아무도 없어." 이 말은 실제로 안전하다는 보장이 완전할 때까지 어느 누구에게도 정직하지 않기로 결심했다는 뜻이다. 이것이 그리스도인의 삶인가? 아무도 당신의 속마음을 알지 못하도록 최대한 주의를 기울여서 할 말을 선택하는 것이 그리스도인다운가? 그것은 **세상이** 사는 방식이다.

반면에 이 땅에 사시는 동안, 우리 주님은 사람들의 후원과 정서적인 도움이 필요하다는 사실을 거리낌없이 인정하셨다(마 26:38을 보라). 그러나 죄는 우리를 속여서 도움을 받지 않고 홀로 서야만 한다고 생각하

> **당신의 핵심 신념이 '나는 다른 사람들이 필요 없다'라면, 당신은**
> - 누군가 당신의 단점 하나를 지적할 때마다 상처받을 것이다.
> - 당신은 거의 모든 관계를 피상적으로 맺을 것이다.
> - 당신을 곤경에 빠뜨릴 가능성이 있는 것은 무엇이든지 절대로 드러내지 않을 것이다.
> - 활동이나 신학적인 토론을 통해서만 그리스도인들과 교제하고 결코 마음을 열지는 않을 것이다.
> - 도움이 필요할지라도 도와달라고 사람들에게 부탁하는 일은 거의 없을 것이다.
> - 정말로 도움을 요청해야 할 때 죄책감과 자신의 나약함을 느끼게 될 것이다.

게 하기 때문에, 우리는 이 점에서 문제를 겪는다. 다행히 온 세상에 퍼진 소그룹 운동이 이런 오만한 거짓말을 몰아내고 있다. 실제로 이 운동은 성경을 기록한 저자들이 항상 역설했듯이, 우리에게 연약함을 드러내는 상호 의존 관계 상태로 돌아가라고 주장한다.

이것의 중요성을 알게 된 후로, 나는 친구 한 명과 일주일에 한 번씩 만나기 시작했다. 나는 이미 교회, 소그룹 모임 그리고 개별 치료에 관여하고 있었지만, 진정한 목적은 내가 온전히 정직해질 수 있는 진실한 형제를 갖는 것이라고 느꼈다. 처음에는 책임감으로 출발했지만, 우리는 하나님이 무언가 더 심오한 것을 만들고 계시다고 느꼈다.

18개월 후, 우리가 식당에 앉아 있는데 나는 이상한 경험을 했다. 마음속에서 감정이 복받쳐 올라왔다. 그것은 애정과 감사가 뒤섞인 감정이었다. 나는 두려웠다. 우리의 관계가 넘지 말아야 할 선을 넘고 있는 것일까? 이것은 혹시 동성애의 신호인가? 나는 알 수 없었지만 위험을 감수하기로 했다. "브라이언, 널 사랑해." 목이 메었다. "너와 돈독한 우정을 쌓고 싶어."

브라이언은 미소를 지으면서 위험을 무릅쓴 것에 대해 고맙다고 말했다. 그게 거의 10년 전 일이다. 우리 두 사람은 이 세상에서 형제를 얻게 된 데 감사하고 있다. 우리는 주기적으로 서로에게서 이기심을 발견할 때마다 지적해 주기 때문에 우리 두 사람의 관계는 우리가 아내와 아이들을 너욱 사랑하는 데 도움이 된다.

핵심 신념 #4: 친밀한 관계는 고통을 가져다줄 뿐이다

'나는 다른 사람이 필요 없다'는 핵심 신념을 실천하는 사람들은 실제로 또 하나의 핵심 신념에 따라 살고 있는 것이다. 그들의 단절된 관계나 피상적인 관계는 그들이 정말로 다른 사람들에게 의지하지 않고 살기 위해 노력하고 있다는 것을 보여 준다. 그런데 그들은 왜 이렇게 살고 있는 것일까? 그 핵심 신념 이면에 있는 또 다른 핵심 신념은 무엇인가? 그것은 다음과 같다. '친밀한 관계는 고통을 가져다줄 뿐이다.'

내가 아는 한 목사님은 이런 신념을 가지고 있는 좋은 예가 된다. 그는 열두 개의 위원회에 소속되어 있고 수년 동안 수많은 사역을 시작했거나 그 사역에 도움을 주었다. 문자 그대로 수천 명의 사람들이 그의 설교를 듣고 그리스도께로 나왔으며, 말할 것도 없이 하나님은 그를 강력한 방식으로 사용하셨다. 그런데 문제가 있다. 그는 그의 삶에서 가장 중요한 관계에 실패했다.

그는 불신앙과 싸웠다. 그의 직원이었던 많은 사람들은 그가 '권위'를 행사하는 것으로 인해 모욕을 받고 품위가 실추되었으며 혹사당했다. 그에게 질문하거나 감히 그의 의견에 반대하는 사람들은 하나님의 말씀을 듣지 않는 사람이라는 소리를 직접적으로 들어야 했다. 이런 사람을 어떻게 설명할 것인가? 그는 복음주의자요 사교적인 사람이지만, **관계적인** 사람은 아니다.

베드로라 불리는 남자

성경에 이런 유형의 사람이 나와 있는가? 그렇다. 그의 이름은 베드로다. 누가복음 5장에 베드로가 사람들과 친밀해지는 것을 두려워했다는 암시가 나와 있다. 예수님이 그물을 내려서 다시 고기를 잡으라고 했을 때 겉으로는 베드로가 정중하게 반응한 것처럼 보인다. 그 때 갑자기 그물이 물고기로 가득 찼다. 베드로는 기적이 일어나는 것을 보면서 매우 이상하게 반응한다. "주여, 나를 떠나소서. 나는 죄인이로소이다 하니"(눅 5:8).

베드로가 예수님에게서 도망치고 싶을 정도로 전전긍긍했던 이유는 무엇일까? 예수님의 거룩하심과 초자연적인 능력이라는 순수한 무게감 이외에도, 베드로는 다른 것과 싸우고 있었다. 그는 내면의 목소리와 싸우고 있었다. '오, 안돼! 그분은 내가 정말로 어떤 사람인지 알고 계셔!' 그는 자신이 어떤 사람인지 알려지는 것이 두려웠다. 그러나 예수님은 떠나시는 대신 꿰뚫는 듯한 눈빛으로 말씀하셨다. "무서워하지 말라. 이제 후로는 네가 사람을 취하리라 하시니"(눅 5:10).

그 후 몇 년 동안 베드로는 기적을 보고 또 보았다. 그럼에도 불구하고 계속해서 마음 한구석에 두려움을 느꼈다. 어느 날 밤 저녁을 먹으면서 예수님이 말씀하셨다. "베드로야, 네가 이제까지 계속 충성과 충절을 바쳤음에도 불구하고, 너의 연약한 자아가 오늘 밤 완전히 무너져서 나를 배반할 것이다." 베드로는 자신이 그런 일을 할 수 없다는 것을 **알고 있었다**. 그러나 실제로 그는 자신의 마음이 정말로 얼마나 깨어지기 쉬운지 잘 알지 못했다.

사람들과 친해지는 것을 두려워하는 사람들은 자기 마음속에 있는 깊은 문제에 대해 자세히 모르기 때문에 그렇게 반응한다. 자기 자신에 대해 어느 정도는 알고 있지만 그들도 모르는 곳에 더 깊은 두려움이 숨어 있다. 예수님이 우리에게 이 점을 지적하려고 하실 때 우리는 이렇게 반응할 것이다. "아니에요, 주님, 전 그렇지 않아요. 제가 절대로 그런 일을 하지 않을 거라는 걸 아시죠?" 수많은 그리스도인들이 포르노, 섭식 장애 및 제어하기 어려운 여러 행동들과 싸우고 있는 이유가 바로 이것이다. 그들은 친밀한 관계에서 예상되는 고통을 두려워한다. 그러나 그러한 관계를 맺으며 살도록 창조되었기 때문에 그 욕구를 완전히 억누를 수는 없다. 그래서 그들은 대체물을 찾으려고 애를 쓴다.

예수님은 베드로에게 그의 마음속에 무엇이 있는지 볼 수 있는 또 다른 기회를 주셨다. 예수님은 베드로에게 그가 예수님을 사랑하는지 반복해서 물으셨다(요 21:15-22). 기본적으로 예수님은 다음과 같이 말씀하고 계신 것이다. "베드로야, 우리가 몇 주 전부터 이 문제에 대해 살피고 있는데 너는 그 문제를 보고 싶어하지 않았다. 그러니 다시 한 번 생각해 보자. 네가 생각하는 것만큼 정말로 나를 사랑하느냐? 아니면 너의 사랑은 실제로 얄팍한 것이냐?" 여기에 정직한 대답은 오직 하나밖에 없다. "주님, 당신이 옳습니다. 저는 제가 생각하는 것의 반도 안 되는 영적인 사람입니다. 제가 현실을 깨달을 수 있도록 도와주십시오." 하나님이 질문을 하실 때, 아담을 애타게 부르셔서 그가 무엇인가로부터 숨어 있음을 인정하게 하신 것처럼, 그분은 항상 권유하신다. 예수님이 베드로에게 말씀하셨다.

"내 양을 먹이라." 그리고 "나를 따르라." 다시 말하면, "나를 가까이하라. 내 백성들을 가까이하고 그들이 필요로 하는 것을 돌봐주어라." 그분은 베드로에게 관계적인 사람이 되라고 명령하셨다.

자신에 대한 진상을 발견하게 될 때, 우리는 그것이 우리가 두려워했던 것만큼이나 나쁘다는 것을 알게 된다(실제로, 더 나쁘다). 그러나 오직 **그 때** 그분의 놀라운 은혜가 더할 나위 없이 다가온다. 이런 종류의 사랑으로 수없이 감

당신의 핵심 신념이 '친밀한 관계는 고통을 가져다줄 뿐이다'라면, 당신은

- 상냥하고 사교적인 사람이지만 실제로는 아무도 당신을 모를 것이다.
- 일, 취미, 위원회 또는 다른 사역에 열중할 것이다.
- 판에 박힌 말을 하되 절대로 당신의 마음을 드러내지는 않을 것이다.
- 고독이나 두려움의 감정이 솟아오를 때마다 두려움을 느낄 것이다.
- 위험을 무릅쓰고 사람들과 관계 맺는 일은 거의 하지 않을 것이다.

동을 받게 될 때, 당신은 다른 누군가가 당신의 진상을 알아낼지도 모른다는 두려움에서 벗어난다. 왜냐하면 정말로 중요한 분이 당신이 어떤 사람인지 이미 알고 계시고, 당신은 그분과 잘 지내고 있기 때문이다. 반드시 이런 은혜를 받고 난 후에야 진실로 다른 사람들과의 친밀한 관계를 향해 나아갈 수 있다.

핵심 신념 #5: 로맨스나 섹스가 나의 가장 깊은 필요를 충족시켜 줄 것이다

칼은 성공한 선교사였다. 그와 그의 아내 샐리는 캘리포니아 중앙 산맥에서 그 동안 고대하던 휴가를 즐기고 있었다. 어느 날 아침 샐리는 컴퓨터 앞에 앉아 있었다. 그녀가 마우스를 클릭하자 화면에 무엇인가가 떠올랐다. 그것을 보고 그녀는 숨을 쉴 수가 없었다. 이제까지 본 것 중에서 가장 충격적이고 음란한 영상이 그녀 앞에 펼쳐져 있었다. 잠시 동안 그녀는 화면을 빤히 쳐다보았다.

샐리는 남편을 불렀다. "**이게** 어디서 온 건지 알아요?" 그녀가 물었다.

다가와 화면을 본 칼은 눈이 휘둥그렇게 되고 옆에서 들릴 정도로 큰 소리로 침을 꿀꺽 삼켰다. "아니." 그의 목소리는 설득력이 없었다. "누군가 실수로 메일을 보낸 게 틀림없어."

샐리는 그 말을 믿지 않았다. 처음에 칼은 모든 것을 부인했지만 샐리가 거의 한 시간 동안 추궁하고 따지자 모든 사실을 인정했다. 그는 포르노물을 보는 것 외에도 브라질에 있는 많은 여성 '동역자'들과 친구 이상의 관계를 맺어 왔다고 자백했다. 샐리의 완벽했던 기독교적 세계는 그 날로 끝이 났다. 그 무렵 그 부부가 나를 찾아왔다.

"하나님을 믿는 남자가 어떻게 이런 일에 빠질 수 있죠?" 그들은 거의 울부짖으며 물었다. 칼은 남미 전역을 돌아다니며 성경을 가르치지 않았는가? 수십 개의 교회를 개척했고 그 교회 자체에서 선교사를 배출하지 않았는가? 어떻게 이 두 세계가 한 사람 안에 공존할 수 있을까?

가족력을 조사해 보니 칼이 선교사 부모님 슬하에서 자란 사실이 드러났다. 칼의 부모는 사역을 하는 동안에 아들을 친척집에 맡기거나 여러 곳의 기숙사 학교에 보냈다. 그들은 그것이 최선의 방법이라고 생각했다. 그들이 가족으로서 함께 살 때에도 의무적으로 살았을 뿐 친밀한 관계는 없었다. 이런 생활 속에서 칼의 마음은 매우 공허했고 그는 겨우 8세 때 포르노 책에 빠졌다. 그리고 성인이 된 후에는 사이버 포르노에 심취하여 비밀스러운 정사를 가졌다. 칼은 섹스가 그의 가장 깊은 필요들을 만족시켜 줄 것이라고 믿었다.

한 여자의 남자

매튜는 칼과는 달랐다. 그는 자신의 욕구를 충족시키기 위해서 포르노물을 보거나 자위 행위를 하지 않았다. 그는 오직 아내 킴을 통해서 욕구를 만족시켰다.

"매튜는 섹스에 **중독되어** 있어요." 킴이 나에게 말했다. "물론 결혼 초기에는 너무 좋았지만 12년이 지났는데도 여전히 만족할 줄 모르고 그 문제로 절 계속 괴롭혀요."

매튜는 그녀의 설명에 당황해했다. "아내에게 매력을 느끼는 것이 잘못은 아니죠. 다른 여성들은 남편이 자기에게 관심을 가져 주길 **바란다니까요**."

그 다음 몇 주 동안 내가 알아낸 사실은, 매튜의 말과는 반대로 킴이 섹스를 즐긴다는 것이었다. 평균적으로 그 부부는 일주일에 2-3회 정도 사랑을 나누었지만, 한 번은 8일이나 10일 정도 섹스 없이 지냈다. 그런 상황에서 매튜는 소리를 지르며 화를 냈다.

매튜는 의식하지 못했지만, 그는 섹스와 로맨스가 그의 모든 필요를 충족시켜 줄 것이라고 믿으며 결혼 생활을 시작했었다. 매튜는 분명 한 여자밖에 모르는 남자였는데, 그 여자가 그의 기대를 만족시켜 주지 못한다면 그녀에게 화가 있을진저. 나는 자녀들과의 관계에 대해 매튜에게 물었다.

"음, 전 포옹과 키스와 애정 어린 말을 많이 해주는 것이 좋다고 믿어요." 그가 말했다.

"그것은 아버지로서 당신에게 매우 중요한 것 같군요."

"그래요, 왜냐하면 제 어머니는 한 번도…." 그의 눈에 눈물이 글썽해졌다.

"어머니께서 한 번도 뭐죠?" 나는 물었다.

"어머니는 한 번도 그런 식으로 저에게 애정 표현을 해주지 않으셨기 때문이에요."

"그 말이 당신이 인정하고 싶어하는 것보다 더 중요할지도 모르겠군요." 나는 넌지시 제안했다.

매튜의 어머니는 집안일을 위해 결혼한 사람이었다. 실제로 한 번도 매튜나 그의 영혼에 신경을 쓰지 않았다. 어린 시절부터 계속 보살핌을 받지 못해 충족되지 못한 욕구가 그가 가는 곳마다 따라다녔다. 킴을 만날 때까지 그는 '난 나를 **사랑해 주는** 여자를 만날 거야'라는 생각에 거의 미쳐 있었다. 킴은 그럴 기회가 없었다.

섹스나 로맨스가 우리의 정서적인 필요를 전부 또는 대부분 만족시켜 줄 것이라는 생각을 나는 '낭만적인 정설'(romantic orthodoxy)이라고 부른다. 낭만적 정설은 거의 모든 사랑 노래나 연애 소설이나 로맨틱 코미디에서 전파된다. 이것을 노골적으로 드러낸 분야가 포르노다. 그리스도인들은 그들의 논의나 서적에서 낭만적 정설을 다음과 같이 다르게 표현한다. '이러이러한 원칙을 따르고 훌륭한 배우자가 되면, 당신의 남편과 아내는 당신의 모든 필요를 만족시켜 줄 것이다.'

자, 나를 고약한 늙은 기혼자일 뿐이라고 추측하기 전에, 내가 이렇게 말하는 이유를 이해하라. 나는 첫사랑이자 마지막 사랑인 아내와 결혼해서 20년이 넘게 살아왔다. 우리 부부는 여전히 사랑하고 있고 섹스도 좋다(때때로 매우 좋다!)고 정직하게 말할 수 있다. 그러나 수년 동안의 환멸과 고통의 세월을 거치면서 내가 가지고 있던 낭만적 정설은 결국 사라졌고, 결혼은 만병통치약이 아니라는 현실을 받아들일 수 있었다. 진실은 이것이다. 성경 어디를 찾아봐도 결혼한 그리스도인들에게 깨지지 않는 행복이 약속되어 있지는 않다.

> **당신의 핵심 신념이 '로맨스나 섹스가 나의 가장 깊은 필요를 충족시켜 줄 것이다'라면, 당신은**
> - 배우자에게 화가 많이 날 것이다.
> - 당신이 낭만적이거나 성적인 사람일 경우에만 사랑받고 있다고 느낄 것이다.
> - 배우자를 변화시키기 위해 정말로 열심히 노력할 것이다.
> - 포르노를 사용하거나 연애 소설에 열중하거나 배우자에게 불성실한 사람이 될 것이다.
> - 믿을 수 없을 정도로 심한 고독감과 싸울 것이다.
> - (독신자라면) 대부분의 문제가 결혼하면 해결될 것이라고 믿을 것이다.

그렇다면…?

그러나 성경은 낭만적인 사랑을 찬양하지 않는가? 어떤 책은 한 권 전체가 부부간 성관계의 기쁨을 묘사하고 있지 않은가?(아가서) "남자가 여자와 함께한 자취"가 심히 기이하지 않은가?(잠 30:18-19) 맞다, 성경에 이 모든 것이 들어 있고, 이것보다 더 많이 나와 있다. 그러나 성경이 **말하고 있지 않은 것**에 대해서 확실히 하자. 로맨스나 섹스가 우리의 모든 필요를 만족시켜 줄 것이라는 내용은 성경에 나와 있지 않다.

다시 한 번 말하면, 대부분의 그리스도인들은 이 말에 즉시 동의하겠지만 그들의 생활, 관계 그리고 감정적인 고뇌들을 살펴보면 다른 신념

체계가 드러난다. 매튜나 칼처럼 많은 남자들은 완벽한 여자가(또는 여자들이) 자기 영혼의 굶주림을 만족시켜 줄 것이라고 믿는다. 포르노, 훔쳐보기, 반복되는 정사에 중독되는 것을 보면 이것이 확실해진다. 남자들에게는 이런 문제가 너무 복잡해서 나는 이 주제만으로 책 한 권을 집필한 적도 있다." 문화나 호르몬이 무슨 말을 하느냐에 상관없이, 아무리 완벽한 여자일지라도 우리의 가장 깊은 필요를 만족시켜 주지는 못할 것이다.

그러나 우리는 이런 신념을 계속 주장한다. 예를 들어, 에베소서 5장의 사려 깊은 충고를 살펴보면, 이것은 많은 여성들에게 다음과 같이 들린다. "아내들이여, 자기 남편에게 복종하기를 주께 하듯 하라. 그러면 **남편들은 너희들을 여왕처럼 대하고 너희의 정서적인 필요를 모두 다 만족시켜 줄 것이다.**" 남자들은 이 말씀을 다음과 같이 이해할 것이다. "남편들아, 아내 사랑하기를 그리스도께서 교회를 사랑하신 것같이 하라. **그러면 아내들이 너희들에게 너무나 감동해서 매일 밤 침상에서 너희를 만족시켜 줄 것이다.**"

모든 결혼에 작용하는 적어도 세 가지 의제가 있다. 남편, 아내 그리고 하나님. 남자들이 정직하다면, 많은 남자들은 무제한적인 성관계, 안락한 가정 그리고 어느 정도의 동반자적 관계를 제공해 주는 결혼을 기대한다는 점을 인정한다. 그리고 많은 여성들은 무제한적인 재정적·정서적 안정을 제공해 주는 결혼을 기대한다.

우리의 낭만적이고 가정적인 필요는 하나님께 중요하지만, 그것들은 그분의 주된 관심사가 아니다. 결혼에서 하나님은 그들이 말하지 않은 신념이나 말하지 않은 갈망을 모두 표면으로 드러나게 하는 관계 속에 두 사람을 두신다. 이것은 그런 신념이나 갈망이 드러나 알려지고 대처될 수 있는 유일한 방법이다. 실망과 다툼거리들은 우리 가운데 많은 사람들로 하여금 "그 아들의 형상"을 본받게 하기 위해 하나님이 사용하시는 것이다(롬 8:29). 이것은 매우 효과적이고도 가혹한 시련이다. 그러나 애석하게도, 결혼한 전체 그리스도인들 가운데 50%가 이것을 이해하지 못하고 넘겨 버린다.

그러므로 믿는 남편들이여, 아내를 사랑하고 희생하는 마음으로 상냥하게 대하되, 아내가 당신의 모든 욕구를 만족시켜 줄 것이라고 생각하는 실수를 저지르지 말라. 믿는 아내들이여, 이런 남자를 사랑하고 돌보되 그가 당신의 정서적 공허감을 메워 줄 것이라고 기대하지 말라. 그리스도인은 미혼이든지 이혼했든지 결혼의 가치를 주장하되, 결혼이 당신의 모든 상처를 치유해 줄 것이라는 거짓말을 믿지 말라. 매우 깊은 것까지 만족시켜 주시는 유일한 분이 계시다. 그분이 말씀하신다. "누구든지 목마르거든 **내게로** 와서 마시라"(요 7:37, 강조는 추가).

핵심 신념 #6: 나는 모든 것을 완벽하게 해야 한다. 그렇지 않으면 나는 무가치한 사람이다

조안은 내가 그녀의 남편과 얼마 동안 상담한 후에 나를 찾아왔다. 팀은 빠른 속도로 향상됐지만 그녀는 여전히 행복하지 않았다. 그녀는 팀이 '나아지면' **행복해질 것**이라고 생각했지만, 그가 점점 더 건강해질수록 그녀의 영혼은 더욱 심하게 병들어 갔다. 그 두 사람은 그들의 관계에 대해 상의하기 위해 나를 만나러 왔다.

"조안은 내가 아는 사람 중에 가장 능력 있는 사람이에요." 팀이 말했다. "끝내야 할 일이 있을 때, 그녀가 나서면 일이 잘 되기는 하지만…."

"하지만 뭐죠?" 나는 물었다.

"기분을 상하게 하고 싶지는 않은데, 아내는 신경과민이에요."

그들 두 사람은 신경질적으로 터져 나오는 웃음을 꾹 참았다. 나는 조안에게 팀의 말이 무슨 뜻인지 물었다.

"나는 완벽주의자예요." 그녀가 말했다. "무엇이든지 제대로 하지 않으면 못 참죠."

예를 들어 보라고 부탁하자, 그들은 서로 싸운 일, 아이들과 싸운 일 그리고 '이웃 사람들이 생각하는 것'에 대한 의견 차이로 싸운 일 등을 말했다. 조안은 누구든 실수를 한다거나 자기 가족의 흠을 알아차리는 것을 용납하지 못하는 성격인 것 같았다. 이런 성격은 그녀가 어렸을 때 그녀의 가족이 생활했던 방식에서 시작되었다.

조안이 어렸을 때 그녀의 어머니는 그야말로 그녀가 행하거나 말하는 모든 것을 통제했다. 조안이 성인이 되었을 때 자신의 삶과 관련된 모든 사람과 모든 것을 관리하려는 시도를 했던 것은 당연했다. 그녀는 아이라면 지극히 정상적인 일에 대해서도 다섯 살 난 딸에게 이미 창피를 주고 있었다. 하지만 그녀는 다시는 아이들에게 그렇게 하지 않겠다고 스스로 맹세했다. 마음이 착한 만큼 조안은 엄청난 두려움을 품고 있었다. '결국 사람들은 내가 얼마나 불완전한 사람인지 알게 되고 나를 거부하겠지.'

수치심의 힘

수치심은 하나님 다음으로 우주에서 가장 강력한 힘 가운데 하나다. 수치심은 우리 최초의 조상으로부터 시작되었다. 비참하게 타락하기 전, 아담과 하와는 수치심이라곤 전혀 없는 생활을 했다. 그들은 하나님이나 서로에게나 세상에 대한 두려움이 없었다. 그들은

당신의 핵심 신념이 '나는 모든 것을 완벽하게 해야 한다. 그렇지 않으면 나는 무가치한 사람이다' 라면 당신은

- 청결, 정돈, 완벽함에 강박관념이 있을 것이다.
- 어떤 일에 실수하거나 실패할 때마다 극도로 화가 나고 우울해질 것이다.
- 불가능한 기준으로 사람들과 당신 자신을 판단할 것이다.
- 엄격하고 율법적인 기독교 신앙을 갖게 될 것이다.
- 자신의 가치에 대해서 끊임없이 싸울 것이다.

벌거벗었지만 부끄러워하지 않았다고 성경은 말한다(창 2:25). 이 말씀은 그들이 단지 나체 상태였다는 것을 의미하는 것이 아니다. 그것은 그들이 완전히 서로에게 자유로웠다는 뜻이다. 그들이 죄를 지었을 때, 이 내적인 자유와 만족감은 사라져 버렸다. 죽음은 그들 존재의 모든 면에 영향을 미쳤고 우리에게까지 전해져 내려왔다.

훌륭한 복음 설교에서는 항상 십자가가 어떻게 죄를 없애고 저주를 풀어 주며 우리에게 천국을 보장해 주는지가 강조된다. 이것은 절대적으로 사실이지만 우리는 이것을 진지하게 받아들이지 않는다. 예수님은 단지 우리 죄를 사하시거나 우리를 생산적인 시민이 되게 하기 위해 오신 것이 아니다. 그분은 수세기 동안 해묵은 굴레에서 우리를 해방시키기 위해 오셨다. 그러나 이런 경험을 맛보는 그리스도인들이 얼마나 적은지 모른다!

> 두려워하지 말라. 네가 수치를 당하지 아니하리라.
> 　놀라지 말라. 네가 부끄러움을 보지 아니하리라.
> 네가 네 젊었을 때의 수치를 잊겠고
> 　과부 때의 치욕을 다시 기억함이 없으리니(사 54:4).

하나님이 우리에게 이렇게 말씀하시는 이유가 무엇일까? 그것은 우리가 **정말로** 수치와 불명예를 두려워하기 때문이다. 이 두려움은 우리가 하는 대부분의 일과 우리가 세상 사람들에게 보여 주는 대부분의 것을 하게 만드는 추진력이다. 우리 대부분은 ─그리스도인들조차도─깨지기 쉬운 영혼을 숨기고 보호하며 살고 있다. 왜냐하면 해방시키는 하나님의 힘이 이 수준에까지 미치지 못했기 때문이다. 이것은 기도 생활에서부터 성생활에 이르기까지 모든 것을 방해한다.

이 고통스러운 두려움에서 부분적으로라도 자유로워질 수 있다면 우리가 어떤 모습일지 상상해 보라. 우리는 배우자와 어떻게 관계를 맺겠는가? 누군가 우리의 실수를 알아챈다면 어떻게 하겠는가? 다른 사람들의 판단이나 비판에 어떻게 반응하겠는가? 하나님을 어떻게 예배하겠는가? 하나님이 우리의 수치심을 제거하신다면, 이 모든 일에 우리는 전혀 다르게 반응할 것이다. 그리고 이것은 확실히 하나님이 원하시는 일이다.

핵심 신념 #7: 내가 정직하면 나는 버림받을 것이다

언젠가 내가 조부모님 집에 머물고 있을 때, 나는 탁자 앞에 앉아 그림을 그리고 있었다. 그 당시 열 살이던 나는 그림 그리는 것을 가장 좋아했다. 할아버지가 집에 계셨는데 맥주 캔 여섯 개짜리를 드셨는지 상당히 기분이 언짢으셨다. 우리 가문은 인종 차별주의자로 악명이 높았기 때문에 할아버지가 다음과 같이 말씀하신 것은 놀랍지 않았다. "집안이 엉망진창이구나. 꼭 멕시코 놈들이 떼거지로 사는 집 같다!" 멕시코인이나 흑인이나 그 밖의 사람들이 쓰레기 같은 취급을 받는 이유를 나는 전혀 이해할 수 없었다. 이것을 증명이라도 하듯 나는 말했다. "멕시코인이 어때서요, 할아버지? 그들도 사람이잖아요."

나는 똑똑한 체하려고 했던 것이 아니었다. 단지 그것이 상식적인 것으로 여겨졌던 것이다. 그랬기 때문에 할아버지가 내가 앉은 의자 쪽으로 재빨리 다가와 있는 힘껏 의자를 걷어 차셨을 때 나는 너무나 놀랐고 두려웠다. 할아버지는 발등으로 내 엉덩이 바로 밑 부분을 차셨다. 의자가 공중으로 붕 떠서 공중에 몇 초 정도 그대로 있는가 싶더니 다시 그 자리에 착륙했다.

나는 다치지는 않았다. 적어도 육체적으로는. 그러나 나는 너무 무서웠다. 할아버지는 분노로 일그러진 표정으로 잠시 거기에 서 계셨다. 그 다음에 무슨 일이 일어날지 조마조마했다. 다행히도 할아버지는 다시 평정을 되찾으셨고 한마디 말씀도 없이 방을 나가셨다. 가족 중 누군가에게 이렇게 공격을 받는 것이 바로 거부다. 나는 그 날을 우리 가족에게서 여러 번 배우곤 했던 교훈 가운데 한 가지를 배운 날로 기억했다. 그것은 '내가 정직하면 버림받을 것이다'였다.

종노릇 하는

우리 모두는 이런저런 형태로, 거짓말이 사람들을 계속 우리 편으로 잡아놓는 최고의 방법이라는 것을 배운다. 그 밖에 우리가 남을 속일 때 쓰는 판에 박힌 말에는 어떤 것이 있는가?
- 친구가 "요즘 어때?"라고 물으면 당신은 우울해서 마음을 도려내는 느낌이 들어도 "좋아"라고 대답한다.
- 남편이 "여보, 무슨 문제 있어?"라고 말하면 그를 죽이고 싶을 정도로 화가 날지라도 "없어요"라고 대답한다.
- 기도할 때, 공포와 의심으로 고통스럽지만 당신이 정말로 느끼고 있는 것을 하나님께 아뢰는 대신에 '영적인' 것을 말한다.
- 당신이 했던 일을 정직하게 대면해 보면 다른 사람이 옳다는 것을 인정하기가 두려운 비이성적 감정에 놓이게 된다. 그래서 당신의 행위를 변명하고 **다른 사람이** 잘못한 일을 지적한다.

이런 것들은 진실을 회피하는 방법 가운데 단지 몇 가지 예다. 사실 우리는 진실을 회피하는 데 너무나 익숙해져서 다른 생활 양식으로 사는 것은 거의 불가능한 것 같다. 우리 가운데 많은 사람들은 수없이 많은 교사들과 수천 번의 강화를 통해서 이것을 배웠다.

이것은 새로운 문제가 아니다. 한번은 주님이 바리새인들의 법에 대해 생각하시는 점을 정확히 그들에게 말씀하셨다. 그분이 이렇게 하시자 제자들이 그분을 한편으로 모시고 가서 말했다. "바리새인들이 이 말씀을 듣고 걸림이 된 줄 아시나이까?"(마 15:12)

예수님은 상류 사회에서는 그런 식으로 말하지 않는다는 것을 모르셨을까? 우리 주님은 자신이 무슨 일을 하고 있는지 **정확히** 아셨고, 그 결과로 자신에게 어떤 일이 일어날지도 정확히 아셨다. 우리 역시 우리가 정말로 정직하다면 우리에게 어떤 일이 일어날지 본능적으로 알고 있다. 우리가 (주님처럼) 죽임을 당하지 않는다면, 우리는 분명 우리가 두려워하는 수치를 당하거나 멸시를 받을 것이다. 죽음이 육신에 대한 것이라면, 버림받음은 영혼에 대한 것이다.

우리는 버림받을까 봐 매우 두려워한다. 히브리서에서는 "죽기를 무서워하므로 한평생 매여 종노릇 하는 (우리) 모든 자들을" 자유케 하기 위해 주님이 죽으셨다고 말한다(히 2:14-15). 그러나 그것은 단지 우리가 두려워하는 육신의 죽음이 아니다. 우리는 또한 우리 정체성과 가치의 죽음을 두려워한다. 우리 가운데 많은 사람들은—그리스도인들조차도—두려움에 종노릇 하고 있다. 심지어 자기 자신에게 자부심이 있어서 사람들이 어떻게 생각하든지 신경 쓰지 않는 사람조차도 그 두려움에 갇혀 있다. 사람들이 자신을 모욕하기 전에 먼저 남을 모욕하는 이유가 바로 그것이다.

시편 15편에서는 어떤 종류의 사람이 하나님의 장막에 유하고 그분의 '성산에' 거하는지 이야기한다. 그 사람은 "공의를 실천하며 **그의 마음에 진실을 말하는**" 사람이다(시 15:2, 강조 추가). 마음의 진실을 말하는 것은 화려한 미사여구를 써 가며 예수님에 대해 말한다는 의미가 아니다. 그것은 정말로 마음속으로 느끼고 있는 바를 입으로 표현한다는 의미다. 그것이 아무리 다른 사람들을 안절부절못하게 하더라도 말이다. 물론 주변 사람들을 고려해야 하지만 '사랑하는' 것과 부정직한 것을 혼동하지 말라.

하나님이 말씀하시는 요지는, 의로운 사람이 되기 위해서 정직해야만 한다는 것이 아니다. 그분은 우리가 친밀해지기 위해서 정직해야 한다고 말씀하신다. 친밀함은 모든 사람이 원하는 것이다(비록 우리는 수많은 모조품들에 만족하고 있지만). 그러나 우리가 정직함이라는 빛 가운데 행하지 않으면 하나님이나 다른 사람들과 친밀해질 수 없다(요일 1:5-7을 보라). 이것은 그리스도인의 신앙 전체에 절대적으로 중요한 열쇠다. 그럼에도 불구하고 채 하루도 안 되는 시간 동안 우리 가운데 얼마나 많은 사람들이 수많은 '선의의 거짓말'을 할까?

최근에 캘리포니아 해변으로 갔던 여행에서 나와 아내는 두려움과 친밀감의 역설을 경험했다. 우리는 여행을 가서 푹 쉬기 위해 아기 봐 줄 사람과 여행 경비와 기타 여러 세부 사항들을 어렵게 준비했다. 영화를 보고 저녁도 먹고 마을을 돌아다닌 후에 우리는 마침내 해변가에 앉아 파도를 바라볼 기회를 얻었다.

> **당신의 핵심 신념이 '내가 정직하면 나는 버림받을 것이다'라면, 당신은**
>
> - 사람들에게 친절하고 상냥하게 대하지만 솔직하지는 않을 것이다.
> - 어떤 단체나 사람과 함께 있든지 그들과 잘 융합할 것이다.
> - 인기가 없는 의견을 감히 말하지 않을 것이다.
> - 논쟁과 반대는 항상 나쁘다고 생각할 것이다.
> - 기도할 때 '하나님의 말씀'을 많이 사용하되 결코 당신의 벌거벗은 영혼을 말하지는 않을 것이다.

며칠 동안 마음속에서 계속 불안하게 만드는 '무엇'인가가 있었지만, 19주년 결혼기념일에 결혼 생활이 따분하다고 아내에게 말하고 싶지 않았다. 나란히 앉아서 아무 말 없이 바다를 바라보고 있었는데 케리가 내게로 몸을 돌리더니 이렇게 말했다. "어떻게 말해야 좋을지 모르겠어요. 하지만 며칠 동안 괴로웠어요. 그래서 그냥 말하는 게 낫겠다 싶어요. 난 지금 우리의 관계가 마음에 들지 않아요. 난 마치 우리가 지금 사지에 있는 것 같아요." 그녀는 울음을 터뜨리며 더 이상 말을 잇지 못했다.

나는 너무 놀랐다. 마음에 상처를 입었기 때문이 아니라 그녀가 바로 내가 하려던 말을 했기 때문이다. 나는 주님이 그 자리에 계심을 알았다. 그분은 우리를 무감각한 상태로 놔두지 않으셨고 그것을 드러내셨다. 우리는 아이들과 일로 정신없이 바쁘고 차갑게 식어 버린 사랑 때문에 안절부절못하고 있었다. 그런데 예수님은 우리가 그 상태에 안주하기를 바라지 않으셨다. 그래서 누군가 그 말을 해야 했다. 그 누군가가 바로 아내였다. 그녀가 쥐어짜듯이 말을 꺼냈을 때, 나는 그녀에게 두려워할 필요가 없다고 말했다. 나는 그녀에게 나도 똑같은 감정을 느끼고 있었고, 하나님은 우리가 그 느낌에 대해 서로에게 정직해지기를 바라신다고 말했다.

정말로 기묘한 체험이었다. 우리는 그 곳에서 서로 손을 잡고 서로의 관계가 메말라 있었음을 고백했다. 그러자 그 어느 때보다 더욱 가까워진 느낌이 들었다. 우리는 진정으로 서로 친밀해지는 일에 다시 한 번 전념하고 우리 삶에 밀어닥치는 고난에도 불구하고 그것에 우선권을 두기로 결정했다. 이것은 사실이다. 당신이 빛 가운데로 행하지 않으면 서로 사귈 수 없다.

결론

앞에서 살펴본 일곱 가지 핵심 신념들은 우리에게 수많은 생각과 느낌, 행동들을 지시하지만, 그런 신념들이 우리가 의식적으로 자각할 수 있는 범위 너머에 있기 때문에 이 사실을 모를 때가 종종 있다. 주님은 우리가 자유와 기쁨을 얻을 수 있도록 그런 신념들을 파괴하고 싶어하신다. 그러나 문제가 하나 더 있다. 이 핵심 신념들은 우리의 인성에 스며들어 있다. 이것은 우리가 하나님과 우리 자신 그리고 다른 사람들과 관계 맺는 방식을 형성한다. 이제 관계의 가면을 하나씩 자세히 살펴보기로 하자.

3. 회피자 유형
_내적인 반항아

프랭크는 외로운 아이였다. 그의 아버지는 프랭크의 삶에 어떤 의미 있는 방법으로도 관여하지 않았고, 결혼 생활을 시작하면서 부부 싸움을 할 때마다 간단히 입을 다물고 말하기를 거부했다. 프랭크는 이 점을 본받았다. 그는 아버지의 정서적인 무감각을 싫어했고, 그들 사이에 친밀함이 없다는 점이 원망스러웠다. 그러나 그는 책과 음악과 고립의 세상 속으로 은둔함으로써 이런 버림받은 감정에 대처했다.

성인이 되었을 때 프랭크는 대학에서 사귄 에블린과 결혼했다. 상황은 매우 빠른 속도로 악화되기 시작했다. 그는 매춘부와 관계를 갖기 시작했다. 에블린이 이 사실을 알게 되었을 때, 그들의 결혼 생활은 이제 막 파멸할 지경이었다. 하지만 프랭크는 다시는 그러지 않겠다고 약속했다. 하지만 그것만큼이나 큰 문제가 남아 있었는데, 그것은 수동성이었다. 에블린은 프랭크의 수동-공격성(passive-aggressive) 행동 방식을 더 이상 참을 수 없다고 내게 말했다.

그들이 나를 처음 만나러 왔을 때, 프랭크는 결혼 생활을 지키기 위해서라면 '무엇이든지' 하겠다고 말했다. 그러고 나서 우리 모임 가운데 하나에 가입했고 개별 상담도 받았다. 불행히도 그는 모임에 와서 사람들에게 거의 아무 말도 하지 않았다. 구성원들이 그에게 여러 가지 질문을 하면 그는 어깨를 으쓱하면서 "몰라요"라고 대답하곤 했다. 억지로 대답하라고 강요해야만 자신의 생각이나 느낌을 이야기했다. 구성원들은 프랭크에게 매우 실망했다.

상담할 때도 나아진 것은 없었다. 내가 그에게 어떻게 되어 가는지 물으면 그는 역시 어깨를 으쓱했다. 우리가 취해야 할 일련의 조치(성경 공부, 책임성 등)를 결정했을 때, 그는 전혀 따르려고 하지 않았다. 에블린은 그의 수동성 때문에 화가 났고 상처받았으며 집을 나가거나 그에게 나가라고 위협하곤 했다. 그럴 때마다 그는 항상 다시 힘을 내서 '문제를 해결할' 준비가 되었다고 말하곤 했다. 그러나 오래가지는 못했다. 프랭크는 회피자 유형의 사람이었다.

어느 날 에블린이 그에게 집안일을 도와달라고 부탁했을 때 상황은 극도로 악화되었다. 프랭크는 알았다고 말했지만, 몇 시간 동안 아무 일도 하지 않고 그저 시간만 보냈다. 그녀가 다시 도와달라고 말하자, 갑자기 화를 냈다. 그래서 그녀는 그의 간음, 게으름 그리고 수동성에 진절머리가 난다고 말했다. 이대로 계속 살아야 한다면 결혼 생활을 끝내고 싶다고 말했다.

프랭크는 한마디 말도 없이 나갔다. 그리고 하루 반나절 동안 아무 소식도 없었다. 그에게서 전화가 왔을 때 그는 술에 취해 모텔에 있었다. 그는 밤새 매춘부와 함께 있었고 미안하다고 말했다. 그는 사태를 바로잡기 위해 무슨 일이든지 하겠다고 말했다. 그녀는 내가 없었다면 그에게 말을 걸지도 않았을 것이라고 했다.

우리 세 명이 함께 앉았을 때, 나는 프랭크에게 이 문제를 어떻게 처리할 것인지 물었다. 그는 주님께 매달리고 더 열심히 노력하겠다는 식의 모호한 대답을 했다. 그 말이 무슨 뜻이냐고 묻자 그는 말하지 못했다. 에블린은 화가 나서 어쩔 줄 몰라했다. 나는 그녀가 이혼을 하고 싶어한다는 것을 알 수 있었다(그렇게 결정하더라도 나는 그녀를 비난하지 않았을 것이다). 그러나 장하게도 그녀는 그의 회피 성향을 고치기 위해 한 번 더 기회를 주겠다고 말했다. 음행만큼이나 흉악한 것은 그것을 자극하는 회피적 성격이었다.

그 다음 몇 주 동안 나는 프랭크와 에블린을 따로 만났다. 나는 프랭크에게 결혼 생활이 매우 위태로운 상황이라고 말했다. 그는 여러 가지 사항에 대해서 말을 많이 했지만 실제로 어떤 행동을 취하려는 마음은 없는 것 같았다. 나는 시간이 똑딱거리며 지나가고 있다는 것을 알았다. 에블린을 만났을 때 나는 그녀에게 당연히 남편과 이혼할 권리가 있지만, 은혜를 베풀라고 간청했다. 나는 그녀에게 회피하는 사람을 다루는 것이 얼마나 어려운지 알고 있다고 말했다. 나도 어린 시절 이후로 줄곧 그런 사람이었다. 그러나 나는 그녀에게 화목에 대한 하나님의 마음을 생각해 보라고 부탁했다.

나는 프랭크가 사태의 심각성을 이해하지 못하는 것에 너무나 놀랐다. 그는 이 상황이 무사히 지나가고 아내가 자신을 괴롭히지 않을 것이라고 생각하는 것 같았다. 그렇게 되지 않자 그는 화를 냈다. 싸우는 동안 그는 벽을 향해 주먹을 날렸고 벽이 부서졌다. 에블린은 무표정한 얼굴로 서서 조용히 말했다. "프랭크, 우린 끝났어요." 프랭크는 마치 부당한 대우를 받았다는 듯이 비통한 표정으로 자신의 물건을 챙겼다. 그는 모텔 방으로 옮겼고 에블린이 오기를 기다렸다. 그녀는 오지 않았다. 이번엔 그녀도 진심이었다. 에블린은 그에게 셀 수 없이 기회를 주고 또 주었지만, 몇 년 동안에 걸친 그의 과오와 분노와 부정한 행위로 인해 결국 한때 관대했던 이 여인의 마음속에 남아 있던 것마저 모두 죽어 버렸다.

> **당신은 회피자 유형일지도 모른다.**
> **만약…**
> - 당신이 많이 늑장을 부리거나 시작한 일을 끝내지 못한다면
> - 모든 사람과 잘 지내고 풍파를 일으키지 않는다면
> - 당신에게 가장 중요한 것이 평안과 평온이라면
> - 당신이 알고 지내는 사람들이 당신은 항상 현실을 회피한다고 비난한다면
> - 그런 사람들을 당신이 피한다면

프랭크가 다시 상담을 받으러 왔을 때 나는 그의 모습에서 한 번도 본 적이 없던 자포자기의 표정을 읽을 수 있었다. 마침내 그도 진지해진 것 같았지만 이번에는 에블린이 요지부동이었다. 프랭크는 평생에 걸친 꾸물거림으로 결국 결혼과 아이들을 잃는 대가를 치르게 됐다. 수년 동안 계속해서 그의 아내와 수많은 사람 그리고 성령이 그에게 요리조리 피해 다니는 행동을 끝내라고 간청하셨지만 그는 단호하게 거절했다. 그가 정말로 모든 것을 망쳤다는 것을 깨달았을 때, 그는 차를 포도밭으로 몰고 가서 진공호스를 자동차 배기통에서부터 운전석 창문에 연결해 작동시켰다. 어느 농부가 앞좌석에 꼬꾸라져 있는 그를 발견했을 때 그는 혼수상태였다. 그는 여전히 그 상태로 있다.

목이 곧은 사람

성경에는 회피자에 관한 냉정한 예언이 나와 있다. "자주 책망을 받으면서도 목이 곧은 사람은 갑자기 패망을 당하고 피하지 못하리라"(잠 29:1). 회피자 유형의 사람이 모호하게 둘러대는 행동을 계속 고수할 때 그는 자기 자신을 파괴하는 앞잡이가 된다. 대부분의 회피자 유형들이 프랭크처럼 끝나는 것은 아니지만 그들은 대가를 치른다. 뉘우치지 않으면 그 대가는 가혹하다.

모든 회피자 유형들은 현재 자신이 처한 상태를 어쩔 수 없다고 믿는다. 삶의 어려운 문제들을 회피하는 것이 실제로 상황을 힘들게 만들지만, 회피자 유형의 사람은 상황을 **처리하는 일**이 훨씬 더 힘들 것이라고

생각한다. 많은 회피자 유형들은 나이가 들면서 깊이 후회한다. 남자든 여자든 노인이 되면 그들은 과거에 다르게 행동할 수도 있었을 것이라고 그제야 깨닫는다. 그 때 그들은 단지 잃어버린 기회와 산산 조각난 가족 그리고 못다 이룬 꿈을 한탄하는 일밖에 할 수 없다.

회피자 유형이라는 관계의 가면을 채택하는 이들은 그들이 20대까지 확실하게 갇혀 있다는 것을 알게 된다. 나도 그것을 알고 있다. 나는 가족으로부터 받은 고통을 처리하기 위해 이 방법을 선택했다. 아버지가 집을 나가고 어머니는 술을 마시고 부적절한 관계에 빠져 있을 때, 나는 절망에 빠지기 시작했다. 이 일이 있기 전 몇 년 동안 나는 될 수 있는 한 상황에 만족하고 주위 어른들의 무분별한 행동을 고치려고 노력했지만 아무런 소용이 없었다. 나는 독서와 그림의 세계, 곧 환상의 세계 속으로 빠져들기 시작했다.

어렸을 때 실제로 이것은 나를 정상적인 상태로 지탱해 주었다. 하나님이 나에게 '간섭'하셔서 주위에서 벌어지는 모든 광기 어린 행동에 더 이상 피해를 입지 않았다. 그러나 성인이 되면서 이상한 일이 일어났다. 나는 구원을 받았다. 16세 때 마침내 나를 사랑하고 돌봐 주려고 하는 누군가를 발견했다. 그분은 예수님이다. 나는 한동안 기뻐서 어쩔 줄 몰랐다. 그러나 얼마 지나지 않아 주님은 삶에 대한 나의 현실 도피적 접근 방식을 다루기 시작하셨다. 나는 그것이 정말 싫었다. 나는 이미 충분히 겪지 않았던가? 그리스도인이 되면 어느 정도 위로받고 평안해질 것이라고 생각했다. 깨닫지 못하는 사이에, 나는 그리스도인으로서의 신앙 역시 회피하는 도구로 사용하고 있었다.

하나님은 나에게 사람들을 보내셔서 나의 수동성과 자기 연민을 지적하심으로써 내 인생에 역사하셨다(그리고 지금도 계속 그렇게 하신다). 그분은 직장 상사, 목회자, 친구 그리고 원수들을 사용하시어 내가 갇혀 있는 우리를 뒤흔드셨다. 나는 거의 항상 그 메신저에게 화를 냈다. 나는 직장을 그만두었고, 사람들과의 관계를 모두 끊었으며, 인생의 불공평함에 대해서 화를 내는 것이 지극히 당연하다고 느꼈다. 그러나 예수님은 포기하지 않으셨다. 내가 '달갑지 않은' 사람으로부터 달아나면, 그분은 반드시 내가 다른 사람과 우연히 만나게 하셨다. 결국 나는 예수님이 나를 이런 상황에서 벗어나지 못하게 하신다는 것을 깨달았다.

위로 파티라도 열어야 될 지경이었다! "이것을 참는 사람은 **아무도 없을 걸요!**" 나는 하나님께 고래고래 소리치곤 했다. 그러면 그분은 항상 이렇게 말씀하셨다. "다른 사람들에 대해서는 걱정하지 말아라. 너는 나를 따르고자 하지 않느냐?" 나는 고통받고 좌절감을 느꼈지만 그럼에도 불구하고, 정말로 그분의 말씀에 순종하고 싶었다. 그래서 그분이 한 번에 하나씩 벽돌을 헐고 새로운 벽돌로 교체하시면서 내 성품을 개조하시도록 했다. 그 과정은 이제까지 내가 겪었던 일 중에서 가장 힘든 일이었다. 그것은 성 중독, 체중 문제 그리고 아동기의 학대가 혼합된 문제를 극복하는 것보다 더 힘들었다. 하지만 그 과정에서 하나님과 협력함으로써 나는 기대했던 것보다 더 많은 자유를 얻고 있다.

하나님을 따르는 사람

다윗은 여러 가지 이유로 내가 좋아하는 구약 성경의 영웅이다. 그는 전사, 선지자 그리고 왕의 자리를 섭렵했다. 내가 다윗을 좋아하는 주된 이유는 그는 자신이 얼마나 필사적으로 하나님을 필요로 하는지 알았고 그것을 인정하기를 두려워하지 않았기 때문이다.

그러나 다윗에게는 감추어진 성격적 결함이 있었다. 그는 회피자 유형의 사람이었다. 전쟁이나 예배에 관해서 그는 열정적이었고 격렬하기까지 했다(많은 회피자 유형들이 일터나 운동 경기장에서 그런 것처럼 말이다). 그러나 다윗은 가장 가까운 사람과의 관계에서 철저히 무관심했다. 다윗이 왕좌에 오르기 전에는 이 결점이 문제가 되지 않는 것 같았지만, 그가 왕이 된 직후에 잠재되었던 이 결점이 표면에 드러나기 시작했다.

이 결점은 다윗이 맺는 관계의 초기에 나타난다. 다윗의 참모 가운데는 공격자 유형(7장에서 더 자세히 알아볼 것이다)의 신하가 두 명 있었다. 요압과 아비새는 자신들의 계획을 성취하기 위해서라면 무슨 일이든 하려고 하는 무자비한 사람들이었다. 어떤 사람이 마음에 들지 않으면 서슴지 않고 그를 함정에 빠뜨리거나 아니면 냉혹하게 죽였다(삼하 3:22-30; 16:5-10; 18:10-14; 20:8-12). 다윗은 이 두 사람을 다루는 일에 실패했을 뿐만 아니라 아들 솔로몬에게 나중에 그들을 처리하라고 책임을 떠넘겼다(왕상 2:5-6).

이 내용이 자세히 기록된 성경 말씀을 읽어 보면 흥미로운 점을 발견할 수 있다. "해가 돌아와서 왕들이 출전할 때가 되매 **다윗이 요압을 보내니**"(삼하 11:1, 강조 추가). 다윗은 (비록 무자비한 사람이었지만) 요압을 기꺼이 자기 옆에 두었다. 왜냐하면 자신의 '추잡한 일'을 성취하기 위해서 그를 이용할 수 있었기 때문이다. 요압을 전쟁터에 출정시키고 난 후 따분한 왕은 무엇을 했을까? 그는 옆집에 사는 예쁜 여자를 발견하고 그녀와 관계를 맺기로 결심했다. 밧세바가 임신하는 사건이 발생하자 다윗은 그녀의 남편을 죽여야 했다. 그래서 다시 한 번 자신의 충성스런 측근 요압에게 우리아를 죽이라고 명령했다(삼하 11:14-27).

성적으로 중독된 사람들을 상담하는 과정에서 그들 모두가 갖고 있는 공통적인 특징 하나를 발견했다. 그것은 수동성이다. 회의실, 건설 현장, 야구 경기장 같은 곳에서 그들은 살인이라도 할 것처럼 열성적으로 행동할지 모르지만 가장 가까운 사람들과의 관계에 대해서는 매우 수동적이고 우유부단하다. 그들 가운데 많은 사람들은 기분이 좋아지기 위해 성을 사용한다. 다윗이 자신의 책임을 회피했을 때 그에게 일어난 일이 정확히 이것이다.

회피자 유형들은 배우자에게 상처를 주고 가장 가까운 사람들을 이용할 뿐만 아니라 자녀들에게도 항상 상처를 준다. 다말(다윗의 딸)이 이복 오빠 암논에게 성폭행을 당했을 때, 다윗 왕은 격노했지만 아무 조치도 취하지 않았다(삼하 13:1-21). 그의 아들 압살롬은 다말이 강간당한 사실을 알았을 때 그녀에게 이렇게 말했다. "그는 네 오라버니이니, 누이야 지금은 잠잠히 있고 이것으로 말미암아 근심하지 말라"(삼하 13:20). 회피성은 가족의 특성이 되었다.

> **회피자 유형이 하는 말**
> • "뭐가 그리 대단한 일이야? 내가 그 일을 할 여유가 있을 거야."
> • "지금 당장은 그것에 대해서 얘기하고 싶지 않아."
> • "그것은 모두 다 지난 일이야."
> • "난 그렇게 할 수 없어."
> • "나도 어쩔 수 없어."
> • "그건 너무 오래 걸릴 거야."
> • "하나님은 나의 연약함을 이해하실 거야."
> • 혹은 아무 말도 하지 않는다.

아버지가 하려고 하지 않았으므로 압살롬이 조치를 취한 결과, 그는 암논을 죽이고 그 나라에서 도망쳤다. 압살롬이 사라지고 3년 동안, 다윗은 압살롬과 함께 있고 싶어서 병이 날 지경이었지만, 다시 한 번 그는 아무 일도 하지 않았다(삼하 13:37-39). 회피자 유형인 다윗이 압살롬과의 관계를 회복하기 위한 어떤 조치도 취하지 않자 공격자 유형인 요압이 행동을 취했다. 이것은 당연한 일이다. 회피자 유형의 사람이 있는 곳에는 흔히 회피자 유형이 거부하는 모든 일을 하는 공격자 유형의 사람이 있다.

요압은 압살롬을 다시 불러올 계획을 세웠지만 다윗은 아들과 대면하는 것을 거절했다. 이런 다윗의 회피성으로 인해서 압살롬은 너무나 깊이 좌절했고 아버지의 주의를 끌기 위해 밭에 불을 질렀다(삼하 14:23-33). 압살롬은 결국 아버지를 만나게 되지만 그들의 관계는 나아지지 않았다. 평생을 회피자 유형으로 살던 다윗은 압살롬을 철저히 비참하게 만들었다. 거부당한 것에 대한 압살롬의 감정은 분노로 바뀌었고 왕권을 찬탈하려는 음모를 꾸미기 시작했다. 이 음모는 내란으로 이어졌고 결국 압살롬을 포함해서 2천 명의 생명을 빼앗았다.

지금까지 내용의 요점은 무엇인가? 그것은 다음과 같다. 다윗 주변의 사람들은 모두 자신의 선택을 했지만, 회피자 유형인 다윗의 삶은 그들에게 **막대한** 영향을 미쳤다. 그 결과는 죽음과 파괴였다. 당신이 두 자녀의 아버지든지 네 자녀의 어머니든지, 당신이 회피자 유형의 사람이라면 당신의 배우자, 친구 그리고 자녀들은 일이 다 끝나기 전에 부정적인 영향을 받을 것이다. 그런데 이런 일은 100% 피할 수 있는 일이다.

예방하라

선천적으로 타고난 듯 보이는 것을 바꾸기 위해 회피자 유형의 사람이 할 수 있는 것은 무엇일까? 나는 이 문제로 신시아와 상담을 했었다. 신시아는 사는 것이 무의미하다고 느끼는 46세의 여성이다. 그녀는 젊었을 때 남편이 인생의 의미를 줄 것이라는 희망을 갖고 결혼했다. 그러나 남편은 그러지 못했다. 사실 그는 삶에 대한 그녀의 무감각하고 단조로운 접근 방식에 빠르게 싫증을 느끼게 되었다. 그는 어느 정도 위험을 무릅쓸 줄 아는 여자를 만나 신시아와 두 아이를 남겨둔 채 사랑의 도피를 했다. 신시아는 혼신의 힘을 다해 아이들을 길렀지만 그들을 '망쳤다'고 고백했다(즉, 꿀같이 달콤한 사랑은 많이 주었지만 경계를 지어 주거나 방향을 설정해 주는 일은 거의 하지 않았다).

아이러니하게도 그 자녀들은 성장하면서 충분히 사랑받지 **못했다**는 느낌이 들었다. 왜냐하면 신시아는 '자신이 했던 모든 것에' 그들이 감사하지 않을 때 소리를 지르고 평정을 잃어버렸으며 일관된 훈육은 한 번도 한 적이 없기 때문이다. 신시아는 남편과 자녀들을 비롯해서 인생에서 중요한 사람들에게 상처를 받았다. 그러다가 어느 시점에서 그녀는 삶에 관여하는 것을 그만두기로 결심했다. 이러한 결정은 수년 동안 수없이 강화되어 세상과 관계 맺는 그녀만의 방식으로 굳어졌다. 그녀가 나를 찾아온 이유는 시간이 빨리 흐르고 있다는 것을 느끼기 시작했기 때문이었다. 46세, 인생의 반이 지나가 버렸다.

"뒤돌아보면 다르게 할 수 있던 일들이 너무 많아요." 그녀가 내게 말했다. 그런 일들이 무엇이었냐고 묻자, 결혼할 당시에 남편이 아직 준비가 안 된 사람이란 걸 알면서 결혼했다고 말했다. 그가 그녀에게 맞지 않는 사람이라고 누군가가 지적해 줬는지 물어보았다. 그녀는 그런 사람이 있었지만 그 말을 듣지 않았다고 말했다. 또한 야간 학교에 가서 기술을 배울 기회가 있었지만 배우지 않았다고 했다. 그녀는 실패할까 봐 너무나 두려웠다고 말했다. 아이들에게 문제가 생기기 시작했을 때, 그녀는 상담을 받거나 책을 읽거나 어떤 종류의 도움도 구하지 않았다. 그냥 사느라 너무 바빴다고 말했다.

우리는 그녀가 놓쳐 버린 연이은 기회들에 대해 이야기했다. 그녀가 위험을 무릅쓰고 어떤 일을 시도했더라면 얼마나 좋았을까 한탄을 했다.

"지금은 어때요?" 내가 물었다.

"무슨 뜻이죠?"

"기회가 많이 있었는데 잡지 않았다고 했잖아요. 오늘도 기회가 그냥 지나가게 내버려두고 있나요?"

신시아는 이런 방향으로 이야기를 몰아가고 싶지 않았지만, 나는 그 점을 강조했다. "신시아, 당신은 인생 절반을 허비했다고 말하고 있어요. 확실히 지금은 그것에 대해 할 수 있는 일이 아무것도 없지만 나머지 인생 절반 동안에는 무엇을 할 생각이죠?"

그녀는 눈에 띌 정도로 언짢아했지만, 다행히도 마음을 진정시키고 대화를 계속했다. 나는 그녀가 과거에는 실패를 경험했을지 모르지만 이제 새로운 날이 되었다고 말했다. 그녀가 '이것이 바로 내가 사는 방식이에요'라는 페르소나 뒤로 숨을 것인가, 아니면 일을 다르게 할 준비를 할 것인가? 그녀는 마치 힘을 끌어당기려는 것처럼 숨을 깊이 쉬고 말했다. "변할 준비가 됐어요."

그 다음 몇 달 동안 우리는 신시아가 가진 핵심 신념을 연구했다. 그녀가 가진 제일 중요한 두 개의 신념은 '친밀한 관계는 고통을 가져다줄 뿐이다'와 '나는 모든 것을 완벽하게 해야 한다. 그렇지 않으면 나는 무가치한 사람이다'였다. 이런 신념 때문에 그녀는 누구든지 어떤 의미 있는 방식으로 그녀의 인생에 들어오지 못하게 했고, 실패할 가능성이 있는 일은 어떤 것도 하지 않았다. 그녀는 모든 사람들이 그녀의 무감각하고 단조로운 세계 속으로 들어오지 못하도록 관계의 가면을 계발했다. 그녀는 교회에 다녔지만 늦게 갔다가 일찍 나왔다. 그녀는 매우 보수적인 관점을 가지고 있었고 이것이 '그리스도인다운 일'이라고 스스로에게 말했다. 그녀는 자신에게 흥분이나 소망을 일깨우는 것은 무엇이든지 즉시 마음속에서 밀어냈다.

신시아는 또한 하나님을 향해서도 매우 차가웠다. 드문드문 교회에 출석하고 기독교 방송을 시청하는 것이 영적인 생활의 전부였다. 성경을 읽고 여러 가지 다른 일들을 '해야 한다'는 것을 알고 있었지만 결코 하지 않았다. 나는 그녀에게 사람들 틈에 끼어서 그 동안 살면서 방치해 두었던 일들에 관여해야 할 때라고 말했다. 과거의 두려움이 사정없이 되살아났지만 그녀는 더 이상 속으면서 살지 않겠다고 결심했다.

우리는 그녀가 제일 먼저 해야 할 일은 양육 받을 교회를 찾는 것이라는 점에 의견의 일치를 보았다. 이로 인해서 그녀는 '너무 지루하다'는 핑계를 대면서 교회를 피할 수 없게 되었다. 나는 그녀에게 다섯 군데의 교

> **회피자 유형이 하는 일**
>
> - 책임을 전가한다.
> - 일부러 늑장을 부린다.
> - 모든 사람이 자신으로부터 도망치려 한다고 믿는다.
> - 장점에서는 탁월한데 약한 부분을 성장시키는 것을 거부한다.
> - 하나님과 거의 관계를 맺지 않는다.
> - 주위에 있는 사람들에게 격렬하게 화를 분출한다.
> - 아무것도 하지 않는다.

회에서 예배를 드리고 하나님이 그녀가 어디로 가기를 원하시는지 알려 달라고 기도하라고 말했다. 처음에 그녀는 저항했고 '교회를 순례하는 사람'에 관해 말을 했다. 나는 22년 동안 한 교회에 다닌 사람은 자기 자신을 교회를 순례하는 사람이라고 부를 수 없다고 지적했다.

두렵고 떨리는 마음으로 그녀는 다섯 교회를 차례로 방문했고, 주일 아침마다 목사님이 '그녀의 편지를 읽는 것'처럼 보이는 교회를 하나 발견했다. 그녀는 빠르게 성장하기 시작했다. 나는 그녀에게 참석할 만한 여성 모임을 찾아보라고 말했다. 그녀가 그런 모임을 찾아갔을 때 그 곳에 있던 여성들이 '그녀를 이상한 사람이라고 생각했기 때문에' 그녀는 다시 나오고 싶어했다. 나는 그녀에게 그것이 회피자 유형들이 도피할 때 쓰는 방법임을 상기시켜 주었다. 그녀는 농담으로 "당신이 미워요"라고 말하더니, 다시 그 여성 모임에 참석했다.

그녀는 나에게 그 모임의 여성들이 "일단 알게 되니까 그렇게 나쁘지만은 않았다"고 말했다. 6개월 동안 그녀는 두 사람과 매우 친한 친구가 되었고, 그 중 한 사람은 신시아에게 너무나 필요한 존재가 되었다. 그녀는 점점 더 많은 시간을 그들과 보내기 시작했고, 그들은 그녀가 전에 한 번도 해 본 적이 없는 활동들을 소개해 주었다. 놀랍게도 그녀는 자신이 소프트볼에 재능이 있다는 것을 알게 되었고 시즌 결승 경기에서 MVP를 받았다. 그녀는 또다시 새로운 열정을 발견했는데, 그것은 기타였다. 전에는 한 번도 기타를 치려고 해 본 적이 없었지만 연습을 하면 그렇게 어렵지 않다는 것을 깨달았다.

나는 회피하는 신시아가 사라지기 시작하고 새롭고 자신감 넘치는 신시아가 대신 그 자리를 차지하는 과정을 지켜보았다. 그녀의 장성한 자녀들도 매우 놀라워했다. 그들은 "옛날의 엄마는 어디로 갔어요?"라고 말하곤 했다. 그러면 신시아는 미소를 지었다. 신시아가 두려움을 모두 극복한 것은 아니지만 지금은 다시 예전으로 돌아가는 것을 거부한다. 어느 날 그녀는 나에게 영웅과 겁쟁이의 공통점이 무엇인지 아느냐고 물었다. 나는 그녀에게 말해 보라고 했다. '두려움'이라고 그녀는 대답했다. 한 사람은 두려움으로 꼼짝도 못하고 있는 것을 선택하고, 다른 사람은 앞으로 나아가는 것을 선택했다는 것이 분명한 요점이다.

여전히 예전의 신시아가 이따금씩 모습을 드러내기도 한다. 그러나 새로운 신시아는 옛 사람을 벗어 버리고 새 사람을 입는 것에 관한 바울의 모든 말을 받아들여서 자신의 관계의 가면에 적용한다. 그녀는 죄가 개개인이 관여하는 선택이나 행동보다 훨씬 더 깊이 영향을 미치는 것임을 깨닫고 있다. 그것은 회피적인 성격의 특징에서도 발견된다. 그만큼 어려운 일이긴 하지만, 그녀는 이것을 '벗어 버리는' 방법도 배워 가고 있다(엡 4:22-24을 보라).

나는 수년 동안 수많은 회피자 유형의 사람들을 상담했다. 어떤 사람들은 회피성으로부터 서서히 벗어나서 어느 순간 커다란 변화를 일으켰다. 또 어떤 이들은 시도하고 실패하는 일을 반복하다가 포기하곤 했다(또는 전혀 시도조차 하지 않은 사람도 있었다). 주위에서 아무리 성화를 해도 꼼짝도 하지 않는 회피자 유형들도 몇몇 있었다. 예수님도 그분의 말씀을 피하기로 결정한 사람을 그냥 보낼 수밖에 없으셨다(막 10:21-22을 보라).

회복된 회피자 유형

회피자 유형들은 비겁함에도 불구하고 매우 좋은 점도 가지고 있다. 그것은 인내다. 그들은 수년 동안 고통을 피하는 방법을 터득해 왔다. 그러나 불행하게도 그들은 성숙해지는 것 또한 피한다. 그들이 악에 맞서서 회피적인 반사 행동을 한다면 어떻겠는가? 이 점에 대해서 성경은 많은 말을 한다.

사랑하는 자들아 거류민과 나그네 같은 너희를 권하노니 영혼을 거슬러 싸우는 육체의 정욕을 **제어하라**(벧전 2:11, 이하 강조는 추가).

타인의 음성은 알지 못하는고로 타인을 따르지 아니하고 도리어 **도망하느니라** (요 10:5).

음행을 **피하라**(고전 6:18).

그런즉 내 사랑하는 자들아, 우상 숭배하는 일을 **피하라**(고전 10:14).

부하려 하는 자들은 시험과 올무와 여러 가지 어리석고 해로운 욕심에 떨어지나니 곧 사람으로 파멸과 멸망에 빠지게 하는 것이라. 돈을 사랑함이 일만 악의 뿌리가 되나니 이것을 탐내는 자들은 미혹을 받아 믿음에서 떠나 많은 근심으로써 자기를 찔렀도다. 오직 너 하나님의 사람아, 이것들을 **피하고** 의와 경건과 믿음과 사랑과 인내와 온유를 따르며(딤전 6:9-11).

회피자 유형들은 피하는 수법을 쓴다. 그것이 그들이 제일 잘하는 것이다. 그들은 단지 피하지 말아야 할 것들, 즉 책임, 사랑, 희생을 피하고 있는 것이다. 하지만 그들은 사람을 만족시키거나 성적 탐닉의 죄악된 욕망에 대항해서 열심히 갈고 닦은 회피 기술을 사용하는 법을 배울 수 있다. 그들은 물질주의로 치닫는 자신의 기질에 맞서 싸울 수 있다. 그들의 영혼에 유혹적으로 속삭이는 수많은 우상 숭배의 세력들을 외면할 수 있다. 그리고 그리스도에게서 떠나라고 그들에게 외치는 것들로부터 도망칠 수 있다.

회피자 유형의 경우에 "난 그저 그것을 할 수 없는 거예요"라고 말하는 것은 거짓말이다. 그들에게 그 기술이 없다고 주장하기에는 이미 너무 늦었다. 그들은 단지 성령과 성경 말씀 그리고 책임 있는 관계를 통해서 다시 훈련을 받아야 할 필요가 있을 뿐이다. 회피자 유형이 새롭게 배워야 하는 것은 결단력 있는 사람이 되는 법이다. 하지만, 그들이 나쁜 일들을 피하기만 한다면 그것은 율법주의로 돌아가는 것이다. 인생은 우리가 피하는 것이 아니라 우리가 포용하는 것에 달려 있다. 유익한 것들을 붙잡으려면 회피자 유형에게는 덜 발달되어 있는 영적인 근육이 필요하지만, 우리들과 마찬가지로 그들도 배울 수 있다.

회피자 유형을 위한 조언

- 당신이 너무나 싫어하는 일이나 결혼 생활 또는 상황이 바로 하나님이 당신 속에서 그분의 일을 하시고자 하는 지점일지도 모른다는 것을 깨달으라.
- 당신이 계속 똑같은 종류의 사람들과 마주치고 똑같은 종류의 상황에 처하는 이유가 있다. 하나님은 **바로 거기에서** 당신의 삶에 역사하기를 원하신다.
- 회피자 유형은 결코 고통을 피하게 되지 않는다. 단지 고통을 뒤로 미룰 뿐이다.

- 용기는 두려움의 부재가 아니라 어쨌든 앞으로 나갈 수 있는 능력이라는 것을 기억하라.
- 회피자 유형이 변하기 위해서는 믿음과 순종이 매우 중요하다.
- 논쟁하지 않거나 다투지 않거나 당황하지 않거나 위험을 무릅쓰지 않는 것은 좋은 일이 아니다.
- 당신이 과거에 회피한 문제 때문에 오늘 후회할 수도 있다.
- 오늘 당신이 회피한 문제 때문에 내일 후회할 수 있다.
- 용기를 내라! 예수님은 연약하고 두려움이 많은 사람들을 도와주기 위해 오셨다. 많은 믿음의 용사들이 이전에는 회피자 유형이었다.

　인내하고 순종하며 **그리고** 어려운 일에 맞서는 남자를 보는 것은 얼마나 멋진 일인가! 겸손하고 온화하며 **또한** 정직한 여자를 보는 것은 얼마나 신나는 일인가! 이런 것에 대해 더 많이 생각하면 할수록, 그것은 성령의 열매를 말하는 것처럼 들린다. 회피자 유형들에게 간절히 바란다. 당신이 슬퍼지거나 부끄러움을 당하거나 실패할지도 모른다는 두려움 때문에 하나님의 멋진 세계를 그냥 지나가게 하지 말라. 나와 함께 두 손으로 인생을 움켜쥐자.

4. 비껴가는 자 유형
_심장공포증

사무엘은 멋진 남자다. 그는 재미있고 재치가 있으며 지적이다. 그는 적이 없다. 모두들 그를 좋아한다. 그런데 사무엘이 왜 나를 찾아왔을까? 그가 우울해지기 시작했을 때 그의 한 친구가 나에게 전화해 보라고 권했기 때문이었다. 사무엘은 자기 사업을 하고 있는데, 건축 분야에서 모르는 사람이 없는 것 같다. 그러나 우울증 때문에 아침에 일어나 일하기가 힘들어지자 그는 무언가 잘못됐다는 것을 알았다.

하지만 우울한 상태에도 불구하고 사무엘은 항상 얼굴에 미소를 띠고 있었다. 약속 시간에 올 때마다 그는 농담으로 사무실에 있는 모든 사람들을 웃게 만들곤 했다. 우리가 그의 우울증에 관해 대화를 시작했을 때 진행되고 있는 두 가지 사실이 분명해졌다. 곧 사무엘에게 약물 치료가 필요하다는 것과 그가 굉장히 외롭다는 것이었다. 나는 의사가 아니기 때문에 그에게 병원에 가서 약물 치료를 받으라고 권했다. 하지만 외로움에 관해서는 내가 '전문가'이기 때문에 외로운 이유가 무엇인지 물었다.

"여자가 필요해요, 러셀."

"하지만 당신은 결혼도 했었고 이혼의 경험도 있잖아요. 또 그 이후로 계속 여러 여성들과 교제도 했고요."

"나도 알아요. 하지만 지속된 적은 한 번도 없었던 것 같아요. 사귀다가 두 사람 중 한 명이 관계를 망치는 일을 하고, 그러면 전 다시 원점으로 돌아가죠."

이 말이 사랑에 운이 없었다는 뜻이 아니라는 것을 나는 알아챘고, 그래서 그의 성장 과정에 대해 물었다. 사무엘의 부모는 그가 5세 때 이혼했고 9세 때 어머니가 돌아가셨다. 그가 계속 다른 문제로 건너뛰는 바람에 이 사실을 알아내는 데 2주가 걸렸다. 그는 자신의 마음을 들여다보는 것을 무서워했다. 사무엘은 비껴가는 자 유형이었다.

그의 어머니에 대해서 물어보기 시작했을 때, 사무엘은 '그 시절로 돌아가는' 생각만 해도 엄청난 두려움을 느낀다고 말했다. 아하, 우리는 그의 관심을 다른 곳으로 돌리게 하는 것을 찾았다. 나는 이것을 자세히 조사해 보자고 권했다. 그 다음 몇 주 동안 이 남자는 평생 간직해 온 고통과 두려움을 쏟아냈다. 이 사람은 자재 상점에서 일하는 모든 사람들이 알고 있는 그 낙천적인 사람이 아니었다. 이 사람은 몸만 성장해 버린 버림받은 어린 소년이었다.

하나님이 사무엘을 치유하기 시작하셨지만, 그 과정 중에 사무엘이 친밀한 관계를 누리는 것을 막는 장애물이 하나 더 있다는 것이 확실하게 드러났다. 그것은 그의 관계의 가면이었다. 사무엘은 그가 과거에 잃어버린 것들과 자신의 감정에 맞닥뜨리고 있었지만 여전히 농담을 하고 가는 곳마다 매력을 발휘하고 있었다. 이런 행동 자체에 잘못은 없지만 그것은 그가 자신의 진짜 감정을 속이는 하나의 방편이었다.

사무엘이 재미가 없거나 재치 없는 사람은 아니었다. 그는 재미도 있고 재치도 있었다. 사실 그를 호감 가는 사람으로 만들어 준 것은 언제라도 준비되어 있는 그의 유머였다. 그것은 하나님이 주신 그의 기질의 일부였다. 하지만 사무엘은 더 고통스러운 삶의 문제를 처리하는 데도 그 기질을 사용했다. 그의 열 살 된 딸이 어려운 일을 겪고 있을 때, 그는 그 고통을 별것 아니라고 생각하고 딸을 웃게 만들곤 했다. 나는 그에게 그 방법이 얼마 동안은 효과가 있을지 모르지만 결국 딸은 자신의 마음을 알아주는 아빠를 필요로 하게 될 것이라고 말했다.

나는 그가 이미 자신의 딸도 비껴가는 자 유형이 되도록 훈련시키고 있다고 지적했다. 우리가 사무엘의 관계의 가면에 대한 전반적인 문제에 대해 대화하기 시작했을 때 나는 전형적인 반응을 얻었다. "글쎄요, 러셀. 전 지금까지 이렇게 살았어요."

"그걸 탓하는 게 아니에요. 하지만 이것이 고통을 피하기 위한 방법이기도 하다면요?" 나는 말했다.

"그걸로 나를 비난할 수 있어요?"

"전혀요. 하지만 성경에는 우리가 애통해야 한다고 분명히 나와 있어요. 그렇게 해 본 적이 있어요?"

> **당신은 비껴가는 자 유형일지도 모른다. 만약…**
> - 인생이 하나의 커다란 농담거리로 보인다면
> - 대화가 심각해질 때마다 불안해진다면
> - 말은 많이 하되 의미 있는 말은 거의 하지 않는다면
> - 누군가가 단점을 지적할 때마다 당신도 똑같이 그들의 단점을 지적할 수 있다면
> - 인생이 너무 바쁘고 분주해서 '문제 거리들'을 돌아볼 시간이 없다면
> - 다른 모든 사람들에게 관심을 집중시켜서 자신을 돌보지 않는다면

"엄마를 말하는 거예요?"

"그것과 아울러 당신이 나에게 이야기했던 수많은 상처들을 말하는 거예요. 사무엘, 이 말씀을 한번 읽어보고 무슨 뜻인지 말해 봐요." 나는 그에게 성경책을 건네주면서 전도서 7:3-4까지 읽어 보라고 말했다. 그가 읽었다. "슬픔이 웃음보다 나음은 얼굴에 근심하는 것이 마음에 유익하기 때문이니라." 이 때 그의 얼굴에 '뭐라고?'라는 표정이 떠올랐다. 나는 계속 읽으라고 그에게 말했다. "지혜자의 마음은 초상집에 있으되 우

매한 자의 마음은 혼인집에 있느니라."

"무슨 뜻일까요?" 나는 물었다.

"모르겠어요."

"아마 웃음은 (마음을 감추기 위한) 위장이 될 수 있고, 그런 목적으로 웃는 사람은 지혜롭지 못하다는 뜻일 거예요."

"네, 일리가 있는 말이군요."

나는 성경책을 돌려받아서 잠언 14:13을 폈다. 나는 그에게 성경책을 건네주고 그 말씀도 읽어 보라고 했다. "웃을 때에도 마음에 슬픔이 있고 즐거움의 끝에도 근심이 있느니라."

"이 말씀은 놀랍네요." 그가 말했다. "일주일 전에 제 파트너가 '슬퍼하며 애통하며 울지어다. 너희 웃음을 애통으로, 너희 즐거움을 근심으로 바꿀지어다'라는 야고보서 말씀을 알려 줬어요. 읽으라는 이유를 몰랐었는데 이제야 알 것 같아요."

"분명히 성령이 당신에게 무엇인가 말씀하고 계시는 거예요." 나는 말했다.

그분은 그러셨다. 사무엘은 하나님께 **기쁨과 고통**을 솔직하게 표현할 수 있게 해 달라고 간구하기 시작했다. 그는 유머 감각을 잃지 않았지만 힘겨운 부분에도 맞서기 시작했다.

비껴가는 자 유형은 자신의 과거나 현재에 고통이 있다는 것을 은밀히 알고 있지만 그 점에 대해 솔직해지기를 거부한다. 어린아이일 때, 비껴가는 자 유형의 사람은 다음과 같은 말을 하면서 맹세한다. "다시는 이런 종류의 고통이 내 마음을 침범하도록 허용하지 않겠어. 나는 모든 사람을 웃게 만들고 즐겁게 해주고 행복하게 해줄 거야. 그들이 나를 좋아하고 내가 유쾌하게 살 수 있는 방법은 그것뿐이야."

이런 잠재의식적인(그리고 때때로 의식적인) 맹세는 비껴가는 자 유형의 사람이 삶의 모든 면에 접근하는 방식이 된다. 하지만 잠재하고 있는 고통은 항상 표면으로 드러난다. 그렇게 되면 비껴가는 자 유형들은 섹스나 물질 또는 일 중독을 통해서 그 고통을 경감시킨다. 그 결과 그들은 다시 '낙천적인' 태도로 돌아간다. 비껴가는 자 유형은 희극적인 기질과 '남의 이목을 끄는' 성향을 사용해서 삶을 헤쳐 간다. 게다가 그들은 성격적으로 정말 재미있고 긍정적인 면을 가지고 있고, 하나님은 그런 성격을 바꾸는 것을 바라지 않으신다. 그러나 그분은 그들이 자기 심령의 행복하지 **않은** 부분에 대해서 거짓말하지 않기를 바라신다.

바로 여기가 비껴가는 자 유형들에게 반항심이 생기는 지점이다. 그들은 자기 심령의 고통을 표현하면 아무도 자신을 좋아하지 않을까 봐 두려워한다. 그들은 주위 모든 사람들에게 유쾌함과 피상을 기대하도록 가르쳤다. 따라서 그들이 뉘우치고 좀더 진정한 자신으로 살기 시작한다면 주위 사람들은 적응을 해야 할 것이다. 어떤 사람들은 그들에게서 떠날 것이다. 비껴가는 자 유형이 두려워하는 것이 바로 이 점이다. 그들은 떠나는 사람들은 어쨌거나 중요한 존재가 되지 않을 것이라는 점을 깨닫지 못한다.

비껴가는 자 유형들은 주위 사람들에게 행복한 척할지는 모르지만 어떤 사람과도 친밀하게 지내지는 않는다. 비껴가는 자 유형의 남편이나 아내는 외로운 사람이다. 이런 유형의 부모에게 자녀는 '세상에서 가장 멋진 부모'라고 말하지만, 그 자녀가 배꼽 빠지게 웃는 것 이상이 필요할 때 그 존경심은 적의로 돌변하게 될 것이다.

비껴가는 자 유형과 회피자 유형은 공통점이 많다. 그들 모두 자신의 진짜 감정을 피한다. 그들은 모두 갈등을 피한다. 그리고 그들은 모두 현실을 회피한다. 그러나 다른 점도 있다. 비껴가는 자 유형은 더 여유로운 성격을 가지고 있고, 회피자 유형은 수줍음이 더 많다. 비껴가는 자 유형은 활동적이며 적극적이고, 회피자 유형은 고립적이다. 각각의 관계의 가면이 1대 1로 맞붙어 싸운다면, 회피자 유형은 자신에게 오는 모든 공격을 다 흡수해 버릴 것이고, 비껴가는 자 유형은 쿵후의 대가처럼 날아오는 펀치마다 재치 있게 막아낼 것이다. 펀치들마다 다른 방향으로 날려 버리든지 아니면 다시 공격할 것이다.

당신은 문제가 있군요!

비껴가는 자 유형에는 다양한 형태가 있다. 항상 훌륭하고 멋지고 놀라운 일을 하고 있는 낙천적인 남자와 여자를 교회에서 쉽게 볼 수 있다. 좀더 교묘히 비껴가는 자 유형으로는 남편을 갱생시키는 운동을 하고 있는 아내를 들 수 있다. 비껴가는 자 유형 가운데 이런 형태의 사람을 포착해 내기 어려운 이유는, 대체로 그 남편의 결점이 매우 엄청나다는 사실 때문이다. 그는 항상 성 중독자이거나 알코올 중독자이거나 욕설을 퍼붓는 사람이거나 회피자 유형의 사람이다. 그의 죄는 너무나 실제적이어서 오직 그 죄 자체만으로도 결혼 생활을 파괴시키는 힘이 있다.

이 여성의 불만이 상상의 산물은 아니지만 그 속에는 속임수가 있다. 매우 실제적인 남편의 죄에 집중하다 보면 자신의 죄는 쉽게 간과할 수 있다. 그녀는 "저도 잘못이 있다는 걸 알아요"라고 말할지도 모르지만, 그것이 무엇인지는 결코 말하지 않거나 혹은 남편의 허물에 비해서 자신의 것은 대단치 않게 보이도록 능숙하게 규정한다.

사실은, 그녀의 죄도 남편과 마찬가지로 심각하다(잠 20:9; 롬 2:1; 3:22-23; 고전 10:12; 약 3:2; 요일 1:8을 보라). 그녀는 자기가 남편보다 더 나은 사람이라는 것에 자부심을 느끼고, 한편으로는 마음속에 맹렬히 일어나는 용서하지 못하는 마음과 싸운다. 그녀는 자신이 다른 사람을 통제한다는 사실을 인정하지 않으려 하기 때문에 하나님의 마음을 매우 슬프게 만들지만, 남편이 '너무나 멍청이'이기 때문에 자신의 행동을 인정할 수 없는 것이다. 그녀가 모르는 사실은, 남편이 상처 주는 모든 행동을 그만두더라도 상황은 여전히 좋지 않을 것이라는 점이다. 회복 운동 단체 사람들은 이것을 공동의존증(codependency)이라고 부르고, 나는 그것을 '비껴가기'라고 부른다.

매력적인 성격으로 죄를 가리든 이웃에게 관심을 집중함으로써 내 죄를 은폐하든 그것은 여전히 우회적인 행위다. 어떤 경우든지 간에 내 마음 전체를 닫아 버렸기 때문에 사람들과 친밀해질 수는 없다. 우리가 "서로 사귈" 수 있도록 "빛 가운데 행하라"고 예수님이 우리에게 명령하신 것도 이런 이유 때문이다(요일 1:7). 다른 말로 하자면, 정직과 투명성은 친밀함에 꼭 필요한 요소다. 하지만 비껴가는 자 유형은 '정직하면 항상 버림받는다'는 핵심 신념을 생활 양식으로 삼고 있다.

회복된 비껴가는 자 유형

우리는 비껴가는 자 유형의 죄가 부정직이라는 것을 입증했다. 그들은 항상 활기차고 '명랑하게' 생활함으로써 자기 자신에 대해 끊임없이 거짓말을 한다. 물론 이것은 때때로 실패하기도 한다. 그러면 이 유형의 사람은 공격자 유형으로 변한다. 하지만 대부분의 경우에 그들은 자기 자신의 현실로부터, 또는 최소한 '나는 매우 잘 하고 있어'라는 그들의 관계의 가면에 맞지 않는 현실로부터 다른 곳으로 주의를 돌린다.

그러면 비껴가는 자 유형이 자신의 죄를 극복하고 다른 사람들을 섬기기 위해 사용하는 기술은 무엇인가? 베드로가 단서를 제공한다. "무엇보다도 뜨겁게 서로 사랑할지니 사랑은 허다한 죄를 덮느니라"(벧전 4:8). 비껴가는 자 유형은 죄와 자기 마음속의 고통을 감추는 데 뛰어나다. 그런데 그들이 주위 사람들의 죄와 고통을 덮는 데 그런 기술을 사용

> **비껴가는 자 유형이 하는 말**
> • "인생은 그렇게 심각한 게 아니야!"
> • "물론 나도 문제가 있어요. 그런데 그 사람은 어때요?"
> • "난 매우 잘하고 있어(항상)."
> • "난 그들처럼 이기적이지 않아요. 나는 다른 사람들을 돌보지요."
> • "지금 당장 말할 수는 없어요. 할 일이 너무 많아요."

한다면 어떨까? 돌아온 탕자의 아버지처럼 죄인의 범죄에서 주의를 돌리고 그 대신 죄인의 가치를 찬양한다면 어떻겠는가?(눅 15:21-23을 보라)

비껴가는 자 유형이 모든 사람을 행복하게 해주려고 노력하는 대신 모든 사람이 사랑받고 있다고, 즉 참된 성경적 의미로 사랑받고 있다고 느끼게 해준다면 어떨까? "당신은 훌륭해서 잘못을 저지를 수 없어요"라는 의미 없는 말이 아니라 흔들리지 않는 눈빛으로 솔직하게 사랑의 마음을 표현한다면? 물론 사람들은 자신이 지은 죄에 대해서 알아야 한다. 하지만 우리가 그들의 죄를 지적할 때 대부분은 우리의 말을 들을 수 없다. 왜냐하면 수치심으로 인해서 우리가 하려는 말이 무엇이든 이미 흘려듣기 때문이다. 무엇이 수치심을 몰아내고 앞으로 나아가게 할 수 있을까? 오직 한 가지뿐이다. 그것은 통찰력 있고 강철 같은 사랑이다.

진정한 사랑은 달콤하지 않다. 그것은 두려운 것이다. 진정으로 사랑받았던 시절을 생각해 보라. 사랑받아서 너무나 행복했거나 아니면 극도로 불편했을지도 모른다. 비껴가는 자 유형은 어떤 사람이라도 불편하게 느끼길 원하지 않지만, 사람들이 이런 기분을 겪게 하지 않으려면 그들을 진정으로 사랑할 수도 없다. 언젠가 예수님이 사랑 넘치는 눈으로 베드로를 바라보셨을 때 베드로는 그것을 참을 수 없어서 예수님께 떠나시라고 간청했다. 그러나 예수님은 주춤거리지 않으셨다. 그분은 그 곳에 서서 베드로의 수치심을 갈기갈기 찢으시고 그에게 말씀하셨다. "무서워하지 말라. 이제 후로는 네가 사람을 취하리라 하시니"(눅 5:8-10).

비껴가는 자 유형이 이런 비전을 포착하게 되면, 다른 사람들은 죄가 없다는 식으로 가장하지 않을 것이다. 실제로, 그들이 **정말로** 사랑하는 방법을 배우면 다른 사람들의 죄를 밝히는 것을 피하지 않을 것이다. 그들도 우리 주님처럼 그것을 있는 그대로 말하지만 사람들을 무가치한 존재로 만들기 위해서 그것을 사용하지는 않는다. 그들은 자신의 수치심이 이미 그렇게 하고 있다는 것을 알 것이다.

우물가의 여인과 함께 계셨던 예수님처럼, 그들은 "지금 있는 자는 네 남편이 아니니"라고 말할 수 있지만 간음이라는 악에 대한 설교를 늘어놓지는 않을 것이다. 우리 주님처럼, 죄를 짓게 만드는 그들의 목마름을 충족시켜 주는 것이 있다고 다른 사람들에게 말할 것이다(요 4:10-18을 보라). 그들은 자기 앞에 있는 죄인에게 사랑의 확신이 필요하다는 것을 알게 될 것이다. 그들은 약물 중독자나 도시의 매춘부나 독선적인 율법주의자가 견딜 수 없는 죄의식으로 훨씬 더 많이 괴로워하게 만들기보다는 은혜로 그 사람에게 충격을 주어야 할 때가 언제인지를 분별할 것이다.

이것은 정교함이 필요한 예술이다. 그것은 '감상적인 아가페'가 아니다. 그것은 유일하게 효과적인 무기를 활용해서 다른 사람들의 수치심에 가하는 명확하고 섬세한 공격이다. "무엇보다 열심히 서로에게 창피를 줄지니"라고 베드로가 말하지 않았음을 기억하라. 이것은 대부분의 사람들이 '거룩함'이란 미명 아래 행하는 것이다. 그는 우리에게 열심히 **사랑하라**고 말했다. 이것만이 죄를 덮는다.

비껴가는 자 유형은 자신의 현실에서 다른 사람의 현실로 주의를 돌리지 않는 방법을 배울 것이다. 그들은 자신의 실수를 알아차리지 못하도록 주의를 다른 데로 돌리기 위해 다른 사람들의 실수를 사용하지 않는 방법을 배울 것이다. 그들은 또한 부정적인 현실을 고려하고 그 현실에 대해서 결코 **거짓말**하지 않는 방법을 배울 것이다. 게다가 그들은 사소한 현실에서 주의를 돌리고 좀더 중요한 현실을 직시할 것이다.

어떤 사람들은 내 말을 죄에 대해 관대하다는 의미로 오해할지도 모른다. 내 말을 잘 듣기 바란다. 죄는 매우 나쁜 것이다. 그러므로 그것을 가볍게 여길 수 없다. 십자가의 고난은 그 죄가 우리 하나님께 얼마나 심각한 것인지 보여 주는 증거다. 분명히 어떤 사람의 행동에 대해 완곡하게 말하지 않고 있는 그대로 말할 때가 있다. 그러나 많은 사람들은 의로운 열정에 차서 우리 가운데 있는 "상한 갈대들"에게 다가가서 최후의 일격을 가한다(사 42:3). 또는 심지에 거의 꺼져 가는 불씨를 보고 훈계라는 이름으로 그 심지를 잘라 버린다. 이미 말했듯이, 그것을 제대로 하려면 많은 기술이 필요하다. 그러나 하나님은 평생 동안 비껴가는 자 유형이었던 사람에게 죄책감으로 고통을 주는 죄로부터 주의를 돌리고 그 대신 하나님의 은혜로 그 죄를 부수라고 명령하신다.

그러나 이 중에 어떤 일이라도 일어나게 하려면, 비껴가는 자 유형의 사람은 자기 자신의 죄나 고통이라는 부정적이고 고통스럽고 섬뜩한 현실을 포용해야 할 것이다. 그리고 그들은 거기에서 멈추지 말아야 한다. 예수님의 보혈을 통해 하나님의 치유하시고 용서하시는 사랑이라는 더 멋진 현실을 향해 계속 나아가야만 한다. 회복되고 있는 비껴가는 자 유형의 사람은 부정적인 면들을 정직하게 다룰 수 있을 만큼만 거기 머물러 있다가 그 다음에는 계속해서 무엇보다 가장 멋진 현실로 나아가는 방법을 배울 것이다. 그 현실은 그들을 향한 하나님의 형언할 수 없는 사랑이다. 그들은 적절한 때가 되면 즉시 사소한 모든 현실에서 다른 데로 주의를 돌릴 것이다. 그들이 각자 개인적인 삶 속에서 이 방법을 배울 때, 그것을 다른 사람에게까지 확장시킬 수 있을 것이다.

슬퍼하는 것에서 춤추는 것으로

우리 직원들과 우리가 하는 사역에 참여하는 사람들 가운데 몇 명은 매년 한 컨퍼런스에 참여한다. 이 행사는 진실하고 강력한 예배 시간으로 잘 알려져 있다. 나는 베니가 같이 올 수 있어서 기뻤다. 나와 베니는 그 동안 함께 좋은 일을 많이 했지만 그는 확실히 비껴가는 자 유형의 사람이었다. 어느 날 밤, 우리는 공개적으로 열리는 예배에 참석했다. 성령의 임재를 강하게 느낄 수 있었다. 나는 의자 몇 개를 사이에 둔 곳에서 베니가 흐느끼고 있는 것을 보았다. 나는 예배드리고 있는 사람들을 헤치고 그에게 다가가 말을 걸었다.

"무슨 일이야, 벤? 내게 말해 줄 수 있어?" 나는 물었다.

"오, 러셀. 그분의 사랑을 느꼈어요!" 그는 거의 말을 이을 수 없는 상태였다. 베니는 내 품에 쓰러지더니 마구 흐느껴 울었다. 나는 단지 그를 꽉 안아 줄 수밖에 없었다. 우리는 그 곳에 한 시간 가량 서 있었던 것 같다. 예배가 끝났을 때 나는 그에게 하나님이 하신 일에 대해서 물었다.

"러셀, 예수님이 나를 사랑하신다는 것을 머리로는 항상 알고 있었지만 **이렇게** 체험한 적은 한 번도 없었어요." 그가 말했다.

그 날 밤 내내 그는 계속 울면서 그것에 대해 말했다. 우리는 지금까지도 남아 있는, 어린 시절 부모의 관심을 받지 못하고 방치된 상태에서 받은 영혼의 깊은 상처에 대해 밤늦도록 대화를 나누었다. 하나님은 베니의 바로 그 점을 어루만지셨던 것이다.

"하지만 한 가지 두려운 게 있어요." 그가 고백했다. "이런 경험이 오래가지 않을까 봐 두려워요. 내일 일어나서 단지 감정이 격했던 것뿐이라고 깨닫게 될까 봐 두려워요." 나는 베니의 두려움을 이해했다. 그의 인생에서 모든 사람이 그를 떠났다. 하나님이라고 왜 다르지 않겠는가?

나는 이것이 일시적인 감정이 아니라고 다시 한 번 확신시켜 주었다. 나는 그에게 그 주 내내 주님과 함께 시간을 보내면서 하나님이 그에게 하시고 있는 일을 글로 써 보라고 권했다. 나는 그 주에 베니가 나무 아래

> **비껴가는 자 유형이 하는 일**
> - 끊임없이 농담을 하거나 이야기를 한다.
> - 즐겁다가 순식간에 맹렬하게 화를 낸다.
> - 자신의 감정을 빼고 그 밖의 모든 것에 대해 말한다.
> - 자신을 교회나 회사 또는 단체에 없어서는 안 될 존재로 만든다.
> - 일이나 자녀에게 너무 깊이 몰두해서 기타 다른 것과 관계 맺는 것을 불가능하게 만든다.

앉아서 공책에다 미친듯이 뭔가를 쓰고 있는 것을 여러 번 발견했다. 집에 돌아온 후 얼마 있다가 나는 그를 다시 만났다. 나는 그에게 주님이 '그를 떠나셨는지' 물었다.

"매일 그렇게 영광스러운 분위기에 휩싸여 살지는 않아요." 베니가 나에게 말했다. "하지만 그 컨퍼런스에서 나에게 어떤 일이 **일어났어요.** 그리고 그것은 여전히 존재해요."

그 때 이후로 나는 베니의 생활을 관찰할 수 있었다. 최근 3년 동안 그는 두려움을 많이 극복했다. 그는 여전히 누구 못지않게 고통을 느낄 수 있지만 이제는 자신의 감정에 솔직하다. 더 이상 분노나 실망 때문에 두려워하지 않는다. 이런 감정들은 단지 내면에 잠재하는 몇몇 오래된 신념에 주의하라고 경고하는 감정이라는 것을 깨달았기 때문이다.

현실을 재미있는 이야기로 감추어야 했던 사람이 사라졌다. 그는 진짜 고통이 솟아오를 때마다 그것을 인정하는 법을 배우고 있다. 이따금씩 베니는 예수님이 자신을 사랑해 주시는 어떤 새로운 방식에 대해 이야기한다. 하나님은 그에게 웃음이 애통이 되고 다시 웃음이 되게 하셨다.

비껴가는 자 유형을 위한 조언

- 이상하게 들리겠지만, '상냥한' 사람이 되는 것이 당신에게 죄가 될지도 모른다.
- 목사님이나 상담자를 만나서 당신이 **비껴가고 있는 것**이 무엇인지 알아보라.
- 오직 다른 사람에 대해서만 생각하고 말한다면, 당신은 비껴가는 자 유

형의 행동을 하고 있다. 초점을 옮기라.
- 예수님은 당신이 숨기고 있는 것들을 부끄러워하거나 두려워하지 않으신다. 그분이 그 영역에 들어오시게 하라.
- 책임감 있게 관계 맺을 수 있는 솔직한 사람을 찾아보라.
- 다른 사람들과 함께 있을 때 매력적으로 보이거나 웃기거나 똑똑하게 보이지 **않는** 연습을 하라.
- 상황이 긴박할 때마다 무엇인가를 말하거나 하고 싶은 충동을 억제하라.
- 예수님이 당신의 죄를 가려 주시기 때문에 당신이 가릴 필요가 없다는 것을 기억하라.

5. 자기 비난자 유형
_어두움의 숭배자

 메리는 남편이 아이들에게 말하는 방식이 싫었다. 훈육에 대한 그의 생각은 "도대체 뭐가 문제니?"라고 말하는 식이었다. 그녀는 그의 가혹한 비난 때문에 아이들의 자긍심이 시들어 가는 것을 알았다. 그러나 이 점에 대해 제임스와 대화를 하려고 할 때마다 항상 싸움으로 번졌다. 그런데 오늘 아침에는 이상할 정도로 더 잔인했다. 그녀는 무엇인가 말을 해야 한다고 느꼈다.
 "여보, 아이들은 어리석은 짓을 할 수 있어요. 그런데 당신이 그런 식으로 말하면 더 역효과만 날 뿐이에요."
 "또 시작이군!" 그가 소리를 질렀다. "난 애들한테 제대로 하는 일이 하나도 없으니까 입 다물고 **당신이** 부모 노릇을 하도록 내버려두는 게 낫겠지."
 제임스가 (자주) 이렇게 반응할 때마다 대화는 항상 지리하고 고통스럽게 계속됐다. 그는 자신이 얼마나 부족한 부모인지에 대해 계속해서 말하곤 했다. 메리는 자신이 하고자 하는 말의 요지가 그것이 아니라고 말하려고 했다. 그녀는 단지 제임스가 스스로 왜 그렇게 화를 내는지 곰

곰이 생각해서 그것을 변화시키기를 원했지만, 그는 결코 그렇게 하지 않았다. 그는 단지 자신의 '무가치성'에 대해 몸부림쳤다. 그러면 메리는 절망감과 분노를 느끼면서 밖으로 나가곤 했다. 그녀가 무슨 말을 하고 어떤 일을 해도 이 벽을 뚫고 지나갈 수가 없었다. 제임스는 자기 비난자 유형이었다.

피해자와 가해자

내가 상담했던 자기 비난자 유형들은 모두 학대받은 경험이 있는 피해자였다. 그들은 언어적·육체적 또는 성적 학대로 상처를 입은 가정에서 성장하였다. 그러한 학대가 분명하든지 모호하든지 어쨌든 그들은 그것이 자신의 잘못이라고 결론을 내렸다. 아이들은 지속적으로 학대를 받으면 자동적으로 자신에 대해 그렇게 말함으로써 학대를 내면화한다. 그들은 "아빠에게 어떤 문제가 있기 때문에 그런 식으로 나를 대하신 거예요"라고 말할 수 있는 통찰력이 없다. 대신 "제가 나쁜 아이라서 아빠가 그렇게 행동하신 거예요"라고 말한다.

정신적·영적 피해는 실제적이다. 이런 일을 겪으면서 살아야 하는 무방비 상태의 아이를 볼 때 하나님의 마음은 무너진다. 다윗은 하나님께 말할 때 이런 상처받은 심령을 나타냈다. "외로운 자가 주를 의지하나이다"(시 10:14). 너무나 오랫동안 그리스도의 몸은 이런 희생자들의 바로 그 실제적인 고통에 대해 부정해 왔다. 다행히도 그런 날은 끝나가고 있다. 이제 우리는 무기력하게 만드는 그런 상처를 경험한 사람들을 상담하고 그들을 위해 사역할 것이다.

희생자에게 수치심과 내적 고통이 실제적일 수 있는 만큼, 그것의 어두운 면 역시 실제적일 수 있다. 이들 가운데 많은 아이들이 자라서 내적으로 자신을 무가치하게 느끼고 **그런 감정을 숨기는** 성인 남녀가 된다. 자기 비난자 유형이 의식적으로 이런 일을 하는 것은 아니지만 '무가치해' 지는 것에도 유익한 점이 있다. 그것은 성장해야만 한다는 의식으로부터 자신을 보호한다. 내가 비열하고 어리석은 사람이라면, 당신은 분명 내가 행동을 바꿀 것이라고 기대할 수 없을 것이다! 자기 비난자 유형은 "나는 너무 무지하고 깨어져서 어디서부터 시작해야 할지 도저히 모르겠어"라고 말한다.

자기 비난자 유형의 남편이나 아내는 "난 절망적이야. 나는 절대로 그걸 이해하지 못할 거야"와 같은 징징거리는 말이 문제를 직시하지 않으려는 마음을 감춘다는 것을 직감적으로 알고 있다. 그러나 이것을 지적하려고 하면 그것은 더욱 비난하는 말처럼 들릴 뿐이고, 그 결과 또다시 싸움이 일어난다. 자기 비난자 유형의 부모를 둔 자녀들도 매우 위험한 곳에 놓여 있다. 그들이 성인이 되면, 아버지나 어머니가 그들의 방식으로 느끼는 것에 마음 아파하고 책임감을 느껴서 절대 그들의 마음을 상하게 하지 않으려고 노력한다. 그러나 어릴 때는 그렇게 하지 못하기 때문에 자기 비난자 유형의 부모는 언어적 폭력이나 육체적 폭력으로 반응한다. 그러고 나서 부모는 "나는 실패자야. 어떻게 내가 아이에게 그렇게 상처를 줄 수 있었을까?"라는 생각에 빠지고, 자녀는 부모를 직접적으로 위로하든지 착해지기 위해 새롭게 노력함으로써 안심시켜 주어야 한다.

교회나 성경 공부 모임에서 자기 비난자 유형을 만난다면 외관상으로

당신은 자기 비난자 유형일지도 모른다. 만약…

- 당신의 실수나 우둔함 또는 죄악됨에 대해서 계속 생각한다면
- 항상 모든 일을 뒤죽박죽으로 만드는 것처럼 보인다면(그렇게 될 줄 알고 있었던 것처럼)
- 당신 자신을 성공할 기망이 없는 사람으로 여긴다면
- 당신에게 관한 한, 다른 모든 사람들이 당신보다 더 똑똑하거나 더 경건하거나 더 훈련을 잘 받은 사람이라고 생각한다면
- 하나님이 당신 때문에 화가 나셨거나 실망하셨거나 역겨워하신다고 믿는다면
- 죄의식이 당신의 변함 없는 친구라면

볼 때 정직하고 겸손하다는 느낌을 받을 것이다. 그들은 말한다. "하나님 앞에서 죄가 많다는 것을 알아요. 그분이 어떻게 나를 참으시는지 모르겠어요." 이런 말을 하면 주위의 사람들은 몇 가지 반응을 한다. 그들은 "아니에요, 그렇게 말하지 말아요. 그렇지 않아요!"라고 공감한다는 듯이 말한다. 또는 "대부분의 사람들은 자신의 실수를 인정하려고 하지 않는데 프란시스는 자신이 죄인이란 걸 알고 있고 그것을 인정하는 것을 두려워하지 않아요"라고 매우 감동받은 듯 경외심이 섞인 목소리로 반응한다.

성장공포증(Maturaphobic)

자기 비난자 유형의 사람들은 오랫동안 비난과 경멸의 말을 들어 왔기 때문에 그들은 이제 자기 자신을 경멸하게 되었다. 그들이 성숙해지기 위해 나아가거나 실패할 가능성이 있는 일을 하려고 할 때마다 다음과 같은 목소리가 들린다. "이봐, 넌 너무 어리석어. 넌 어떤 일도 제대로 하지 못할 거야. 그런데 왜 하려고 하는 거야?" 이것은 단지 '가여운 나' (Poor me) 증후군이 아니다. 자기 비난자 유형은 자신을 구성하는 세포 하나 하나에서 이런 목소리를 듣는다. 내가 대화했던 자기 비난자 유형의 어떤 사람은 이렇게 말했다. "러셀, 이것은 나 자신에 대해 갖고 있는 내 믿음이 아니에요. 이것은 실제로 내 모습이에요." 내가 그녀에게 이와 똑같이 말하는 다른 사람들을 알고 있을 것이라고 지적했을 때, 그녀는 왜 그들은 이 경우에 해당되지 않는지를 나에게 말했다. 우리의 삶을 통제하는 견고한 요새가 비합리적이고 모순이 많음에도 불구하고 우리는 그것에 전념한다.

자기 비난자 유형들은 성숙하는 것에 공포를 느끼고 그들의 안전지대 밖으로 나갈 수 없다고 믿는다. 그러나 실제로 그들은 경험이 없을 뿐이다. 최근에 나는 캘리포니아 주 세이버 레이크(Shaver Lake) 근처의 어느 강에서 캠핑을 하고 있었다. 우리는 사람들이 6미터 정도 되는 암벽 위에서 물 속으로 뛰어드는 지점까지 하이킹을 했다. 한 소녀와 두 남자를 포함해서 몇 명의 10대 소년이 절벽 아래로 뛰어들고 있었다. 그러나 한 소녀가 계속 절벽 끝을 서성이며 아래를 내려다보고는 "난 할 수 없어"라고 말했다.

강기슭에 있던 우리 일행이 그녀에게 용기를 주었고 할 수 있다고 말했다. 우리가 계속해서 뛰어내리라고 재촉하자 그녀는 가장자리로 걸어가서 숨을 깊이 들이쉬었지만 다시 제자리로 돌아오곤 했다. 그녀의 아빠가 소리쳤다. "샐리, 넌 할 수 있어! 친구들에게 자랑할 일을 생각해 봐!" 그녀는 정말로 하고 싶었지만 두려움으로 숨이 막힐 지경이라는 것을 알 수 있었다. 다른 누군가가 소리쳤다. "생각하지 마. 그냥 뛰어내려!"

그녀는 한 번의 응원이 더 필요했다. 그래서 나는 그녀의 이름을 크게 부르기 시작했다. "새엘리! 새엘리!" 20번 이상을 절벽 끝에 섰다가 다시 돌아가더니 새로운 결의가 그녀의 얼굴에 떠올랐다. 그녀는 앞으로 걸어나간 다음 다시 돌아왔다. 그런 다음 다시 앞으로 나갔다. 그러고는 그녀가 가야 할 곳으로 떨어졌다. 그녀는 총알처럼 쏜살같이 강물에 풍덩하고 뛰어들었고, 그 다음에 수면 위로 떠오르면서 "와! 내가 **해냈어**!"라고 소리쳤다. 지켜보던 친구들과 낯선 사람들은 열두 살짜리 소녀가 자신의 용기를 발견하자 박수갈채를 보냈다.

우리는 모두 샐리와 똑같은 경험을 했다. 우리는 대면하고 있는 위험을 바라보며 다음과 같이 말해 본 적이 있다. "난 할 수 없어." 그러나 그것은 사실이 아니다. 우리는 제정신이 아닐 만큼 겁을 먹었을지도 모른다. 죽을 것이라는 확신이 들었을지도 모른다. 몸과 마음이 두려움으로 마비되었을지도 모르지만, 우리는 실제 그 **능력**을 가지고 있다. 사실 우리에게 없었던 것은 경험이었다. 불행히도 경험할 수 있는 길은 오직 하나밖에 없다. 샐리는 자신의 발을 바위에 꼭 붙들고 있던 과거의 모든 '현실'을 밀어젖히고 모험의 품으로 뛰어들었다.

자기 비난자 유형은 암벽에서 기어 내려와 스스로 자초한 수치심과 모멸감 속에 빠진다. 그들은 "그냥 난 할 수 없었어"라고 말한다. "다른 모든 사람들은 할 수 있지만 나는 할 수 없어. 난 겁쟁이야." 공포를 느낀다는 것이 어떤 느낌인지 우리 모두 알기 때문에 공감할 수 있지만, 실제로 자기 비난자 유형의 사람은 성공할 가능성보다는 자기 자신의 내적인 현실을 선택한다. 여기가 반항심이 들어오는 곳이다. 그들의 공포는 진짜지만 위험을 무릅쓰지 못하는 무능력은 **그렇지 않다**. 회피자 유형이나 비껴가는 자 유형처럼 자기 비난자 유형은 그리스도보다 두려움을 주님으로 삼는다. "그들이 두려워하는 것을 두려워하지 말며 근심하지 말고 너희 마음에 그리스도를 주로 삼아"(벧전 3:14-15).

오늘 너를 택한다

내가 상담했던 사람들 중에 가장 심하게 학대받은 사람은 자기 비난자 유형이었다. 나단은 매우 보수적인 목사의 아들이었다. 나단의 교회에서는 록음악을 듣거나 머리를 옷깃 아래로 기른다거나 심지어 '세상' 쪽으로 관심을 기울일 수조차 없었다. 그와 그의 형은 완벽한 모범을 보여야 했을 뿐만 아니라, 아버지의 생각으로는 두 아들이 자신의 영성을 직접 드러내 주는 존재였다. 제대로 행동하지 못해서 아버지의 체면을 손상시키는 일은 어떤 것이든지 즉시 학대를 당했다.

언젠가 나단이 친구 집에 있었는데, 라디오에서 비틀즈의 노래가 흘러나왔다. 나단은 그렇게 해야 한다는 것을 알면서도 집 밖으로 뛰쳐나가는 대신에 기쁨과 두려움이 뒤섞인 감정으로 거기에 앉아 있었다. 집에 가서 그는 모든 일을 '고백했고' 아버지에게 얼굴을 여러 차례 맞았다. 형이 말렸지만 이미 나단의 턱뼈가 부러진 뒤였다. 그의 아버지는 두 아들을 육체적으로 학대했을 뿐만 아니라 성적으로도 학대했다.

두 아들 모두 문제들을 지닌 채 성장한 것은 당연했다. 그들은 약물, 섹스 그리고 '세상적인 것'에 의지했다. 그리고 둘 다 기독교 재활센터에 들락날락했다. 나단의 형은 공격자 유형이 되었다. 난폭하고 통제 불능의 행동으로 그는 여러 번 감옥살이를 했다. 그러나 나단의 기질은 달랐다. 그는 주위 사람들에게 화를 분출하지 않았다. 그는 화를 안으로 삭였다. 두 사람 모두 자기 자신을 혐오하는 방법을 배웠다. 단지 그것을 표현하는 방법이 달랐을 뿐이다.

나단은 '올바로 살려고' 노력했다. 그는 매우 강건하고 권위주의적인 목사가 시무하는 한 교회를 발견했고(우연일까?) 사역에 관여했다. 그는 아이가 둘 있는 이혼녀와 결혼했고 둘 사이에 자녀를 하나 두었다. 상황은 얼마 동안 좋아 보였다. 나단과 쉘리는 집에서 성경 공부를 했고, 나단은 기타를 치면서 예배를 인도했다. 그러나 얼마 가지 않아 나단은 다시 마약과 매춘부에게 빠지기 시작했다. 쉘리는 가슴이 너무 아팠지만 그 일을 기꺼이 해결하려고 했다.

나단이 그녀에게 말했다. "난 가망이 없어. 도대체 계속 나와 사는 이유가 뭐야?" 쉘리는 어쨌든 그를 사랑한다고 말했다. 그러나 3년 동안 마약과 외도의 나날을 겪은 후에 쉘리에게는 더 이상 버틸 만한 사랑이 남아 있지 않았다. 그들이 이혼을 하자, 나단은 철저하게 이전의 중독 생활로 돌아갔다. 그의 타락은 한 매춘부를 유혹하던 날 밤에 끝났다. 그 매춘부는 경찰이었다. 나단의 이름이 신문에 실렸고 그의 얼굴이 뉴스에 나왔다. 그가 항상 자기 자신에 대해서 믿고 있던 바를 이제는 모든 사람이 다 알게 되었다. 그는 희망 없는 타락자가 되었다.

그가 처음 나에게 온 것은 체포된 후였다. 나단은 절대적으로 하나님의 은혜에 굶주려 있었다. 나는 그가 받아들일 수 있을 만큼만 전했다. 그가 용서할 수 없는 죄를 고백하곤 했을 때, 나는 예수님의 보혈로 그에 응답하곤 했다. 그는 그 모든 것을 알고 있었지만 **자신의** 죄는 다르다고 나에게 말하곤 했다. 그를 앞으로 나아가게 하는 것은, 당나귀를 달래서 땅을 차고 일어나도록 끌어당기는 것과 같았다.

그러다 갑자기 어떤 빛이 비추기 시작했다. 죄인들을 사랑하고 용서하시는 하나님에 대해 몇 달 동안 듣고 난 후에 그는 어떤 체험을 했다. 그가 관리인으로 근무하고 있는 주택 단지에서 주민 한 사람이 개를 잃어버렸다. 이 나이 든 여인에게는 그 개가 세상에서 가장 귀한 것이었다. 걸을 수 있는 사람은 모두 밖으로 나가서 그 개를 찾아다녔다. 나단은 평소의 그답지 않게 잃어버린 개를 찾게 해 달라고 하나님께 간구하는 담대함이 솟아오르는 것을 느꼈다. 그는 단지에서 두 블록 떨어진 곳까지 걸어갔고 놀랍게도 그 곳에서 그 개를 발견했다. 이름을 부르자 그 개는 그의 팔로 뛰어들었다.

나단이 다시 돌아왔을 때 그 여인은 눈물을 흘리며 매우 고마워했다. "고마워요, 고마워." 그녀는 자신의 유일한 친구를 꼭 붙들고 거듭 고맙다고 말했다. 나단은 마음속에서 매우 이상한 기운이 피어오르는 것을 느꼈다. 그것은 기쁨이었다. 그가 기도했더니 하나님은 그 개가 있는 곳을 알려 주셨다. 그게 무슨 대수인가? 매우 단순히, 나단은 그것을 자신이 전혀 무가치한 존재가 아닐지도 모른다는 증거로 받아들였다.

자기 비난자 유형이 하는 말

- "당신이 나를 사랑하는 이유를 모르겠어요."
- "난 제대로 할 줄 아는 게 없어요."
- "하나님은 분명 내가 바보라고 생각하실 거예요."
- "성공하지 못할 줄 알았어야 하는데…"
- "너무 좋아서 사실일 리 없다고 생각했지요."
- "아무튼 이게 다 어쨌다는 거죠?"

그가 함께 상담받는 사람들에게 이 이야기를 했을 때 모든 사람들의 눈이 빛났다. 결국 그가 하나님의 사랑을 받고 있다고 말한 것은 우리가 아니었고, 그가 스스로 우리에게 말하고 있었다. 나단은 그 이후로 새로운 자신감이 생긴 것 같았다. 일주일이 채 가기 전에 나단은 자신이 사랑받고 있음을 하나님이 보여 주셨다고 사람들에게 말했다. "세상에서 가장 특별한 사람이 된 느낌이 들어요!" 그는 말했다. 우리는 너무나 기뻤다.

당연히 나단의 나쁜 습관도 사라지기 시작했다. 그는 하나님의 은혜로 어떻게 "경건하지 않은 것과 이 세상 정욕을 '다 버리고' 신중함과 의로움과 경건함으로 이 세상에 사는지"(딛 2:12)에 대해서 우리 모두에게 가르치고 있었다. 우리는 학생인 나단이 선생님이 되자 기뻤다. 그가 예전의 죄 가운데 하나에 빠지기 전까지 상황은 좋았다. 그 일이 일어났을 때 나는 그가 체험한 은혜를 상기시켰지만 그는 슬픔에 잠겼다. "이렇게 될 줄 **알았어요**!" 그는 말했다. "오래가지 못할 줄 **알았어요**."

나는 그가 어디로 향하고 있는지 정확히 알았다. 나단은 더욱 자주 '잘못을 저지르기' 시작했고 자신이 얼마나 비열한 사람인지에 대해 한탄했다. 그가 상담 약속을 어기기 시작했을 때, 과거의 관계의 가면이 다시 살아났다는 것을 알 수 있었다. 이런 식으로 사는 것을 싫어하는 것만큼이나 그런 생활이 묘하게 그에게 편안함을 주기도 했다. 실제로 나단은 자신에 대한 하늘 아버지의 관점보다는 육신의 아버지 관점을 수용하는 것이 더 쉬웠다.

예전의 조건과 프로그램이 자기 비난자 유형에게는 현실이지만, 그들이 그 과정에 관여하지 않는 것은 아니다. 우리 주님은 이런 전쟁이 우리에게 얼마나 어려운지 잘 아신다. 그분은 단순히 성경 구절을 암송하는 것으로 모든 것이 다 괜찮아질 것이라는 망상을 갖지 않으신다. 그분은 수많은 사람들이 그분의 진리를 알게 되기를 기대하시지만, 우리에게 단호하게 말씀하신다. "너희가 내 말에 **거하면** 참 내 제자가 되고"(요 8:31, 강조는 추가). 그분은 다음과 같이 말씀하지 않으신다. "외부 세력이나 내부 세력이 너를 공격해 올 때 개의치 말고 전진하며 내버려두라. 어쨌든 그걸 붙잡는 것은 너무 힘들어서 할 수 없는 일이다."

성경의 다른 부분에서 그분은 우리에게 명확하게 말씀하신다. "훈계를 굳게 잡아 놓치지 말고 지키라. 이것이 네 생명이니라"(잠 4:13). 예수님은 자기 비난자 유형의 사람들에게 (또는 그 밖의 모든 사람들에게) 그들이 이것을 극복해야 하고, 그렇지 않으면 지옥에 갈 것이라고 말씀하시는 것이 아니다. 그분은 '큰' 죄를 제거하는 것으로는 충분하지 않다고 말씀하고 계신다. 우리는 하나님이 우리 마음의 구조를 변화시키시도록 해야 한다. 이 과정에서 우리가 꾸물거릴수록 우리는 이 땅에서 풍성한 삶을 살 기회를 놓친다.

네 이웃을 미워하라

그뿐만 아니라 나의 죄악된 관계의 가면을 계속해서 허용하는 만큼, 나는 주위 사람들을 사랑하지 않기로 선택하는 것이다. 내가 회피자 유형이라면 나는 이 세 가지를 피한다. 하나님, 내 마음의 진실 그리고 주위 사람들이 원하는 애정의 욕구. 내가 비껴가는 자 유형이라면 내 고통과 사람들의 진짜 고통에 관여하는 것을 거부할 것이다. 내가 자기 비난자 유형이라면 나 자신을 끊임없이 비판하되 변하는 데 꼭 필요한 일은 하지 않을 것이다. 내가 계속 이런 관계의 가면들을 쓰고 있다면 주위 사람들을 진정으로 사랑하는 데 필요한 인격을 결코 계발하지 못할 것이다.

우리가 술이나 담배를 끊고 '나쁜' 사람이 되지 않을 수 있는데도 여전히 이런 불완전한 대처 방식을 유지하고 있다는 사실이 놀랍지 않은가? 이런 식으로 사는 것은 바로 믿음의 기초를 침식시킨다.

네 마음을 다하고 목숨을 다하고 뜻을 다하고 힘을 다하여 주 너의 하나님을 사랑하라 하신 것이요 둘째는 이것이니 네 이웃을 네 자신과 같이 사랑하라 하신 것이라 이보다 더 큰 계명이 없느니라(막 12:30-31).

이보다 더 큰 계명이 없다고? 이것이 우리 주님이 하신 말씀이다. 우리가 십일조를 하고, 매일 6시간씩 기도하며, 움직이는 모든 것을 복음화시키고, 복합 상영관에서 상영하는 모든 나쁜 영화를 보지 않더라도, 이 중요한 계명을 지키지 못한다면 우리는 전체적인 핵심을 놓치는 것이다. 그러나 우리 가운데 그리스도인임을 자랑스러워하는 수많은 사람들이 매일 이렇게 살고 있다.

이것은 교회 안에서 놓치기 쉬운데, 왜냐하면 그것은 사회적으로 용납할 수 없는 죄만큼 분명히 알 수 있는 것이 아니기 때문이다. 또한 그것이 우리 속에 깊이 스며들어 있기 때문에 놓치기 쉽다. 우리의 고유한 관계의 가면들은 전혀 가면처럼 보이지 않는다. 그것들은 마치 심장 박동처럼 자연스럽다. 하지만 어떤 것이 정상적이고 선택한 것이 아닌 것처럼 보인다고 해서, 예수님이 그것을 정복하고 싶어하시지 않는다는 의미는 아니다. 이 때문에 현실에서 주되심이라는 문제에 부딪히게 되는 것이다. 매우 많은 사람들이 그 대신 율법주의를 선택하는 것도 놀랄 일은 아니다.

> **자기 비난자 유형이 하는 일**
> - 포기한다.
> - 자기연민에 빠져 산다.
> - 구세주 유형의 주의를 끈다.
> - 도움을 주려고 하는 사람들에게 화를 낸다.
> - 마음을 고쳐먹고 새 생활을 한다 (잠시 동안).
> - 하나님을 비판적이고 완벽주의자인 부모처럼 생각한다.

희소식

이 점에 대해서 두 가지 이유로 나는 솔직해져야 한다. 첫째로, 대부분의 그리스도인들이 그렇지 않기 때문이다. 그리고 둘째로, 우리 주님은 솔직하시기 때문이다. 한때 예수님의 두 제자가 강퍅한 태도에 대적하려고 할 때, 그분은 꾸짖으시고 "너희의 영이 어떤 종류의 영인지 너희가 알지 못한다"고 말씀하셨다(눅 9:55, 난외주). 예수님은 그들의 영에 대해 말씀하고 계셨는가, 아니면 악마의 영에 대해 말씀하고 계셨는가? 아마 둘 다일 것이다. 이것에 대해 생각하면 다소 불안을 느낄 수도 있다. 우리가 인식하지 못하고 있는 관계의 가면을 사탄이 이용할 수 있다는 것은 우리 모두가 생각해야 할 문제다.

이 모든 것에 대한 희소식은 어디에 있는가? 관계의 가면 그 자체에서 발견할 수 있다. 그 가면이 쓸모없고 정이 가지 않을지라도 그 가면 속에는—하나님의 감독하에—우리가 해방될 수 있는 비밀이 들어 있다. 회피자 유형의 경우에 회피하는 행동을 멈춰야만 하는 것이 아니다. 그들은 피해야 할 것을 피할 때 그들이 갈고 닦은 회피 기술을 사용해야만 한다. 비껴가는 자 유형의 경우에 하나님은 모든 비껴가는 행동을 하지 말라고 요구하시는 것이 아니라 현실을 이해하고 속임수를 쓰지 말라고 요구하신다. 자기 비난자 유형은 전혀 비난하지 말라는 것이 아니라 비난해야 할 것을 올바른 방식으로 비난하라는 것이다.

나단이 타락의 길로 내려갔을 때, 약 2년 동안 그는 자취를 감췄다. 그런데 일전에 전화 자동 응답기에 녹음된 힘찬 메시지를 확인하게 되었다. "러셀, 저 나단이에요. 오랜만인 건 알지만 이제 돌아가서 내 문제에 대처할 준비가 됐어요. 여전히 저를 만나고 싶어하셨으면 좋겠어요."

나단이 왔을 때 나는 그를 따뜻하게 맞이했고 만나서 너무 기쁘다고 말했다. 그는 처음에는 매우 수줍어했지만 무언가 예전과는 달라졌다는 것을 알 수 있었다. 그는 좋아 보였고 좀더 어른이 된 것 같았다. 그는 매번 예전과 똑같은 습성으로 돌아가곤 했고 시간이 너무 빠르게 지나갔다고 말했다. 그러나 이제 그는 아내나 재판 때문이 아니라 자신이 그럴 만한 가치가 있을지도 모른다는 생각을 하기 시작했기 때문에 상황을 해결하고 싶어했다. 나단은 여전히 기복이 있었지만 이전보다 노력을 백분 발휘하고 있다.

회복된 자기 비난자 유형

자기 비난자 유형이 잘하는 일은 무엇일까? 자신을 싫어하는 일을 잘한다. 그들은 자신과 자신의 모든 약점을 몹시 미워하는 데 탁월하다. 그들은 자신의 인간성과 단점을 극도로 격렬하게 미워한다. 자기 비난자 유형은 자신을 미워하는 것을 연습하고 그 기술을 연마한다. 대부분의 그리스도인들은 자신의 삶에서 어떤 부분을 미워해야 하는지 잘 모를 것이다. 그러나 그들은 잘못 알고 있다. 증오는 영적인 성장과 승리에 꼭 필요한 것이다.

> 범사에 기한이 있고 천하 만사가 다 때가 있나니…사랑할 때가 있고 미워할 때가 있으며(전 3:1, 8).

> 여호와를 사랑하는 너희여 악을 미워하라(시 97:10).

> 여호와를 경외하는 것은 악을 미워하는 것이라. 나는 교만과 거만과 악한 행실과 패역한 입을 미워하느니라(잠 8:13).

> 사랑에는 거짓이 없나니 악을 미워하고 선에 속하라(롬 12:9).

> 여호와께서 미워하시는 것 곧 그의 마음에 싫어하시는 것이 예닐곱 가지이니

곧 교만한 눈과 거짓된 혀와 무죄한 자의 피를 흘리는 손과 악한 계교를 꾀하는 마음과 빨리 악으로 달려가는 발과 거짓을 말하는 망령된 증인과 및 형제 사이를 이간하는 자니라(잠 6:16-19).

자기의 생명을 사랑하는 자는 잃어버릴 것이요 이 세상에서 자기의 생명을 미워하는 자는 영생하도록 보존하리라(요 12:25).

강렬한 미움의 감정을 발달시키지 않으면 그리스도인들은 하나님을 기쁘게 해 드리는 삶을 살 수 없다. 자기 비난자 유형은 이미 경기의 선두에 있다. 미움은 그들 마음의 원동력이다. 미워하는 것은 그들이 잘하는 한 가지 일이다. 문제는 여기에 있는데, 바로 그들이 잘못된 것을 미워한다는 것이다. 학대와 그릇된 생각 때문에 자기 비난자 유형은 결국 자신의 영혼을 경멸하게 된다. 그들은 자신에 관한 모든 것, 육체나 영혼 그리고 정신을 미워한다.

자기 비난자 유형의 사람이 그 동안 계속 속았다는 것을 깨닫고 **그것에 대해 화를 내면** 어떨까? 하나님이 귀하게 생각하시는 어떤 것을 향해 발산했던 모든 미움의 감정에 대해 그들이 선전포고를 하면 어떨까? 하나님이 사랑하시는 것을 사랑하고 하나님이 미워하시는 것을 미워하기로 그들이 결심한다면 어떨까? 자기 비난자 유형이 그렇게 하기로 선택한다면, 그들은 이 일을 하는 데 매우 숙련된 사람들이다.

조건화된 삶을 한순간에 끊어 버리기란 쉽지 않겠지만 할 수 있다. 자기 비난자 유형은 자신이 정말로 무가치한 **존재라고** 믿는다. 그들은 자기 삶의 현실이 이것을 가르쳐 주었다고 생각한다. 실제로 그들의 자기 혐오증은 과거의 고통을 유치하게 해석한 것이다. 즉 자기 경멸감은 그것이 자신의 정체성이 될 때까지 그들이 이끌어내고 받아들인 결론이다.

이에 관한 희소식이 있다. 자기 비난자 유형이 채택한 견해는 버릴 수 있는 견해다. 예수님의 가르침(그들이 잘하지 못하는 것, 즉 그들 스스로 매우 싫어하는 것에 대한 가르침)을 따르기 위해 부단히 노력하고 복종해야겠지만, 새로운 태도와 행동처럼 그것도 배울 수 있다.

자기 비난자 유형을 위한 해결책은 그들의 삶에서 미움을 근절시키는 것이 아니라 그 감정을 그들 자신으로부터 뽑아내서 하나님이 미워하라고 명령하신 것들을 미워하는 데 쓰게 하는 것이다. 우리는 이미 미움이 성경적이라는 것을 확증했다. 성경적이지 않은 미움은 대다수의 사람들이 표현하는 형태의 미움이다. 우리는 우리의 감정을 상하게 하는 사람들을 싫어한다. 우리는 민주당을 싫어하든지 공화당을 싫어한다. 우리는 동성애자들이나 이슬람 교도들을 싫어한다. 다시 말해서 우리의 증오심은 종종 개인이나 단체를 향한다.

성경에 근거한 미움은 악을 향하는 것이다. 우리는 마음속으로 "혈과 육"의 씨름을 계속하고 있는데, 성경은 우리의 씨름이 거기에 있지 않다고 말한다(엡 6:12). 우리는 악한 것을 미워해야 한다. 우리 속에 있는 악과 다른 사람들 속에 있는 악을 미워해야 한다. 우리는 불의, 거짓말하는 것 그리고 우리가 '현실'이라고 부르는 이 환상을 강화시키는 다른 모든 것들을 미워해야 한다. 회개하기 전, 자기 비난자 유형은 하나님이 사랑하시는 것(그들 자신과 다른 사람들)을 미워한다. 그러나 회개한 이후에, 그들은 하나님이 싫어하시는 것을 미워하고, 더 이상 목욕물을 버리면서 아기까지 버리는 일은 하지 않는다.

관계의 가면을 벗어 버린 자기 비난자 유형의 사람은 자신을 책망하지 않고 오직 죄를 미워할 것이다. 그들은 주위 사람들을 사랑하되 자신에게 영향력을 행사하는 사탄의 세력과 육신의 세력을 미워하기 시작할 것이다. 그들은 하나님이 가증히 여기시는 모든 것에 조용히 전쟁을 선포할 것이다. 특히 다른 사람들을 무가치한 존재로 만드는 가르침과 영향력들 그리고 태도 등을 미워할 것이다. 이런 영향들이 문화나 미디어나 가정 혹은 교회 등 어디에서 오는 것이라도 상관없이 그것을 허물기 위해 조용히 노력할 것이다.

자기 비난자 유형은 우상 파괴자가 될 수 있다. 수세기 전에 우상 파괴자는 우상을 파괴하는 일에 헌신한 사람들을 일컫는 말이었다. 물론 이들은 너무 지나치게 나아갔고, 주님의 이름으로 훌륭한 예술 작품들을 파괴했다. 그들은 "모든 것이 우상이다!"라고 주장했다. 과거의 우상 파괴자들은 현대의 우상 파괴자와 똑같은 실수를 저질렀다. 그것은 상징물만 파괴하고 그 근원이 되는 세력은 그대로 내버려두었다는 점이다.

이 말이 의미하는 바를 이해하는 자기 비난자 유형은 사도들과 종교 개혁가들의 전통을 지키는 참된 우상 파괴자가 될 수 있다. 그들은 반그리스도적이고 반인간적인 모든 것에 대한 미움을 키우고 그것을 파괴하기 위해 노력할 것이다. 이것이 악을 미워하고 선에 속한다는 뜻이다. 그러나 회복 과정에 있는 자기 비난자 유형은 (자기 자신을 비롯해서) 다른 사람들을 다시 미워하고 싶은 유혹에 빠지지 않도록 항상 조심해야 한다. 그들은 원수가 정말로 누구인지 알아야 하고, 그릇된 것을 좇아가고 싶은 유혹에 넘어가지 말아야 한다.

마라는 이 말을 이해하게 된 자기 비난자 유형의 사람이다. 그녀가 불륜을 저질렀기 때문에 남편은 그녀와 이혼했다. 남편도 한 번 불륜을 저지른 적이 있지만, 어쨌든 그는 자신의 경우는 그렇게 심각하지 않았다고 생각했다. 그는 다른 여자와 함께 집을 나갔고 마라에게 세 아이를 돌볼 책임을 떠넘겼다. 마라는 모든 것이 자기 때문이라고 자책했다. 나는 그녀가 분명히 잘못하기는 했지만 그 모든 책임을 질 수는 없다는 점을 지적했다.

그녀가 다니던 교회의 한 남자가 친절하게도 그녀에게 돈을 빌려 주고 아이들에게 다정하게 대해 주기 시작했다. 그녀는 너무나 고마웠다. 그가 성관계를 강요했을 때 그녀는 '응할 의무가 있다고' 느꼈고 이에 굴복했다. 그녀는 나에게 자신이 얼마나 어리석은지 그리고 나약한 자기 자신을 얼마나 많이 증오하는지 이야기했다. 마라는 자기 마음속의 악한 것은 모두 보았지만 다른 사람들 속에 있는 악은 결코 보지 못했다.

마라는 실제로 여러 가지 어리석은 선택을 했지만, 그 선택들은 전적으로 어떤 희생을 치러서라도 모든 사람들을 행복하게 해주어야 한다는 신념에 근거한 것이었다. 나는 그녀가 자신을 돌보는 것은 이기적인 것이 아니라 당연한 의무임을 알도록 도와주었다. 그녀는 무언가에 홀린 듯 열심히 그 진실을 받아들였다. "더 이상 사람들을 기쁘게 해주는 일은 하지 않겠어요!" 그녀는 말했다. "이제부터 **나만** 신경 쓸 거예요."

이것이 자기 중심적인 말처럼 들릴지도 모르지만, 그것은 실제로 마라가 한 걸음 나아간 것이다. 현재 그녀는 주님이 어떤 분인지 알려 달라고 그분께 간구한다. 그 과정에서 그녀는 **자신이** 어떤 사람인지도 배우고 있다. 그녀는 어떤 남자보다도 자기 아이들을 좋아한다. 그리고 태어나 처음으로 건강한 경계선을 정하고 있다. 한때 아무런 희망이 없던 희생자가 쉽게 어리석은 일을 범하지 않는 여인으로 바뀌고 있다. 자기 자신을 돌볼 수 없다면 다른 사람들도 돌볼 수 없다는 것을 그녀는 배우고 있다.

회복되고 있는 자기 비난자 유형의 사람들은 한때 그들의 미움을 불태웠던 열정으로 이제는 사랑의 불을 지필 수 있다는 것을 배우게 될 것이다. 사실, 미움이 없는 진정한 사랑은 없다. 내가 당신을 사랑한다면, 나는 당신을 파괴시키려고 하는 것은 무엇이든지 미워할 것이다. 자기 비난자 유형이 이 점을 점점 더 잘 이해하게 되면서, 그들은 하나님과 사람들 그리고 모든 선한 것들을 향한 열정적이고 균형잡힌 사랑을 발전시켜 갈 것이다. 우리를 사랑하는 하나님과 다른 사람들로부터 우리 자신을 멀어지게 하는 모든 것들을 미워하는 감정 또한 성장할 것이다. 다시 한 번 말하지만, 이것은 성경에서 살아가라고 권고하는 균형잡히고 성령 충만한 삶이다. 자기 비난자 유형의 사람이 이런 진리로 자신의 마음을 감쌀 때 그들은 더 이상 (나는 너무 악하고 추하고 어리석고 뚱뚱하다는 등의) 부정적인 자신에게 집중하지 않을 것이다. 그들은 예수 그리스도에게 초점을 맞추고 자기 혐오감(self-hatred)이라는 우상을 파괴할 것이다.

자기 비난자 유형을 위한 조언

- 이번 장이 당신에게 해당된다면 그 점에 대해 스스로 부끄러워하지 말라.
- 당신의 죄와 실패는 세상에서 가장 강력한 힘이 아니다. 하나님의 사랑이 가장 강력한 힘이다.
- 당신이 이런 부정적인 메시지를 어디에서 익혔는지 발견하는 데 도움을 줄 수 있는 상담가를 찾으라.
- 당신이 염려와 우울증으로 고통받고 있다면 의사와 대화하라. 그리스도인일지라도 때때로 약물 치료가 필요하다.
- 증오에 찬 자신의 목소리와 싸우고 하나님의 긍정적인 음성을 듣는 데 당신의 마음을 맞추라.
- 당신을 선의의 바보로 단언하는 사람들을 쫓아버리지 말라.
- 예수님은 실패자, 낙오자 그리고 절망에 빠진 자들을 위해 오셨다는 것을 기억하라(막 2:17; 눅 4:17-21; 고전 1:27-29을 보라).

6. 구세주 유형
_맹목적인 섬김

마리아는 주디스의 소식을 듣고 마음이 아팠다. 비록 주디스는 마리아가 세상에서 가장 좋아하는 사람은 아니었지만, 그녀가 자궁 적출 수술을 받고 뒤이어 합병증까지 생겼다는 소식을 들었을 때 너무나 안타까웠다. 그들이 함께 교회에 다녔을 때, 주디스는 마리아에게 큰 고통을 주는 말과 행동을 했다. 마리아가 다른 교회에 나가게 된 것도 그 때문이었다. 하지만 이제 1년이 지났고, 옛 친구가 고통 속에 있다는 것을 알게 된 것이다. 그녀는 전화를 걸어야 했다.

"여보세요, 주디스? 나 마리아야. 수술했다는 소식 들었어. 좀 어때?"

"응, 전화해 줘서 고마워. 마리아, 정말 오랜만이다. 수술은 잘 됐는데 출혈이 심했어. 의사가 침대에서 푹 쉬라고 지시했어. 착한 아이가 되려고 노력 중이야."

"음, 내가 할 수 있는 일이 있으면 말해."

"마리아, 실은 전화해 줘서 기뻐. 지금 내 인생에 닥친 가장 큰 문제는 건강이 아니라 결혼 생활이야."

"그래?" 마리아가 대답했다.

"응, 온종일 고민했는데 누구에게 말해야 좋을지 모르겠더라. 그런데 마침 네가 전화한 거야."

"무슨 일이야, 주디스? 어떻게 도와줄까?"

"음…어떻게 말해야 할지 모르겠어. 어젯밤에 윌이 포르노를 보는 것을 봤어. 오랫동안 봐 왔다고 고백하더라. 그래서 난…난…." 주디스의 말이 흐느낌 속에 파묻혔다.

마리아는 너무나 놀라 할 말을 잃었다. 주디스의 말 때문이 아니라 자신도 정확히 그녀와 똑같은 일을 겪었기 때문이다. 주디스가 곧 겪게 될 충격, 배신감 그리고 느리고 고통스러운 치료 과정을 그녀는 잘 알고 있었다. 그녀에게 무슨 말을 해야 할지 정확히 알고 있었지만 그녀는 말하지 못했다. 몸이 얼어붙었다. '주디스에게 해줘야 할 말을 하면 나 자신을 드러내야 해'라고 마리아는 생각했다. '그녀가 고통스러워하는 건 분명하지만, 그녀에게 다시 상처받을 수도 있는 위험을 무릅써야 하는지 모르겠어!'

마리아는 옛 친구에게 유감이라고 말하고 그녀를 위해 기도하겠다고 약속했다. 그녀는 상담자를 소개해 주고 작별 인사를 했다. 전화를 끊고 나자 자신이 엄청난 위선자처럼 느껴졌다. '난 그저 도와주고 싶었을 뿐인데 이렇게 끔찍한 기분이 드는 이유는 뭘까?' 그녀는 매우 혼란스러웠고 무엇인가 잘못됐다는 것을 알았다. 하지만 그것이 무엇이었을까? "주님, 제가 주디스에게 전화 걸기를 바라신다고 분명히 느꼈는데, 지금 저는 혼란스러워요. 어떻게 된 거죠?"

성령이 즉시 그리고 직접 응답해 주셨다. "너는 거짓말을 했다." 마리아는 그 말이 맞다는 것을 알았다. 그녀는 주디스가 정말로 걱정됐기 때문에 전화를 한 것이 아니었다. 자신이 '해야 할' 일이었기 때문에 전화를 걸었다. 마리아는 항상 사람들을 도와주었다. 그것이 그녀가 했던 일이다. 그러나 궁지에 빠지자 그녀는 주디스가 정말로 가장 필요로 하는 것을 주려고 하지 않았다. 그것은 정직함이었다. 마리아는 자신의 연약함을 드러내지 않는 범위 안에서만 다른 사람들을 도와주는 것을 좋아했다. 평생 처음으로 그녀는 자신이 '사역'해야 할 대상이 다른 사람들보다는 자기 자신이라는 점을 깨달았다. 이제는 그녀가 울고 있는 사람이었다.

너를 도와주리라

당신이 마리아를 만난다면 그녀의 몇 가지 점이 당신의 주의를 끌 것이다. 첫 번째, 유쾌한 얼굴에 아주 잘 어울리는 짧고 검은 머리와 윤곽이 뚜렷한 얼굴이 눈에 띌 것이다. 두 번째, 아주 다정하고 사려 깊은 여자임을 알 것이다. 세 번째, 일단 그녀를 알게 되면 하나님을 향해 매우 훌륭한 마음을 지니고 있다는 것을 알게 될 것이다. 그런데 뭐가 문제인가? 마리아나 그녀와 같은 수천 명의 형제 자매들이 지닌 문제는 이것이다. 그들은 두려움과 부정직 가운데 살고 있다.

구세주 유형들은 우리 주변에 많이 있다. 우리는 그들로 인해 축복을 받기도 하고 상처를 받기도 하는데, 때로는 불과 5분 사이에 그 두 가지 경우를 당하기도 한다. 그들은 어려움에 처해 있는지도 모르는 사람을 돕는

> **당신은 구세주 유형일지도 모른다. 만약…**
> - 모든 사람의 욕구가 당신 자신의 욕구보다 더 중요하다고 믿는다면
> - 일 중독자라면
> - 하나님과 다른 사람들을 섬기는 일을 좋아하지만 때때로 그것에 화가 난다면
> - 일을 남에게 위임하는 것이 힘들다면
> - 다른 사람들이 당신의 희생을 알아차리지 못할 때 상처받는다면

것이 자신의 임무라고 생각한다. 이것은 매우 숭고하게 들리지만 여기에는 속임수가 있다. 그들은 자기 자신의 고통을 다루는 것을 피하기 위해 이렇게 하는 것이다.

회피자 유형, 비껴가는 자 유형 그리고 자기 비난자 유형들이 그들의

관계의 가면이 성숙에서 도피하는 것임을 모르는 것처럼, 구세주 유형도 이런 일이 일어나고 있다는 것을 모른다. 구세주 유형은 다른 사람들을 위해 존재하고 그 속에서 자신의 정체성을 발견하도록 프로그램 되어 왔다. 누군가를 도울 수 없을 때 그들은 매우 불편해진다. 구세주 유형의 사람을 도와주려고 시도한다면 조심하라! 그들은 미소를 지으면서 "고맙지만, 전 괜찮아요"라고 말하거나 그들에게 도움이 필요하다는 점을 알아채고 당신이 교묘하게 둘러말한 것이라고 매우 방어적인 자세를 취할 것이다.

   나는 구세주 유형들이 두려움 속에서 산다고 말했다. 그들이 두려워하는 것은 무엇인가? 그들은 필요로 하는 것이 생길까 봐 두려워한다. 실제로, 그들에게 필요한 것이 무엇인지 물어보면 그들은 보통 대답을 하지 못한다. 그들은 자기 자신에게 필요한 것이 무엇인지 모른다(이것은 그들이 겸손이나 영성으로 혼동하는 이탈이다). 그래서 그들은 섬김을 통해 세상에서 다른 사람들의 위치를 찾아 주기 위해서 노력하면서 그들의 욕구에 집중한다. 이에 관한 좋은 보기로는 마리아와 마르다의 유명한 일화가 있다(눅 10:38-42).

   마르다는 예수님이 동생 마리아에게 일어나 부엌에 가서 도우라고 명하시지 않자 노골적으로 화를 냈다. 그녀는 왜 그렇게 심하게 화가 났을까? 왜냐하면 마르다는 다른 사람들을 위해 '일하는' 사람이라는 것에서 자신의 가치와 진가를 발견했기 때문이었다. 예수님이 재빨리 끼어들지 않으셨다는 사실로 인해 마르다는 자신의 섬김의 가치에 대해 의문을 가지게 되었고, 더 나아가 **자신의** 가치에 대해서도 의문을 가지게 되었다. 예수님이 마리아가 더 좋은 선택을 했다고 말씀하셨을 때 마르다가 얼마나 당황했을지 (그리고 내색은 안 했지만 속으로 얼마나 기분이 상했을지) 충분히 알 수 있다.

구세주 유형들이 보기에 '자기 자신의 필요에 대해 걱정하는 것'은 약한 사람들이나 하는 일이다. 그들은 자신의 필요를 중요하게 여기지 않지만, 이상하게도 다른 사람들의 필요는 매우 중요하게 생각한다. 이런 모순을 어떻게 설명할 것인가? 주위에 있는 사람들이 내가 만족시켜야 할 타당한 필요를 가지고 있다면 내 필요도 똑같이 타당하다고 보는 것이 논리적으로 맞지 않은가? 당연히 그렇지만, 구세주 유형에게는 그렇지 않다. 구세주 유형은 자신이 무엇인가 필요로 하는 상태를 약한 것과 동일시한다. 그러므로 구세주 유형의 입장에서 희생적인 행동으로 보이는 것은 실제로 모욕이다. **"내가 당신을 돕는 이유는 당신이 너무 애처롭고 연약하기 때문이에요. 하지만 아무도 나를 도와줄 필요는 없어요."**

이것은 또한 부정직과 교만이 움트는 곳이다. 다른 사람의 도움이 필요없다고 믿는 사람들은 환상 속에서 살고 있는 사람이다. 구세주 유형들은 남몰래 자신에게도 필요가 있다는 것을 알지만, 그것을 부끄러워한다. 그들은 어떤 것을 원하거나 소중히 여기는 것은 부적절하다고 가정에서부터 배웠다.

로버트도 그런 가정에서 자랐다. 그는 5남매 중 장남이었다. 아버지가 알코올 중독에 일 중독자였기에 로버트는 가정에서 아버지의 역할을 대신해야 했다. 어머니는 대부분의 시간을 그저 어쩔 줄 몰라 하면서 보냈다. 로버트는 어머니의 불행에 매우 민감했고 늘 집안의 부족한 부분을 채웠다. 어머니가 우울해하거나 피곤해하면 그는 동생들을 돌보거나 청소를 했다. 그러면 어머니는 항상 "네가 나를 도와주는구나. 참 **착하기도 하지**"라고 말하곤 했다.

로버트의 부모는 **그의** 필요를 채워 주는 방법을 배우려는 지혜도 없었고 그럴 마음도 없었다. 그래서 로버트는 스스로의 힘으로 가려운 곳을 긁도록 방치되었고, 그가 할 수 있는 방법은 무엇이든지 타당한 것이 되었다. 좀더 나이가 들었을 때 로버트는 아동병원에서 자원봉사자로 일하게 되었다. 그는 무릎 위에 어린아이들을 앉히고 책을 읽어 주곤 했다. 그는 자신에게 되돌아올 것이라는 소망을 가지고 자신이 결코 갖지 못했던 것들을 아이들에게 주었다. 그러나 대부분의 구세주 유형들의 경우와 마찬가지로, 사람들은 그에게 줄 것이 아무것도 남아 있지 않을 때까지 그를 이용할 뿐이었다.

로버트가 자신의 삶에서 결코 여자들을 구원하지 못할 것임을 알게 되기까지 두 번의 결혼을 반복했던 것도 놀랄 일이 아니다. 그의 '친절하고 숭고한 봉사'에 고마워하는 대신 두 아내는 항상 그에게 화를 냈고, 자녀들도 마찬가지였다. 그는 그들이 그렇게 행동하는 이유를 전혀 알 수 없었다. 이제까지 그는 오직 주기만 했을 뿐인데 사람들이 이런 식으로 그를 대하는 이유는 무엇일까?

구세주 유형들은 자신이 다른 사람들을 사랑하고 있다고 생각하지만 잘못 알고 있는 것이다. 실제로 그들이 하고 있는 것은 다른 사람들이 자신에게 감사할 수 있도록 친절하고 멋지고 상냥한 사람이 되는 것이다. 이것은 그 동안 공동의존증, 가능화 그리고 기타 수많은 용어로 불렸다. 그러나 이것은 사랑이 아니다. 사랑은 우리 옆에 있는 사람의 영적인 성장을 위해 노력하는 것이다. 배우자를 '사랑하고 있는' 어떤 구세주 유형의 사람이 노력하는 방식을 전형적인 비유를 들어 설명해 보겠다.

음주 문제가 있는 어떤 사람을 상상해 보라. 그는 밤늦도록 집에 들어오지 않고 직장에도 결근하며 교통위반 딱지를 자주 받는다. 구세주 유형인 그의 아내는 남편을 위해 저녁을 준비하고 그의 상사에게 전화를 하며 그의 교통 범칙금이 얼마나 지불되었는지 확인할 것이다. 그녀는 이것이 사랑이라고 믿는다. 그러나 실제로, 그녀는 남편이 자기 파괴적인 순환 속으로 더욱 깊이 빠져들도록 도와주고 있는 셈이다. **진정한** 사랑은 이런 순환을 영속시키는 것이 아니라 이것을 멈추기 위해 그녀가 할 수 있는 일을 할 것을 요구한다. 그러나 구세주 유형들은 이렇게 할 힘이 자신에게 없다고 느낀다. 왜냐하면 그렇게 하면 자신의 생활 양식과 성품에 엄청난 변화가 야기되기 때문이다. 그녀는 이것을 부인하고 때가 되면 자신의 '사랑'이 그를 설복하게 될 것이라는 신념을 갖고 계속해서 나아간다.

나는 구세주 유형의 한 가지 형태에 대해서 설명했다. 이들은 상냥하고 능력을 부여하는 사람들이다. 다른 형태도 있다. 어떤 구세주 유형들은 마리아나 로버트처럼 난해하지 않다. 그들은 주위 사람들을 더욱 분명한 방식으로 통제한다. 그들은 저돌적이고 독선적이며 혹은 노골적인 술수를 쓸 수도 있다. 우리는 흔히 이와 같은 사람들을 '통제광'(control freaks)이라고 부르지만, 상냥한 구세주 유형과 그렇게 난해하지 않은 구세주 유형은 다음과 같은 공통점이 있다. 그 두 형태 모두 다른 사람들을 도와주고 싶어한다. 하나님의 사랑이 그 가운데 어딘가에 있지만 그 사랑은 술수, 두려움 그리고 불신과 뒤엉켜 있다.

두려움에 기초한 사역

구세주 유형들은 종종 어떤 영역에서는 큰 믿음을 가지고 있지만, 다른 영역에서 그들의 핵심 신념은 '하나님은 신뢰할 수 없는 분이다'이다. 그들은 하나님이 다른 사람들의 삶 속에서 역사하신다고 믿지 않기 때문에 자기 스스로 하나님의 조력자로 나선다. 오늘날 우리가 사역이라고 부르는 일들의 많은 부분이 제도화된 구세주 역할이다.

우리가 사랑의 정의, 즉 사랑은 다른 사람의 영적 성장을 위해 노력하는 것임을 기억한다면, 이 점은 더 잘 이해될 것이다. 다른 사람이 그리스도 안에서 성장하기를 원한다면, 그가 얼마나 기도하고 성경을 읽어야 하는지에 대해서 잔소리하고 창피를 주고 귀찮게 하는 것이 현명한 일일까? 이런 일이 정말로 영적 훈련을 위해 적절한 동기가 되는가? 확실히 대부분의 교회에서는 그렇다. 전 세계의 강단이나 주일학교 공부 시간에 사람들은 십일조를 내고 전도하고 '하나님에 대해서 진지해져야 한다'는 말을 듣는다.

이것은 실제로 많은 사람들을 감동시키지만 그것이 예수 그리스도와 마음속에서 우러나오는 진정한 친밀함을 낳는가? 그렇지 않다. 그것은 사역하는 지도자들이 자랑스러워할 만한, 부드럽게 움직이는 복음 전도용 기계를 생산한다. 그러나 우리 교회나 사역 단체에 속한 사람들이 '그런 일'을 하고 있지 않을지라도 사랑받는다는 것을 정말로 알아야 한다면 어떻게 하겠는가? 우리는 기꺼이 그들을 돌보고, 그들을 위해서 기도하고 그들을 **기다릴** 것인가? 그들이 정말로 필요로 하는 것은 내면에서부터 온전히 성장하는 것이다. 그러나 이런 일을 하는 목회자나 사역자는 수동적인 '자유주의자'처럼 보일지도 모른다.

이제 진정한 사랑을 주는 것이 구세주 유형의 거짓된 섬김보다 더 어려운 이유를 알 수 있다. **진정한** 구세주이신 예수님은 그분이 죄에 대해 너무 관대하고, 확고하게 판단해야 할 사람들에게 너무 친절하다고 느끼는 사람들에게서 지속적으로 비난을 받으셨다. 예를 들면, 그분은 우물가의 여인을 (그녀가 명백히 부도덕함에도 불구하고) 꾸짖지 않으셨다. 그 대신 그녀가 원한다면 그녀의 필요를 채워 줄 수 있다고 말씀하셨다(요 4:1-30). 나중에 예수님은 또 다른 여자에게 분별 없는 생활

구세주 유형이 하는 말

- "그럼요, 내가 할게요."
- "여기에 있는 누군가가 책임을 져야 해요."
- "나도 단점은 있어요."(하지만 어떤 '큰' 죄도 나열한 적은 없다).
- "나는 그저 동정심이 많을 뿐이에요."
- "나는 다른 사람들이 휴가를 갖는 게 기뻐요."
- "언제 내 차례가 될지 모르겠네요." (극도로 압박을 받을 때에만 하는 말).

방식을 중지하라고 말씀하실 기회를 포기하셨다. 오히려 그분은 점잖은 사회에서는 타당하지 않다고 간주되는 방식으로 그녀가 자신의 애정을 표현하도록 내버려두셨다(눅 7:36-50). 그리고 그분은 보답으로 그녀에게 사랑을 부어 주셨다.

예수님은 사람들이 '바르게' 사는 것에 아주 관심이 많지는 않으셨던 것 같다. 그분은 사람들이 사랑받고 있다는 것을 아는지에 관심이 있으셨다. 신성한 지혜를 지니신 그분은 사람들이 사랑을 받으면 그리고 정말로 그것을 안다면 그들이 변할 것임을 잘 알고 계셨다. 그들은 자신들의 삶 속에 있는 이기심을 잘라 버릴 것이고, 그분의 사랑 안에서 안전하다는 것을 안다면 심지어 죽기까지 할 것임을 아셨다. 그분이 사랑하는 사람을 책망하지 않으신 것은 아니었다(지금도 그러신다). 하지만 우리가 그분을 곤경에 빠뜨리거나 그분의 기대를 충족시켜 드리지 못하기 때문에 책망하시는 것은 결코 아니다. 그분은 책망이 우리에게 특효약이 될지도 모르기 때문에 그렇게 하신다.

그분이 베드로를 꾸짖으시며 그를 '사탄'이라고 불렀던 때를 기억하는가?(마 16:21-23) 베드로가 그분을 화나게 했기 때문에 그렇게 말씀하셨던가? 베드로가 감히 예수님이 십자가를 받아들이시지 못하도록 용기를 꺾어놓았기 때문에 그렇게 말씀하셨던가? 베드로가 더 잘 알고 있어야 했는데 그렇지 못해서 그분을 실망시켰기 때문에 그렇게 말씀하셨던가? 그렇지 않다. 우리 주님은 그 순간에도 그리고 베드로의 남은 생애 동안에도 그의 영적 성장에 전념하셨기 때문에 그렇게 말씀하신 것이다. 베드로는 자신의 마음속에 작용하는 달콤한 감상이 사랑이 아니라 현 상태를 유지하고 싶은 소망이라는 것을 알 필요가 있었다.

베드로가 그렇게 느끼는 것은 납득할 수 있지만, 그는 십자가가 예수님이 하시는 모든 일에 매우 중요하다는 것을 알지 못했다. 베드로는 또한 앞으로 자신이 고통보다 안락함을 택하고 싶은 유혹에 빠질 것임을 알아야 했다. 예수님은 우리가 결코 베드로에 관한 추억을 잊지 않게 하시기 위해서 의도적으로 이런 자극적인 말씀을 하셨다. 주님은 언젠가 베드로가 자신의 십자가를 질 것을 알고 계셨다. 그래서 이미 그 일에 대비해서 베드로를 준비시키고 계셨다. 이것이 사랑이다. 사랑은 그럴 필요가 있을 때에는 쌀쌀맞을 수도 있지만, 오직 상대방이 하나님이 주신 미래로 나아가게 하기 위해서 정말로 필요할 경우에만 그렇게 한다.

구세주 유형들은 측은히 여겨야 할 때 비판적으로 되거나, 분명하게 말해야 합당한데 모호하게 말하는 경우가 종종 있다. 그들은 진정한 사랑의 본질을 잘 모르기 때문에 이렇게 한다. 그들은 가장 깊은 필요가 있는 지점에서 하나님이 그들을 사랑하시도록 허용하지 않는다. 그들은 심지어 그런 필요가 있다는 것만으로도 자신을 연약하고 무가치하게 느낀다. 그렇다면 그들이 왜 그런 필요를 예수님께 가져와서 그분이 어루만져 주시기를 기대하겠는가? 그것은 '이기적'인 일이 될 것이다. 그리고 구세주 유형의 사람이 상식이 있는 사람이라면, 이기적인 것은 나쁘다는 것을 알 것이다.

구세주 유형들은 그들의 개인적인 필요는 중요하지 않다는 착각 속에서 살아간다. 오직 중요한 것은 하나님 나라의 일뿐이라는 착각 속에서 살아간다. 그들은 단지 사람들을 구원받게 하고 갱생시키는 것이 하나님 나라의 일이라고 잘못된 규정을 한다. 예수님이 죽으신 이유가 이것 때문인가? 십일조를 내고 존경받을 만한 삶을 살도록 사람들을 교회로 인도하기 위해서?

예수님은 그리스도인들 대부분의 삶 속에 있는 고통과 고독으로 인해서 마음이 무너진다. 그분은 사랑으로 그런 고통을 없애고 두려움을 내어쫓길 원하시지만(요일 4:18), 우리는 그분이 우리 안에서 그런 일을 하실 시간을 마련하지 않는다. 우리에게는 섬겨야 할 사람들이 있기 때문이다! 이것은 기가 막힐 정도로 비성경적이다. 그 대신 성경에서 가르치고 있는 것은, 하나님은 종종 어떤 사람을 사랑하고 건강하게 회복시키기 위해서 그를 취하시고 수년 동안 가두어 두신다는 것이다. **그런 다음** 그를 보내셔서 그분의 일을 하게 하신다. 하나님은 모세나 요한이나 사도 바울의 경우에 서두르지 않으셨다. 그 세 사람은 각각 섬기는 일에 투입되기 전에 몇 년 동안 한 사람으로 다시 만들어지는 과정을 경험했다. 그러나 우리는 사람들을 구원시키고, 무장시키고, 바쁘게 한다. 이것이 정말로 하나님의 방식인가?

통제광

구세주 유형은 자신의 필요에 대해 중요하지 않게 여기며 살아간다고 말했다. 그러나 실제로, 그렇게 살 수 있는 사람은 아무도 없다. 나의 필요나 당신의 필요는 중요하고 우리는 그것을 어느 정도 충족시키려 한다. 우리는 정직하게 또는 부정직하게 필요를 충족시킨다. 어쨌든 우리는 그렇게 한다. 구세주 유형의 사람은 자신의 필요를 충족시키는 것이 부적절하다고 믿으며 그것을 입증하기 위해서 성경 말씀을 인용할 수 있다. 그는 다음과 같이 말할지도 모른다. "예수님이 첫 번째, 다른 사람들이 두 번째 그리고 나 자신은 마지막." 그러나 실제로, 그의 관계의 가면은 매우 이기적이고 통제적이다.

회복 중인 구세주 유형인 내가 잘 안다. 몇 년 전 나는 아내의 영적 성장이 부족하다는 것에 대해 매우 걱정이 되어서, 그녀에게 '용기를 주려고' 했다. 퇴근 후 집에 돌아오면, 나는 그녀에게 기도하고 성경을 읽었는지 물어보곤 했다. 내가 그것을 밀어붙였다거나 자기 의를 내세우지 않았음을 알아 주기 바란다. 나는 다정하고 친절한 말투로 말했지만 그녀는 항상 화를 냈다. 그것은 나에게 상처를 주었다. 그리고 그런 반응은 그녀가 얼마나 '비영적'인지 더욱 확신을 갖게 할 뿐이었다. 내 술수는 나를 제외한 모든 사람이 분명하게 알고 있었다.

나는 그녀를 섬기고 있다고 생각했는데 실제로는 그녀를 괴롭히고 있었다. 나는 그녀가 내 마음을 몰라 주는 이유를 이해할 수 없었다. 나는 단지 그녀가 영적으로 성장하기를 바랐을 뿐이었다. 그것이 뭐가 잘못됐는가? 이 때 하나님은 사랑에 대한 나의 정의가 매우 자기 본위적이라는 것을 보여 주기 시작하셨다. 물론, 나는 그녀가 성장하기를 원했지만, 정직하게 말하면 내 필요를 충족시키기 위해서 그녀가 성장하기를 원했다고 인정해야 했다. 그녀가 능력의 주님과 동행하고 있다면, 그녀는 **나를** 사랑하고 **내게** 마음을 쓰며 **나를** 인정해 줄 것이다.

확실히 그녀의 성장에 대한 진지한 관심도 있었지만 내가 그 점에 대해 정직하지 못했고 이기적이었다. 하나님은 적어도 나만큼 그분도 그녀의 영적 성장에 관심이 있다는 것을 상기시켜 주셨다. 그녀가 성장하기를 원한다면 나는 그녀의 방어벽을 나보다 잘 뚫고 지나갈 수 있는 사람에게 그녀를 감화시켜 달라고 부탁해야 할 것이다. 주님은 정말로 (내 유익이 아니라) 그녀의 유익을 위해서 그녀가 성장하기를 원한다면, 그녀가 주님과 더불어 그것을 이루어 나가게 해야 한다고 내게 말씀하셨다. 구세주 유형들이 실제로 얼마나 통제적인지 알겠는가? 그리고 사랑과 사역의 이름으로 하는 모든 일들도.

구세주 유형들의 지배는 배우자에서 그치지 않는다. 그들은 자녀들, 확대 가족 그리고 친구들도 통제한다. 다시 말하지만 그들은 예수님의 이름으로 그 모든 일을 한다. 우리가 다른 사람에게 영향을 주기 위해서 우리의 재량대로 사용할 수 있는 무기는 오직 두 가지, 즉 사랑과 죄책감이 있다. 구세주 유형들은 죄책감이라는 무기를 매우 능숙하게 사용한다.

그들이 의도적으로 죄책감을 무기로 사용하는 것은 아니다. 그냥 그렇게 한다. 그것은 그들이 알고 있는 전부다. 그것은 한때 그들에게 불리하게 사용된 적이 있는 무기다.

여기에 모든 그리스도인(구세주 유형이든 아니든)이 이해해야 할 중요한 원칙이 있다. **우리는 항상 하나님으로부터 받고 있다고 생각하는 것을 다른 사람들에게 준다.** 하나님이 죄책감이나 두려움을 통해서 나에게 동기 부여를 하신다고 믿는다면, 나도 그런 방식을 사용해서 다른 사람들을 자극할 것이다. 나는 그들이 현재 무슨 일을 하고 있어야 하는지에 대해 설교하고 잔소리하고 상기시킬 것이다. 만약 마음속으로 '나는 남을 판단하지 않아'라고 느낀다면 나는 주위에 있는 사람들에 그렇게 설교할 것이다. 아마도 그것을 상냥하고 최대한 진심에서 우러나오는 마음으로 전할 테지만 그것도 여전히 통제다. 그리고 사람들은 일반적으로 통제에 저항한다.

예수님은 우리와 매우 다르다. 한 부유한 젊은 통치자가 "무엇을 해야 내가 영생을 얻을 수 있습니까?"라고 물었다. 예수님은 그에게 계명을 언급하셨다. "이 모든 것들은 내가 어려서부터 다 지켰습니다"라고 그가 거짓말을 했다(막 10:20). 그 때 예수님은 그가 해야 할 일을 정확히 말씀하셨다. 곧 그의 삶을 지배하고 있는 물질주의에서 벗어나서 예수님의 제자가 되라는 것이었다. 그의 얼굴에서 핏기가 가시더니 근심에 싸여 돌아갔다.

여기에 재미있는 요소가 있다. 예수님은 그를 가게 내버려두셨다. 어떻게 그렇게 하실 수 있는가? 그분은 상관하지 않으셨는가? 아니다, 물론 그분은 상관하셨고, 그것도 매우 깊이 관심을 가지셨다. "예수께서 그를 보시고 사랑하사"(막 10:21). 진정한 구세주 유형의 사람은 비록 **그 결정이 그릇된 것일지라도** 그들 스스로 결정을 내리게 한다. 예수님이 이렇게 하신 이유는 인간 본성에 대해 가짜 구세주 유형들이 모르는 것을 알고 계시기 때문이다. 그 본성은 '진정한 성장과 변화는 오직 그가 자유롭게 선택할 때에만 일어난다'는 것이다. 그러나 선택의 자유는 구세주 유형들에게는 참을 수 없는 것이다.

구세주 유형들을 주시하고 그들이 하는 말을 잘 들어보면 그들은 사람들을 밀어붙여서 어떤 목적을 향해 가도록 노력하고 있다는 것을 알게 될 것이다. 그들은 상벌을 사용해서 그 일을 한다. 그들은 상냥함이나 그들의 상처 입은 침묵을 통해서 그 일을 한다. 그들은 분명한 방식으로 또한 아무도 (심지어 그들도) 추측할 수 없는 방식으로 그 일을 한다. 그들이 취하는 모든 몸짓, 어조 그리고 표정은 다른 사람들을 그들의 계획된 목표를 향해 움직이게 하려는 노력의 일환이다.

구세주 유형들은 앞에서 설명한 모든 핵심 신념을 가지고 살아간다. **하나님은 신뢰할 수 없는 분이다.** 그래서 그분은 내 도움을 많이 필요로 하신다. 성경은 나에게 적용되지 않는다. 적어도 성경이 나 자신의 필요나 죄에 대해서 다룰 때는 말이다. 나는 다른 사람들이 필요 없다. 하지만 확실히 그들에게는 정말로 내가 필요하다. 로맨스나 성관계는 나의 가장 깊은 욕구를 충족시켜 줄 것이다. 그래서 나는 항상 배우자에게 더 좋게 할 수 있는 방법을 말한다. 내가 정직하면 나는 버림받을 것이다. 그래서 나는 결코 내가 얼마나 외롭고 궁핍하고 화가 나는지 고백하지 않는다. 나는 모든 것을 완벽하게 해야 한다. 그렇지 않으면 나는 무가치한 사람이다. 그래서 나는 나 자신의 실패나 다른 누군가의 실패를 절대로 용납하지 않는다. 친밀한 관계는 고통만 가져다줄 뿐이다. 그

구세주 유형이 하는 일
- 자신을 끊임없이 활동적인 상태에 있도록 유지한다.
- 다른 사람들이 자신의 경계선을 침범하도록 허용한다.
- '구원하고 싶은 충동'이 강하다.
- 자신의 필요를 무시한다.
- 녹초가 될 때까지 일하고 나서 그것에 대해 불평한다.
- 마음속의 비통함을 숨긴다.
- 수십 개의 사역에 관여한다.

래서 나는 누군가를 섬기고 가르치고 돌보되, 결코 그가 내 영혼 속에 들어오지 못하게 할 것이다.

구세주 유형들은 일반적으로 당신이 앞으로 만나게 될 사람들 가운데 가장 친절하고 가장 도덕적인 사람들이다. 그들은 술이나 담배나 욕설을 하지 않고 나쁜 영화도 보지 않는다. 그들의 영성은 모든 사람이 알 정도로 분명하게 드러난다. 그렇지 않은가? 실제로, 삶과 관계에 대한 그들의 기본적인 접근 방식은 정도가 지나쳐서 민망스러울 정도로 통제적이기 때문에 그들과 가장 가까운 사람들은 그것에 화를 낸다. 그러나 친하지 않은 사람들은 구세주 유형들에게 강한 인상을 받기 때문에 건강하지 않은 그들의 행동 양식을 분별하지 못할 수 있다.

구세주 유형의 사람들이 해야 할 일은 무엇인가?

구세주 유형들은 너무나 겁이 많아서 외로움의 깊이를 스스로 인정하거나 다른 사람에게 고백하지 못하는 매우 고독한 사람들이다. 하지만 외로움을 해결하는 방법은 자기 자신을 주위에 있는 사람들에게 꼭 필요한 존재로 만드는 것이 아니다. 외로움을 해결하는 방법은 오직 인간의 마음속에 있는 가장 깊은 욕구를 이해하시고 위로해 주시는 분께로 나오는 것이다.

이 점에서 구세주 유형들은 명백히 불리하다. 그들은 예수님이 **먼저** 그들을 돌보기 원하신다는 것을 믿지 않는다. 그들은 예수님이 다른 사람을 돌보기 원하신다고 믿는다. 다시 말하지만, 이 말은 영적으로 들리기는 해도, 잘못된 것이다. 예수님은 **당신에게** 생명을 주시기 위해 오셨다(요 10:10). 그분은 **당신을** 쉬게 하시기 위해 오셨다(시 23편; 사 30:15; 마 11:28-30). 그분은 **당신의** 갈증을 풀어 주시기 위해 오셨다(사 55:1-3; 요 4:14; 7:37). 그분은 제자들에게 그분의 "양식"은 아버지의 뜻을 행하며 그분의 일을 온전히 이루는 것(요 4:34)이라고 말씀하셨다. 그분은 사마리아 여자를 사랑하시고 그녀의 서글픈 인생에 처음으로 소망을 주신 직후에 이 말씀을 하셨다. 예수님에게 아버지의 '뜻과 일'은 그분의 깨어진 아들과 딸들을 사랑하고 치유하는 것이었다. 예수님은 단지 프로젝트 매니저를 모집하기 위해 하늘에서 오신 것이 아니다. 그분은 우리를 사랑하기 위해 오셨다.

물론, 정말로 예수님의 사랑을 받게 되면 우리는 다른 사람들을 간절히 사랑하고 싶어진다. 이것이 진정한 사역의 비밀이지만, 우리 대부분은 (특히 구세주 유형들은) 이런 방식으로 사역하지 않는다. 우리는 사랑과 안정을 찾기 위해 무의식적으로 노력하면서 사역을 하고 다른 사람들을 돌보고 돕는다. 이것은 우리 주님이 보여 주신 사역과 모범에 정반대되는 것이다. 제자들의 발을 씻기신 예수님을 주목하라. "저녁 먹는 중 예수는 아버지께서 모든 것을 자기 손에 맡기신 것과 또 자기가 하나님께로부터 오셨다가 하나님께로 돌아가실 것을 아시고…일어나 겉옷을 벗고 수건을 가져다가 허리에 두르시고 이에 대야에 물을 떠서 제자들의 발을 씻으시고 그 두르신 수건으로 닦기를 시작하여"(요 13:3-5).

예수님은 어떤 일을 하시기 전에 **자신이 어떤 존재인지 알고 계셨다**. 그분은 제자들에게 온유함을 보여 주시기 위해 겸손한 행동을 하신 것이 아니었다. 또한 그분의 영성이나 경건성을 확증하거나 강화시키기 위해서 그런 행동을 하신 것도 아니었다. 누군가를 위해 어떤 일을 하시기 전에, 그분은 이미 자신이 어떤 존재이고 어디에서 왔으며 어디로 가게 될지 분명하게 알고 계셨다. 이 점이 우리가 하는 대부분의 사역 활동 이면에 있는 동기와 얼마나 다른지 알겠는가?

몇 년 동안 나는 바로 이런 상태로 살았다. 나는 항상 내가 어떤 존재인지 혹은 하나님이 어떤 일을 하라고 나를 부르고 계시는지 궁금했다.

이것은 잘못된 일이 아니라는 것을 잘 알아야 한다. 사실, 청년들은 모두 이것에 대해서 궁금해한다. 그 나이에 그것을 궁금해하는 것은 당연하지만, 내가 했던 대부분의 사역을 추진해 갔던 동력은 의미에 대한 나의 끝없는 추구였다.

나는 가르치거나 설교할 때 나 자신이 매우 가치 있다고 느꼈다. 교회를 돕거나 어떤 노숙자에게 음식을 사 줄 때 나는 기분이 좋았다. 하지만 얼마 지나지 않아 나를 항상 괴롭히는 자기 의심에 다시 빠지곤 했고 '하나님은 내가 살면서 어떤 일을 하길 원하실까?'라는 생각에 사로잡혔다. 다른 누군가가 학생들을 가르치거나 봉사 활동을 이끄는 일에 선정되었을 때 나는 우울해지는 경험을 했다. 이것은 오직 내가 기독교 지도자로 인정받을 때에만 가치가 있다는 나의 핵심 신념을 입증하는 결정적 증거였다.

하나님은 나를 강력하게 사용하셨지만, 나는 하나님과 다른 사람들을 섬기는 일 대부분을, 그 사역을 통해 나 자신을 발견하려는 절박한 마음으로 했다. 하나님은 내 속에 있는 이런 수치심에 근거한 동기를 제거하고 오로지 하나님 안에서만 나의 가치를 발견하는 방법을 가르치셔야 했다. 사실, 나는 아직도 이 교훈을 배우고 있는 중이다. 여전히 우상 숭배적인 원천에서 (심지어 사역에서도) 가치와 진가를 발견하려는 나의 성향이 규칙적으로 나타난다. 다른 사람에게 인정받고 싶어하는 것은 정상적인 일이지만, 구세주 유형의 사람은 거의 전적으로 그들이 도와주는 사람들의 칭찬과 존경 속에서 자신에 대한 의미를 찾는다. 그들은 하나님을 위해서 그 일을 한다고 말한다. 이것은 부분적으로는 사실이지만, 그들이 섬기는 일은 대부분 인간의 인정을 받기 위한 무의식적인 추구라고 할 수 있다. 그러나 "너희가 서로 영광을 취하고 유일하신 하나님께로부터 오는 영광은 구하지 아니하니 어찌 나를 믿을 수 있느냐?"(요 5:44)

예수님이 우리를 섬기시도록 허용하지 않는다면, 우리는 그분과 함께 다른 사람을 섬기는 일에 동참할 수 없다(요 13:6-9을 보라). 우리가 남에게 줄 것이 있을 때는 오직 그분이 우리를 섬기실 때뿐이다. '하나님을 섬기기를' 원하는 사람이 할 수 있는 가장 현명한 일은 규칙적으로 하나님의 발 아래 앉아서 그분의 사랑과 애정을 흠씬 받아들이는 것이다(눅 10:39, 42을 보라). 정반대의 말처럼 들리겠지만, 우리는 하나님을 더욱 열심히 사랑하려고 노력하지 말고, 우리를 향하신 하나님의 사랑 속에서 호사를 누리는 법을 배워야 한다. "사랑은 여기 있으니 우리가 하나님을 사랑한 것이 아니요 하나님이 우리를 사랑하사 우리 죄를 속하기 위하여 화목제물로 그 아들을 보내셨음이니라"(요일 4:10). 이렇게 할 때 우리는 하나님과 다른 사람에게 다시 줄 수 있는 무엇인가를 갖게 된다.

회복된 구세주 유형

구세주 유형들은 자비를 베푸는 데 탁월하다. 문제는 그 자비를 자기 자신에게 베풀지 않는다는 것이다. 구세주 유형들이 자비를 베푸는 기술을 익혀서 그것을 자기 자신에게 향하게 한다면 어떻겠는가? 자기 자신을 불완전한 상태로 내버려두고 그에 따르는 모든 비난을 감당하지 않는다면 어떻겠는가? 구세주 유형들이 그리스도의 몸 안에 있는 다른 사람들로 하여금 오로지 그들만을 섬기게 한다면 어떻겠는가? 이것은 구세주 유형들에게 커다란 도전이고, 우리는 그 이유를 앞에서 제시한 바 있다. 그것은 그들의 마음속에 다른 사람은 신경 쓸 가치가 있지만 **자기 자신은 그렇지 않다고** 평생 동안 속삭였던 수치심이라는 뿌리가 있기 때문이다.

구속받은 구세주 유형들은 놀라운 모습으로 변한다. 어떤 사람도 그들을 도와줄 필요가 없다고 말하는 완벽주의와 교만이 사라진다. 항상 인정 많고 베푸는 사람이 되어야지, 감사하며 받는 사람이 되어서는 결코 안 된다는 욕구도 사라진다. 자신을 죄인으로, 하지만 다른 사람들만큼 나쁘지는 않은 죄인으로 생각하게 하는 우월감이라는 감춰진 죄도 사라진다. 오직 다음 임무를 받기 위해서만 하나님께 나아가는 것도 사라진다.

자기 자신에게 자비의 은사를 아낌없이 베풀 수 있는 구세주 유형들은 정말로 아름다운 사람들이다. 그들은 결코 자신의 자비로운 성향을 잃어버리지 않을 것이다. 실제로, 그 성향은 깊어지고 훨씬 더 많은 열매를 맺게 될 것이다. 구세주 유형들이 (항상 그랬듯이) 다른 사람들을 섬기되 다른 사람들에게 **섬김을 받기도 할** 때 그리스도의 몸 안에서 분쟁이 없어지고 평등이 이루어질 것이다(고전 12:25을 보라). 구세주 유형들이 구세주적인 옷을 벗어 버릴 때, 이전에는 결코 없었던 방식으로 참된 구세주가 그들 속에서 그리고 그들을 통해서 일하실 수 있다.

구세주 유형을 위한 조언

- 자신이 얼마나 '진지한지' 보여 주기 위해서가 아니라 그분의 사랑을 만끽하기 위해서 기도하고 연구하라.
- 다른 사람들이 그들 스스로 해야 하는 일인데 당신에게 도움을 구하러 온다면, '안 돼요'라는 말의 힘을 배우라.
- 자신의 필요를 충족시킬 때 죄책감을 느끼지 말라.
- 세상을 당신 어깨에 짊어지지 말라(오직 한 분만이 그렇게 넓은 어깨를 지니고 계시다).
- 나쁜 사람들이 하는 모든 나쁜 일들에 대해 너무 괴로워하지 말라(시 37:1). 이것은 인간의 본성이고 그것을 막기에는 당신의 힘에 한계가 있다는 것을 인정하라.
- 당신의 직함을 떼어 버리고 다른 사람의 사랑을 흡수할 수 있는 관계를 모색하라.

- 건강에 좋은 음식을 먹고 운동하고 (죄악된 일은 말고) 단지 즐겁게 보내기 위해서 '비영적인' 일을 하라.
- 어떻게 하면 다른 사람들에게 가르쳐 줄 수 있을지에 대해 생각하지 말고 당신 자신을 풍요롭게 하기 위해서 성경과 기독교 서적을 읽으라.
- 유머 감각을 잃어버렸다면 다시 살리라.
- 아이처럼 되라.
- 당신의 대의 명분을 포기하고 친구와 원수 모두를 사랑하려고 노력하라.
- 성인이 되거나 존경받는 사람이 되거나 주위에 있는 그리스도인들에게 사회적으로 받아들여질 수 있는 사람이 되려고 노력하지 말라. 정직하려고 노력하라.
- 마태복음 11:28-30 말씀이 무엇을 의미하는지 배우고 그것을 자주 실천해 보라.

7. 공격자 유형
_ 방어물로서의 적개심

윌리엄은 큰 교회의 목회자였고, 복음 전도에 불타는 정력가였으며, 유능한 기금 모금가였다. 그래서 그가 나와 내가 속한 단체를 도와주겠다고 제안했을 때 나는 매우 기뻤다. 나는 이미 다른 지도자들로부터, 어떤 일을 이루고 그 일을 위해 기도하는 면에서 윌리엄은 '대가'라는 소리를 들었다. 그는 실제로 그랬다.

윌리엄의 교회에서 그를 만났는데, 그는 직접적이고 핵심을 찌르는 기금 모금 편지 작성 방법을 보여 주었다. 그는 우리 사역의 재정적 기반을 튼튼하게 하는 방법과 기부자들을 교육하는 방법에 관해 매우 실질적인 조언을 해주었다. 나는 그가 나와 내 사역에 개인적인 관심을 보여 주어서 매우 고마웠다. 우리 사역은 마침내 성과를 얻게 되었다.

그러나 윌리엄이 기부자들에게 돈을 내라고 **말하되** 부탁하지는 말라고 주장하자 나는 점차 불안해지기 시작했다. 부탁하는 것은 그들에게 '변명'이라는 느낌을 준다고 말했다. 그는 나에게 그 동안 모든 효과적인 기금 모금 전략을 연구했다는 것과, 그의 대규모 사역은 그 전략이 효과를 나타낸 증거라는 사실을 상기시켰다. 나는 그것에 반박할 수 없었지만, 여전히 나를 괴롭히고 있는 무엇인가가 있다고 느꼈다.

나는 인도하심을 구하며, 오전 내내 기도하고 열심히 성경을 읽으면서 보냈다. 고린도후서 6-9장에 순수하고 진실되며 정성 어린 방법으로 기금을 모으는 방식이 나와 있었다. 이기적인 목적으로 사람들을 이용하거나 그들에게 강요하지 말라는 말씀이 눈에 띄었다. 내가 마음속으로 느끼던 바를 적어 놓은 것이었다. 나는 내가 무엇을 해야 하는지 알았다. 나는 윌리엄에게 전화를 걸어서 내가 염려하는 것을 말하기 위해 약속을 정했다. 개인적으로 그와 대화하고 싶었다.

나는 윌리엄이 역동적인 지도자일 뿐만 아니라 사람들이 자신의 의견에 동의하지 않을 때 좋아하지 않는다는 것도 알고 있었다. 그리고 몇 가지 무서운 이야기를 들었다. 나는 그에게 비난받을 가능성이 아주 높다는 것을 알았지만 정직해지고 싶었다.

며칠 후 그의 사무실에 들어갔을 때 윌리엄은 매우 따뜻하게 나를 맞아주었다. 나는 우선 그가 베풀어 준 도움과 실질적인 지침을 얼마나 고맙게 생각하는지 이야기하며 말을 시작했다. 하지만 약간 강제성이 있어 보이는 기금 모금에 대한 접근 방식이 염려가 된다고 말했다. 나는 솔직하고 정중하게 내 마음을 털어놓았다. 그럼에도 불구하고 내 말이 비난조로 들렸던 모양이다.

"내가 속임수를 쓴다는 말인가요?" 그가 소리쳤다.

"제 말은, 당신이 도움을 계속 받고 싶다면 취해야 한다고 말씀하시는 그 접근 방식을 제가 사용하는 것이 편치 않다는 것입니다."

"그럼, **걱정**할 필요 없어요!" 그가 고함쳤다. "내 도움이 필요 없는 게 분명한 것 같군요. 가서 혼자 하세요."

"제 말은 그게 아니에요, 윌리엄. 전 당신의 도움도 필요하고 당신과 교회로부터 받는 재정적 지원도 **정말로** 원해요. 하지만 이 점에서 의견이

다를 수 있지 않을까요? 아니면 제가 당신이 하는 말 그대로 따라야 하나요?"

"아니, 그럴 수 없어요. 왜냐하면 당신은 내가 사람들에게 거짓말을 하고 속이고 기만하고 있다고 말하고 있고, 내가 하는 방식대로 하길 원하지 않으니까요."

나는 윌리엄에게 그가 '거짓말쟁이'거나 '사기꾼'이라고 생각하지 않는다고 말했다. 나는 단지 그렇게 강제적이지 않은 방식으로 기금을 모을 수 있는 자유를 원할 뿐이었다. 나는 솔직하고 동시에 정중한 방식으로 기금을 모을 수 있다고 생각한다고 말했다. 여기까지 이르자 윌리엄은 내 말을 듣지 않고 주먹으로 책상을 쾅하고 내리치며 욕설을 퍼부었다. 심지어 소리까지 치며 이렇게 말했다. "사람들이 이렇게 나오면 정말 **화가 나**!"

나는 지금 여기서 정말로 무슨 일이 벌어지고 있는지 의아했다. 누가 이 남자에게 그렇게 깊이 상처를 입혔기에, 반대 의견을 부드럽게 표시한 것뿐인데 그것을 자신의 위엄에 정면으로 공격하는 것처럼 생각했을까? 그는 나에 대해서, 내가 나만의 작은 왕국을 지배하고 싶어하고 그것을 크고 효과적인 사역으로 성장시키고 싶어하지 않는다는 몇 가지 말을 했다. 나는 더 이상 그 곳에 머물고 싶지 않았지만 좀더 있기로 결정했다.

"윌리엄, 내 말이 틀리다면 주님이 그것을 내게 보여 주시길 간절히 바랍니다. 그러면 내가 당신과 함께 웃는 최초의 사람이 되겠죠."

윌리엄은 웃지 않았다. 그는 의자에서 일어서더니 앞으로 걸어와 내 어깨에 손을 얹었다. 그가 나를 문 쪽으로 미는 듯한 느낌이 들었고 우리의 관계가 이제 다 끝났다는 것을 직감했다. "음, 하나님의 **축복**을 빌어요!" 그가 내 등을 툭툭 치면서 말했는데 너무 세게 두드려서 나는 거의 넘어질 뻔했다.

나는 차가 있는 곳으로 걸어가 잠시 차 안에 앉아 있었다. "주님, 20년 동안 이렇게 영적으로 모욕을 받은 적이 없습니다. 이 사람을 당장에 무가치한 사람으로 여겨 버리기는 쉽겠지만, 주님이 윌리엄을 이 도시에서 강력하게 사용하셨음을 인정합니다. 제가 방금 소름 끼칠 정도로 지독한 대우를 받았을지라도, 그를 악마라고 생각하고 싶은 유혹에 굴하지 않겠습니다."

그 날 윌리엄은 자기 비서에게 자신의 교회와 New Creation Ministries 와의 관계가 완전히 끝났고 모든 재정적 기부를 중단할 것임을 알렸다. 공격자 유형의 의견에 반대하는 일은 즐거운 경험이 아니다.

비열함과 두려움

세상의 공격자 유형들은, 이렇게 말하기는 뭐하지만, 딱 바보처럼 보인다. 그들은 확실히 그런 호칭에 맞는 행동을 한다. 그러나 공격자 유형들은 겉으로 보이는 것과 다르다. 그들이 화를 내는 것을 보면 그들이 두려워하고 있다는 것을 알게 된다. 공격자 유형들이 독단적이고 추진력이 강하며 다른 사람들의 생각에 전혀 신경 쓰지 않는 것처럼 보일지라도, 그들은 두려움의 지배를 받는다.

공격자 유형들은 그들의 삶에서 중요한 사람들에게 심하게 상처를 받거나 버림받은 경험이 있고, 지금도 슬픔의 과정에서 분노의 단계에 갇혀 헤어 나오지 못하고 있다. 모든 위협적인 공격자 유형의 이면을 들여다보면 상처받은 어린 소년이나 소녀를 발견하게 될 것이다. 자넬을 그 예로 들 수 있다. 그녀의 남편 마이클은 외도를 했고 이 일로 그 두 사람이 내 사무실로 찾아왔다. 마이클은 자신이 저지른 일에 대해 미안해했고 자신이 자넬에게 깊은 상처를 주었다는 것을 인정했다.

자넬은 꿈쩍도 하지 않았다. "그래요, 난 상처받았어요! 당신은 나에게 **거짓말**을 했어요. 다시는 절대로 당신을 믿을 수 없을 것 같아요!"

마이클은 "당신이 그런 식으로 느끼는 건 너무 당연해"라는 식으로 고개를 끄덕였다.

이번 배신 행위를 빼면 마이클은 한 번도 누군가의 감정을 상하게 한 적이 없는 수동적인 남자였다(회피자 유형을 기억하는가?). 그는 사람들을 기쁘게 해주는 학과가 있다면 박사 학위를 딸 만한 사람이었다. 그는 모든 사람과 잘 지내려고 노력했고 훌륭하게 성공했지만 아내에게는 결코 제대로 할 수 없었다. 자넬은 항상 트집을 잡는 사람이었다. 마이클이 옷을 입는 방식이나 말하는 방식에 트집을 잡지 않으면 "어떻게 한 번도 누군가에게 용감히 맞선 적이 없느냐"고 그를 비난했다. 이런 식으로 10년 동안 살다 보니 마이클은 자신이 알고 있는 유일한 방법, 즉 은밀한 수동-공격성으로 그녀에게 맞서기로 결심했다. 그것은 다른 누군가와 관계를 맺는 것이었다.

나는 마이클이나 자넬에게 이런 이유로 마이클의 불륜이 정당화된다고 결코 말하지 않았다. 나는 그것이 명백히 죄이며 지독하게 이기적인 행위라고 말했지만, 마이클은 **무엇인가에** 반응하고 있었다. 자넬은 항상 성격적으로 무엇인가를 가지고 있었다. 노래 가사에도 있듯이 그녀는 '얼음처럼 차가운' 사람이었다. 주택 융자 알선 전문가인 그녀는 의뢰인이나 동료들과 매우 잘 어울렸지만 자넬을 아는 사람은 누구도 그녀에게 맞서지 않았다. 그녀는 무언가를 믿으면 그것을 서슴지 않고 말했다. 그녀가 당신을 멍청이라고 생각한다면, 당신에게 당장 그렇게 말할 것이다.

그녀는 수입이 좋을 뿐만 아니라 교회 성도들에게 선망의 대상이었다. 수련회를 계획하거나 행사를 준비하는 일에는 자넬이 적임자였다. 그녀는 일을 성취하고 다른 사람들에게 책임을 위임하는 일을 잘했다. 그녀가 어떤 프로젝트의 책임자라면, 그것은 훌륭하게 성공할 것이다.

> **당신은 공격자 유형일지도 모른다. 만약…**
>
> - 행동을 취하지 않는 사람들을 볼 때 견딜 수 없다면
> - 사역이나 사업에서 대단히 성공했다면
> - 쉽게 겁먹는 기질이 있다면
> - 의견이 많고 그것을 겁내지 않고 거침없이 말한다면
> - 사람들과 논쟁할 거리가 많다면
> - 쉴 때조차도 스스로를 지치게 한다면
> - 사역이 예배보다 더 중요하다고 생각한다면

하지만 자넬은 사람들과 친밀해지는 방법을 전혀 몰랐다. 사람들을 통제할 수는 있었지만 그들과 (그녀의 남편이나 다른 사람들을 포함해서) 관계를 맺을 수는 없었다. 자넬의 아버지는 거의 말이 없는 아주 조용한 남자였다. 그는 아마도 심각한 우울증으로 고통스러워하고 있었지만 치료받기를 거부했던 것 같다. 자넬이 아버지와 대화할 때면 그는 나이가 많음에도 불구하고 푸념조차 하지 않았다. 이럴 때마다, 자넬은 다시 한 번 자신이 무가치한 인간처럼 느껴졌다.

어린 시절부터 그녀는 두 가지를 다짐했다. 첫째는 다시는 자기 자신이 누군가를 필요로 하도록 내버려두지 않겠다는 것이고, 둘째는 모든 일을 스스로 하고 자신에게 걸림돌이 되는 사람은 누구든 격파해 버리겠다는 것이다. 그녀는 "따라오든지 아니면 비켜요"라는 말을 잘 하기로 유명했다.

마이클은 자신의 삶의 방식을 바꾸기 위해 열심히 노력했다. 하지만 그의 아내는 이렇게 말하곤 했다. "맞아요, 그는 나아지고 있지만 아직도 이런저런 일을 해요." 집안 일을 도와줄 때도 그는 제대로 하지 못했고, 말 안 듣는 아들을 다룰 때도 너무나 관대했다. 한 가지를 제대로 하면, 다섯 가지 일은 실패했다.

처음에 나는 마이클에게 할 수 있는 한 무엇이든 시키는 대로 하라고 격려했다. 그의 어깨에 변화에 대한 책임감이 놓여 있다는 것을 상기시켰다. 하지만 6개월이 지나도 그의 부정에 대한 자넬의 분노는 누그러지지 않았다. 나는 이것이 마이클의 부정보다 더 큰 문제라는 것을 알았다.

그녀는 자신에게 죄가 있을지도 모른다는 것을 고려해 보는 것조차 거절했다. 남편의 간음이 비양심적인 행위이긴 하지만, 그로 인해서 그녀는 마음속으로 계속해서 그를 경멸해도 된다고 생각하는 것 같았다.

그녀가 이런 식으로 경멸하는 대상이 마이클만은 아니라고 지적했을 때, 그녀는 항상 "음, 내 동료가 바보 같으면 난 그렇게 경멸하죠"라거나 "성가대 지휘자가 아무런 권리가 없는 일을 했을 때 그녀에게도 바보라고 말했어요"라고 변명했다. 그렇게 시간이 흘렀다.

내가 그들을 만난 지 1년이 지났을 때 그들에게 전환점이 찾아왔다. 어느 토요일 아침, 마이클은 신발을 벗고 소파에서 쉬고 있었다. 자넬이 옆으로 지나가면서 말했다. "당장 소파에서 발 치워요!" 자기 물건인데도 소파에 발을 올려놓지 말라는 소리를 듣고 있다는 사실은 수년 동안의 좌절감과 학대받은 경험과 뒤엉켜서, 그의 내부로부터 무엇인가가 치밀어 올라왔다. 마이클은 소파에서 벌떡 일어나 아내의 얼굴을 정면으로 쳐다보았다. 그의 이글거리는 눈길은 그녀를 경악하게 했다. 마이클은 온 힘을 다해 그녀를 때리는 자신을 생각해 보았지만, 실제로 그가 했던 일은 고작 그녀 앞에 서서 분노로 부들부들 떠는 것뿐이었다.

자넬은 11년 만에 처음으로 뒤로 물러났다. 그녀는 평생 동안 받을 증오가 그 순간에 한꺼번에 자신에게 밀려오는 것을 보았다. 그녀는 너무 놀라고 풀이 죽었다. 그러나 마이클은 이상하게도 힘이 충전된 것 같고 해방감을 느꼈다. 이제 그는 자기가 화를 내는 것이 정당하다고 느끼는 사람이 되었다. 자넬은 마침내 그를 변화시키는 데 성공했다.

두려움에 종노릇 하여

이런 비극들로 인해서 그리스도인들의 결혼 생활은 매일 소진되고 있다. 우리는 분명 포르노나 일 중독 또는 기타 여러 가지 요인들을 비난할 수 있다. 그러나 내가 일찍이 다루었던 갈등이 있는 모든 결혼 생활에서 볼 수 있던 공통된 주제는 다음과 같다. 부부 가운데 한 사람 또는 두 사람 모두 관계의 가면을 쓰고서 그것을 뉘우치지 않는다.

공격자 유형들은 삶이란 지속적인 의심과 조심성이 필요한 위협적인 경험이라고 생각한다. 자연히 머지않아 세상은 그들이 가진 기본적인 가설을 '입증'한다. 실제로, 그들은 두려움과 분노로 가득 찬 눈으로 보기 때문에 그들의 것이 될 수도 있는 아름다움과 사랑을 보지 못한다. 그들의 삶은 자기 충족적 예언이 된다.

공격자 유형들이 자기 방어의 갑옷을 벗기 힘든 이유는 무엇일까? 그것은 그들의 가장 큰 문제가 분노가 아니라 두려움이기 때문이다. 히브리서 기자는 십자가의 예수님은 사망의 세력을 잡은, 곧 마귀를 멸하시는 분이라고 우리에게 말한다. 이 능력을 가지고 사탄은 우리의 삶을 온통 죽음에 대한 두려움에 노예처럼 묶어 둘 수 있었다(히 2:14-15).

분명 이 '죽음의 공포'는 육체적인 죽음과 그에 이어지는 지옥에 대한 무언의 공포를 나타낸다. 그러나 이 말씀에서 우리가 얻는 것이 그것뿐이라면 우리는 중요한 것을 놓치고 있는 것이다. 얼마나 많은 남자와 여자들이 "죽으면 지옥에 갈까 봐 너무 무서워요"라고 말하며 다니는가? 그들이 이런 말 못할 두려움을 우리에게 경고해 주기 위해 그런 방식으로 살고 있는가? 아니다. 하지만 우리는 많은 사람이 정말로 가장 두려워하는 것으로부터 스스로를 보호하기 위해 그런 식으로 살고 있는 것을 본다. 그것은 바로 버림받는 것이다.

회피자 유형의 사람은 문제가 일어날 조짐을 처음 느낄 때 도망하여 두려움을 행동으로 나타낸다. 공격자 유형들은 자신이 거절당하기 전에 먼저 다른 사람들을 거절함으로써 두려움을 행동으로 나타낸다. 평생 버림받을지도 모른다는 두려움의 노예가 되어 있기 때문에 공격자 유형들은 자신이 먼저 다른 사람들을 버린다. 애석하게도 그들은 오랫동안 이렇게 해 왔기 때문에 그렇게 하는 것조차도 알지 못한다. 그들이 하는 대부분의 말이나 몸짓이나 태도는 "너무 가까이 오지 마. 물어 버릴거야!"라는 것이다.

또한 많은 공격자 유형들은 나약해 보이는 것에 대해 매우 두려워한다. 그들이 겉으로 무뚝뚝하고 사무적으로 보이려고 하는 것은 바로 이런 이유 때문이다. 그들이 생각할 때 나약해지는 것은 바보가 되거나 불쌍한 사람이 되는 것과 똑같다. 공격자 유형들은 자신을 나약하게 생각하는 사람들을 미워하고 그들을 몹시 경멸한다. 그리고 자신 안에 있는 나약함을 증오하고 두려워한다. 왜냐하면 그들은 깊은 내면에 그것이 있다는 것을 알고 있기 때문이다. 하지만 나약하게 보일까 봐 두려워하는 것도 버림받을지도 모른다는 두려움에 해당된다. 단지 한 발짝 물러선 것뿐인데도 말이다.

공격자 유형의 남편은 아내가 자신과 성관계를 하지 않으려고 할 때 매우 놀란다. 아내에게서 버림받았다고 느끼면서, 그는 거듭 폭언을 퍼붓게 되고 이로 인해 아내는 더욱 멀리 뒷걸음치게 된다. 공격자 유형의 아내라면 남편이 자신과 시간을 보내려고 하지 않을 때 상처를 받고 직접적으로 자신은 실패자라고 말한다. 이로 인해 남편은 할 수 있는 한 아내와의 거리를 최대한 멀리할 것이라는 점은 충분히 예측할 수 있다.

그렇게 두려움에 매여 있는 남자와 여자들에게 희망은 전혀 없는 것일까? 희망은 있지만 그것은 무엇보다도 힘든 일이다. 그들은 자신이 했던 구체적인 말이나 행동을 회개해야 할 뿐만 아니라, 자신의 **성향**을 회개해야 한다. 그리스도인들이 동성애자들의 회개에 집중할 때 내가 화가 나는 이유가 이것이다. 그것은 내가 그들의 의견에 동의하지 않기 때문이 아니라, 하나님은 뿌리 깊고 겉으로 보기에는 극복할 수 없을 것 같은 성향을 회개하라고 우리 **각 사람에게** 명령하시기 때문이다.

우리의 존재 구석구석에 사무칠 정도로 어떤 것에 대해 회개하기 위해서는 반드시 매순간 필사적으로 예수 그리스도께 매달려야만 한다. 제자도란 바로 이러한 모습이다. 항상 그래 왔다. 그럼에도 불구하고, 우리 가운데 수없이 많은 사람들은 관계의 가면을 그대로 가지고 천국에 들어갈 것이다. 다행히도 우리가 이런 문제를 해결하지 않았다고 해서 하나님이 우리를 거부하시지는 않겠지만, 이 땅에서 놓친 기회들은 분명 엄청날 것이다.

우리 가운데 많은 사람들은 '천국에 갈 때까지' 오래도록 우리의 옛 성품으로 주변 사람들을 사정없이 황폐케 하고도 만족해한다. 성경은 구원받은 많은 사람들이 하나님 앞에 서서 자신이 생각하기에는 훌륭한 삶이었다고 생각하는 것들이 불타는 것을 보게 될 것이라고 분명히 말한다(고전 3:12-15). 그들 자신은 구원받겠지만 이 땅에서 억제하지 않은 태도, 동기 그리고 성격적 특성들을 알게 되면 깜짝 놀랄 것이다. 우리 가운데 어떤 사람도 우리의 삶이 '불에 타 드러날' 때까지 기다릴 필요가 없다. 우리는 지금 성령이 우리에게 불을 부으시고 그분께 합당하지 않은 모든 것을 심판하시게 할 수 있다(마 3:11-12).

바울, 회복 중인 공격자 유형

이와 같은 사람이 건강해진 예가 성경에 나와 있는가? 그렇다. 그의 이름은 바울이다. 바울을 살펴보면 두려움과 분노에 지배받는 사람이 변화하기 위해서 필요한 것이 무엇인지 분명하게 알 수 있다. 우리는 모두 바울 이야기의 핵심을 알고 있다. 그것은 교회를 박해하던 한 사람이 다메섹으로 가던 도중에 변화를 받아 모든 시대를 통틀어 가장 강력한 복음 전도자요 사도가 되었다는 것이다. 바울은 그 스스로 자신이 변화된 것은 세상 모든 사람들이 본받게 하기 위한 원형이 되기 위함이라고 말했다(딤전 1:16).

바울(또는 사울)은 회심하기 전에 매우 위험한 공격자 유형이었다. 그가 초대 그리스도인들을 잔학하게 대한 것을 보면 이 점을 분명히 알 수 있다(행 7:55-8:3; 9:1-2; 22:4-5, 19-20; 26:9-11; 갈 1:13을 보라). 그러나 우리가 거기서 그친다면 오직 진정한 공격자 유형들은 살인자거나 명백한 학대자들이라고 생각할 것이다. 그러나 다른 사람들을 대하는 그의 태도는 실제로 좀더 깊은 공격성에 의해서 불타올랐다. 그리고 그 공격성은 율법주의로 자신을 드러냈다. 이 율법주의는 온 시대를 통틀어 가장 위대한 유대인이 되고자 했던 사울의 그칠 줄 모르는 야심의 배후에 놓여 있었다(행 26:4-5; 갈 1:14).

외견상으로 율법주의자들은 무리 가운데서 가장 경건한 사람처럼 보일지도 모른다. 그들은 가장 열정적이고 다른 누구보다도 예수님께 열중하고 있는 사람처럼 보인다. 그들은 더 많은 영혼들을 전도하고 더 많은 교회를 세우는 것처럼 보이지만, 실제로 그들은 정말로 성령에 이끌려서 이렇게 하는 것인가, 아니면 하나님께 받아들여지지 않을 것이라는 두려움에 이끌려서 그러한 것인가? 사람들은 거절당한다는 두려움이 들 때 흔히 주위에 있는 모든 사람들보다 더 열심히 일함으로써 보상하려고 한다. 그들은 이것이 버림받지 않도록 그들을 보호해 준다고 생각한다. 그들의 지칠 줄 모르는 '뛰어난' 직업 윤리는 그들을 겉으로 보기에 비평을 초월한 계급에 속하게 만든다.

사울은 이런 일에 탁월했다. '하나님을 위한' 그의 열정은 더 열심히 공부하고 더 오래 기도하고 주위에 있는 평범한 유대인들보다 더욱 깊이 미워하도록 만들었다. 누군가가 그 젊은 바리새인에게 그의 야망은 결코 하나님이 주신 것이 아니라는 암시를 주었다면 그는 깊이 상처받았을 것이다. 이러한 방어와 분노는 사울의 두려움을 입증하는 결정적인 증거였다.

사울이 율법주의에서 미리 개종한 것은 우리와 어떤 관계가 있는가? 당신이 공격자 유형의 그리스도인이라면, 모든 것이 관계가 있다! 위원회에서 지칠 줄 모르고 일하거나 주일학교에 시간을 들이거나 교리적으로 올바른 일에 열심을 내는 것이 하나님에 의해 동기 부여를 받은 것이라고 확신하는가? '네'라고 확신한다면, 이와 똑같은 질문에 모르몬교, 이슬람교 또는 여호와의 증인들은 어떻게 대답할 것이라고 생각하는가? 당신이 공격자 유형이라면 성령이 면밀히 조사하시도록 내버려두라고 권하고 싶다. 종교적인 열심은, 심지어 복음 전도의 열심조차도, 하나님이 아닌 다른 원천을 가지고 있을 수 있다. 당신은 그것을 지금 배울 수도 있고 다른 세상에서 배울 수도 있다.

공격자 유형이 하는 말

- "따라오든지 아니면 비켜요."
- "나약한 사람들이나 쉬는 거예요."
- "당신이 그 일을 하지 않는다면 내가 하겠어요!"
- "당신이 어떻게 생각해도 상관없어요. 이것은 사실이니까!"
- "우리는 섬기기 위해 구원받았어요."
- "나는 내가 무슨 일을 하고 있는지 알아요."
- "이 아이가 말을 잘 듣게 만들 거예요."

울타리에 갇힌 공격자 유형

다메섹 도상에서 겪은 충격 이후에 예수님은 회복 중인 이 공격자 유형의 사람을 치유하시기 위해 어떤 일을 하셨는가? 그분은 그를 순환적인 활동에서 끄집어내셨다. 이것은 너무나 중요해서 우리는 쉽게 이 주제에 관해 책 한 권을 쓸 수도 있다. 실제로 수세기에 걸쳐서 많은 작가들이 정확히 그 일을 해 왔지만 우리는 그들의 말에 귀를 기울이지 않았다. 지금도 여전히 귀기울이지 않는다. 교회는 공격자 유형의 사람들로 가득 차 있다. 곧, 하나님 나라를 확장하고 있는 야심에 찬 남녀들 말이다. 구세주 유형들처럼, 그들의 모토는 '사람들을 구원하라. 그들을 훈련하고 바쁘게 하라!'이다. 비록 이것이 만연해 있지만, 그리스도인들을 일으켜 세우는 이 접근 방식은 완전히 핵심을 벗어난 것이다.

하나님이 바울을 붙드셨을 때 그분이 하신 첫 번째 일은, 그가 모든 사역과 다른 사람들을 섬기는 일이나 '하나님 나라를 확장하는 일'을 못하게 하신 것이었다. 사도행전 9장을 대충 읽으면 바울이 길에서 주님과 만났고 아나니아로부터 섬김을 받은 후에 곧바로 다메섹에서 복음 전도 사역에 뛰어든 것처럼 보인다(행 9:1-25). 그러나 바울은 갈라디아서에서 우리에게 분명하게 말한다. "내가 곧 혈육과 의논하지 아니하고 또 나보다 먼저 사도 된 자들을 만나려고 예루살렘으로 가지 아니하고 아라비아로 갔다가 **다시** 다메섹으로 돌아갔노라. 그 후 삼 년 만에 내가 게바를 방문하려고 예루살렘에 올라가서"(갈 1:16-18, 강조는 추가).

연대기가 완전히 분명한 것은 아닐지라도 분명한 사실이 하나 있다. 바울은 가장 치열한 사역에 뛰어들기 전에 몇 달에서 몇 년 동안 어디에선가 홀로 보냈다. 이것이 하나님이 모든 공격자 유형에게 하시는 첫 번째 일이다. 그분은 정말로 중요한 것이 무엇인지 보여 주기 위해서 이 유형의 사람을 순환적인 활동에서 벗어나게 하신다. 성경을 읽는 사람이라면 이 말을 듣고 놀라지 않을 것이다. 하나님은 아브라함, 모세, 선지자들 그리고 세례 요한과 다른 많은 사람들에게 이와 동일한 일을 하셨다.

하나님이 일반적으로 그분의 종들을 이렇게 다루신다면, 이런 훈련에 복종하는 것은 공격자 유형들에게는 두 배로 중요하다. 하지만 애석하게도, 일반적으로 그들은 복종하지 않는다. 그들의 공격적인 성품과 능력 있는 교회나 사역 단체의 지원으로 그들은 일반적으로 가능한 한 빨리 서둘러 사역에 임한다.

물론, 하나님은 공격자 유형들을 자주 들어 쓰시고 그들의 삶을 축복해 주시지만, 이것은 오래가지 않는다. 결국 그들이 놓쳐 버린 고독과의 약속이 그들을 뒤쫓아 올 것이고, 그들은 '사막 여관'에 계속 머무를 것이다. 그들은 항상 부서지고 열을 내고 괴로워하거나 죄를 짓는다. 그러고 나면 그들은 자신이 떠나온 곳으로 다시 돌아갈 준비를 마치게 된다. 즉, 과거의 현명한 남녀들이 출발했던 곳, 아무도 모르게 기도를 하거나 현명한 멘토에게 순종하거나 몇 년이 걸리는 인격 계발의 자리 말이다. 그곳을 무엇이라고 부르든 간에 그들은 결국 출발 지점으로 돌아갈 길을 찾는다. 이 곳이 공격자 유형의 관계의 가면이 벗겨지기 시작하는 장소다.

상심한 공격자 유형

아라비아 사막에서 바울에게 어떤 일이 일어났는가? 우리가 정말 잘 아는 것은 아니지만, 다음과 같은 사실은 알고 있다. 그는 선배들과 똑같은 과정을 겪었다. 그는 침묵하고 아무 일도 하지 않으며 회복하는 일에 집중했다. 모세는 양떼를 돌보았고 바울은 천막을 만들었다. 다윗은 사울이 미치지 못하는 사막에 살면서 하나님을 알아 갔고, 바울은 '분주함'이 미치지 않는 사막에 살면서 예수님을 알아 갔다. 선지자들은 광야에서 하나님을 만났고 변화되었다. 바울도 마찬가지였다. 바울처럼, 우리 모두는 우리가 알고 있다고 생각하는 것을 고쳐 배워야 하고 성령으로부터 재교육을 받아야 한다.

나는 바울이 이 기간에 조용히 자신의 일을 하고 몇 시간 동안 오직 주님과 함께 지내는 모습을 상상할 수 있다. 그는 성경 공부를 인도하거나 기적을 행하지 않았다. 그는 수년 동안 젖어 있던 율법주의와 수치심과 적나라한 야망을 위대한 의사가 치유하시게 자신을 내어놓고 있었다. 바울은 자신의 공격성 때문에 빚어진 피해를 알게 되었다. 그는 때가 됐다고 알게 된 후에야 비로소 '하나님을 위해' 무엇인가 일을 하려고 하였다.

이미 말했듯이, 우리 대부분은 처음에는 이런 과정에 복종하지 않지만 나중에는 다시 그 곳으로 돌아간다. 캐서린의 경우도 그러했다. 캐서린은 계약직 교사로 일했고, 그녀가 다니던 큰 교회의 기독교 교육 부서를 지휘했으며 교회의 여성 사역 위원회에 속해 있었다. 그녀와 남편이 나를 찾아온 이유는 그들의 관계가 기본적으로 플라토닉한 것 때문이었다.

사람들이 가장 가까운 사람들로부터 단절될 때, 그것은 (그들의 사역이 얼마나 '성공적'인가에 상관없이) 하나님과 그들의 관계를 보여 주는 결정적 증거다. 내가 캐서린과 이 점에 대해 대화를 시작했을 때 그녀는 저항했다. 시간이 흐르면서 그녀는 정말로 하나님과의 관계가 끊어졌고 남편과의 관계 역시 끊어졌다는 것을 깨달았다. 나는 그녀에게 올해의 교사가 되거나 10년 동안 최고의 사역자가 되면서 동시에 하나님과 배우자와 친밀해지기 위한 시간을 마련할 수는 없을 것 같다고 말했다.

그녀는 자신이 이미 어렴풋이 느끼고 있는 것을 내가 말하고 있을 뿐이라고 인정했다. 캐서린의 경우에는 근본적인 수술이 필요했다. 그녀와 남편은 그녀가 일을 그만두어야 한다는 데 동의했다. 그들은 보트를 팔고 살림을 약간 줄여야 했지만 그로 인해 그녀와 가족들은 오히려 더 좋아졌다. 그녀는 또한 사역을 그만두어야 할 필요가 있다는 것을 깨달았다. 목사님은 전적으로 동의했다. 그는 캐서린의 은사를 인정했지만 그녀의 바쁜 생활에 대해서 점차 염려하던 터였다.

캐서린과 그녀의 남편은 그들의 관계를 계속해서 서로 책임질 수 있도록 하는 데 도움을 주는 어떤 부부 모임에 가입했다. 그 두 사람은 하나님과 서로 그리고 아이들과의 관계에 다시 초점을 맞추게 되었다. 이렇게 변하기까지 약 6개월이 소요되었지만, 그들이 지금보다 더 행복한 적은 없었다. 캐서린은 현재 천천히 조심스럽게 자신의 일을 시작하고 있다. 일 중독에 빠지지 않을 만큼만. 그녀는 건강하게 사역할 수 있을 때에만 공식적인 사역에 참여하겠다고 말했다.

길들여진 공격자 유형

바울과 캐서린 둘 다 자신의 공격적인 성향을 예수님께 굴복하는 법을 배웠다. 그러나 바울은 '고쳐지지' 않았다. 적어도 몇 번은 예전의 공격성이 되살아나서 그것을 다시 예수님의 권위 아래에 굴복시켜야 했다(행 15:37-39; 23:1-5을 보라). 공격자 유형의 사람에게 그 해결책은 수동적인 사람이 되는 것이 아니라 길들여지는 것이다.

강하고 억센 야생마의 기상이 완전히 꺾여 버린다면 쓸모없어질 것이다. 길들여지지 않은 모든 힘은 일정한 방향으로 흘려보내지고 지도를 받아야 한다. 그래서 최종적으로 주인의 모든 명령에 순종하는 힘센 종마가 되는 것이다. 이것이 하나님이 모든 공격자 유형들에게 하시고 싶은 일이며, 그들은 하나님의 훈련에 복종해야 한다. 내 경우에 그 훈련은 18세 때 사역에 부르심을 받고, 그 후 13년 동안 줄곧 깨어지고 부서지는 것과 관계 있었다. 그 사역을 하면서 나는 공사장 인부라는 낮은 신분으로 노동을 했고, 31세에 하나님이 내게 주신 목적을 이루기 위해 나아갈 준비를 할 때까지 이따금씩 성경을 가르쳤다.

나는 먼저, 지금까지 내 삶에서 그 때가 정말 **싫었다**고 말하고 싶다. 나는 하나님이 나를 잊으셨거나 아니면 내가 젊었을 때 그분에게서 들었다고 생각한 모든 약속들은 내가 꾸며낸 것이라고 생각했다. 나는 두 가지 점에서 틀렸다. 하나님은 자신의 가치를 발견하기 위해 훌륭한 일을 성취해야 하는 한 청년을 택하셨고, 오직 그리스도 안에서만 자신의 가치를 발견할 수 있는 방법을 보여 주셨다. 그분은 내가 얼마나 깨어져 있고, 사역에 대해 내린 나만의 정의가 얼마나 잘못되었으며, 나 자신의 비망록을 통해 내가 얼마나 자극을 받고 있는지 보여 주셨다.

이런 훈계들 하나하나가 모두 효과적인 채찍질이 되었다. 친구들이 성경 대학에 진학했다가 졸업하고 사역하는 동안에, 하나님은 창고 뒤에서 나를 길들이셨다. 그것은 불공평한 것 같았다. 하지만 살아 오면서 바로 그 친구들 가운데 몇몇이 사역과 결혼 생활에 실패하는 모습을 보게 되었다. 이는 고소하게 생각할 일이 아니라 경고로 받아들여야 할 일이었다. 나는 나중에 (모든 손상을 입힌 후에) 하나님이 내가 억지로 그렇게 하도록 만들지 않으시고 처음부터 나를 꼼짝 못하게 하신 것을 매우 다행으로 생각한다.

당신이 고독, 침묵 그리고 은둔이라는 하나님의 프로그램에 복종하지 않았던 (그래서 현재 비극적인 결과를 보고 있는) 공격자 유형의 사람이라면 절망하지 말라. 물론, 당신은 다른 사람들에게 상처를 입혔거나 복구할 수 없는 손해를 입혔을지도 모르지만, 하나님은 당신과 관계를 끊지 않으신다. 그분은 당신을 치유하시고 당신에게 목적을 주기 원하신다. 그분은 당신이 하는 일이 아니라 **그분과의 관계 속에서** 당신에게 가치와 진가를 부여하기 원하신다.

바울은 비록 자신의 삶을 너무 심하게 망쳐 버렸지만, 하나님이 처음부터 자신의 삶을 택하셨음을 이해했다(갈 1:15; 롬 11:29). 다행히도 그는 은혜라는 하나님의 새로운 프로그램에 복종했다. 그 프로그램 속에서 하나님은 통제적이고 강박관념에 사로잡힌 남녀들을 택하셔서 그리스도의 훈련된 군사로 변화시키셨다. 바울이 이에 대해서 했던 마지막 말을 들어 보라. "그러나 내가 긍휼을 입은 까닭은 예수 그리스도께서 내게 먼저 일절 오래 참으심을 보이사 후에 주를 믿어 영생 얻는 자들에게 본이 되게 하려 하심이라"(딤전 1:16).

공격자 유형이 하는 일

- 누가 상처를 입든지 상관하지 않고 '진실을 말한다.'
- 일할 때는 탁월하지만 쉴 때는 실패한다.
- 끊임없이 활동한다.
- 자신의 태도로 다른 사람들에게 상처를 준다.
- 자기 자신을 항상 옳다고 생각한다.
- 다른 사람들을 호되게 비난하기 위해 성경을 사용한다.
- 자신의 의견에 반대하는 사람은 누구든지 적이라고 생각한다.
- 사람들을 쫓아버린 다음 외롭다고 불평한다.

회복된 공격자 유형

하나님은 모든 공격자 유형의 사람들에게 겁쟁이처럼 조용해지라고 명령하지 않으신다. 그분은 모든 공격자 유형들에게 공격성이라는 강력한 힘을 올바른 방법에 집중하라고 명령하신다. 앞에서도 말을 예로 들었지만, 말은 잡히고 우리에 갇히고 길들여진 다음 복종하게 된다. 힘이 센 말이 유순해져서 그저 엎드리기만 한다면, 우리는 모든 것을 잃어버린 것이다. 당신이 강한 성격을 갖고 있다고 해서 하나님께 문제가 되지는 않는다. 그분이 당신에게 그런 특성을 주셨지만, 죄는 그것을 손에 넣어 당신과 당신 주위에 있는 사람들을 파괴하는 데 사용하고 싶어한다. 그러므로 당신은 이런 일이 일어나도록 허용하지 말아야 한다.

실제로 공격자 유형의 사람들은 다른 사람들에게는 없는 것을 가지고 태어난다. 그것은 곧 정신적이고 감정적인 에너지를 모두 끌어모아서 어떤 문제를 감당할 수 있는 능력을 타고나는 것이다. 이들이 자신의 공격성에 끌려가는 대신 그 힘을 관리하는 법을 배운다면 어떤 일이 일어날까? 어떤 공격자 유형의 사람이 "하나님, 저에게 시키시는 일은 무엇이든 온 힘을 다해서 하겠지만 저에게 말씀하시는 것 외에는 하지 않겠어요"라고 말한다면 어떤 일이 일어날까? 이렇게 말한 매우 좋은 예로는 바울이 있다. "그러나 우리는 분수 이상의 자랑을 하지 않고 오직 하나님이 우리에게 나누어 주신 그 범위의 한계를 따라 하노니"(고후 10:13).

치유받지 못한 공격자 유형의 사람들은 습관적으로 모든 사람들을 무시한다. 즉, 범위 밖의 일을 한다. 그러나 자신의 마음속에서 예수 그리스도가 그분의 마음대로 하시게 하는 법을 배우고 있는 공격자 유형의 사람은 조용하고 겸손할 수 있다. 그는 모든 사람에게 자신이 말하는 것을 하라거나 생각하라고 하지 않는다. 그는 또한 성령이나 상황이 요구할 때 즉석에서 곧바로 행동할 수 있다.

회복된 공격자 유형의 사람은 갑자기 툭 터져서 모든 것을 휩쓸어 버리는 댐과 같다. 자신의 공격성을 (하나님의 영과 하나님의 사람들의 도움으로) 일정한 방향으로 흐르게 하고 자신의 통제 아래에 두는 사람은, 둑 안쪽으로 흐르며 모든 것을 살찌게 하는 힘찬 강물과 같다.

하나님은 다른 사람들이 할 수 없는 일에 뛰어들어서 그 일을 할 수 있는 사람을 필요로 하신다. 그분이 당신에게 행동하라고 명령하실 때, 당신은 날개를 활짝 펴고 하늘을 날 수 있다. 그러나 격렬한 행동을 해야 하는 기간이 끝났을 때, 당신은 온화하고 겸허할 수 있는 능력을 갖게 될 것이다. 살면서 만나는 모든 사람을 호되게 비난하는 대신에 이제 당신은 모든 사람들이 따뜻해지고 편안하게 쉴 수 있는 난로의 불꽃과 같은 따뜻한 마음을 간직할 수 있을 것이다.

공격자 유형을 위한 조언

- 하나님이 당신에게 주신 능력에 대해 변명하지 말라. 오직 그 능력을 오용하지 않는지 확실히 분별하라.
- 사람들을 사랑하는 것이 '어떤 일을 하는 것'보다 중요하다. 그 점을 절대 잊지 말라.
- 하나님이 당신을 오랫동안 대기석에 앉혀 둘지라도 희망을 버리지 말라. 계속 그분께 복종한다면 당신은 시합에 투입될 것이고 승리할 것이다.
- 당신은 하나님이 생각하기 오래 전부터 자신은 이미 준비되어 있다고 생각할 것이다.
- 하나님은 당신이 회피자 유형이나 구세주 유형이 되길 바라지 않으시지만, 그 두 유형으로부터 중요한 것을 배울 수 있다.
- 힘으로는 바르게 할 수 없고, 열은 빛을 골고루 비추지 못한다.

- 당신의 공격적인 관계의 가면이 어떻게 당신을 고립시켜서 친밀한 관계를 맺지 못하게 하는지 이해하라. 그리고 그것을 바꾸기 위해 적극적으로 노력하라.
- 사람들을 공의롭게 대하고 인자를 베풀고 겸손해지는 일에 적극적이 되라(미 6:8).
- 당신이 누군가에게 어떤 것을 주기 전에 당신이 주려는 것을 그가 정말로 원하고 필요로 하는지 알아보라.
- 경계선이란 무엇인지 깨달으라. 공격자 유형의 부정적인 면에 사로잡혀 있는 사람은 경계선이 무엇을 뜻하는지 알 수 없다.
- 사랑이 많으시고 치료하시는 예수님의 존재에 적극적으로 마음의 문을 열라(마 11:12).
- 하나님과 적극적으로 친밀하게 지내는 사람들은 모든 이에게 축복이다.

8. 영적인 해석자 유형
_ 가면으로서의 하나님

론다는 친하게 지내기 힘든 사람이었다. 너무 심하게 웃으면 자신의 얼굴이 흉하게 보일까 봐 두려워하는 것 같았다. 그녀는 예쁜 사람이었는데, 잘 웃지 않는다니 참으로 애석한 일이었다. 내가 그녀와 단 둘이 대화를 나눌 때면, 그녀는 하나님이 자신에게 말씀하시는 모든 것들을 말하곤 했다. 그녀는 또한 자신이 남편에게 얼마나 무거운 '짐'인지도 말했다. 의심의 여지없이, 론다는 예수님과 진실한 관계를 맺고 있었다. 하지만 솔직히 지금 생각해 보니, 그녀는 예수님도 벅차실 만큼 영적이었던 것 같다!

그녀의 남편 더그도 내 생각에 동의했다. "러셀, 전 아내를 사랑하지만 그녀는 가까이하기 어려운 사람이란 느낌이 들어요. 우리가 어떤 주제에 관해 대화를 하든지 간에 그녀는 항상 성경으로 몰아가죠."

론다가 바로 끼어들었다. "맞아요, 그게 문제예요, 러셀. 더그는 주님과 가까이 동행하지 않기 때문에 성경 말씀에 대해서 이야기하고 싶어하지 않아요."

더그는 반박했다. "내가 주님과 어떤 관계를 맺고 있는지 **당신이** 어떻게 알아? 내가 기도하거나 성경을 읽을 때 당신이 나를 봤어? 그분과 내가 어떤 대화를 하는지 알아?"

"음, 확실히 집에서는 그런 모습을 본 적이 없어요." 론다가 대답했다.

"왜냐하면 나는 점심 시간을 활용해서 하나님과 관계를 갖기 때문이야. 당신처럼 광고하지 않을 뿐이라구."

그 말에 론다는 상처 입은 표정을 짓더니 살며시 고개를 돌렸다. 더그는 즉시 사과했다. "여보, 미안해. 기분 상하게 하려고 한 말은 아니야. 내가 가까이 다가가려고 할 때마다 당신은 내 삶에서 어떤 잘못을 끄집어 내고 내가 그것을 어떻게 해야 옳은지 말하는 것처럼 보인다는 것뿐이야."

"누군가는 해야만 하는 일이에요!" 그녀가 말했다.

이 부부를 보고 있자니 두 사람으로 인해 마음이 아팠다. 더그의 경우에는 그가 각오하고 자신의 감정을 표현하려고 노력하는데 그렇게 할 때마다 비난받는 것을 보았기 때문이고, 론다의 경우에는 그녀의 마음속에서 어떤 일이 일어나고 있는지를 알 수 있었기 때문이다. 그 무엇인가는 그녀로 하여금 그녀 자신과 다른 사람들 사이의 신앙적 거리를 계속 유지하게 하는 원인이었다.

더그는 론다와 세 아이를 부양하기 위해서 열심히 일하는 정말 좋은 남자였다. 그는 훌륭한 아빠였고(론다도 동의했다) 집안일도 거리낌없이 도와주었다. 그러나 그는 담배를 피웠고 그것이 론다를 매우 불편하게 했다. 론다의 말에 따르면 그는 흡연뿐만 아니라 스포츠를 '너무 지나치게' 좋아했다.

고통 속에 있는 여인

그 다음 몇 주 동안 나와 론다는 그녀의 과거에 대해 이야기했다. 어느 날 그녀가 전혀 통제할 수 없는 알코올 중독자 어머니 슬하에서 성장했다는 사실이 드러났다. 하지만 그녀는 주님이 그 모든 상처들을 치유해 주셨다고 확언했다. 그녀는 어머니의 남자 친구들에 대해서 그리고 그녀의 남동생과 같이 살았던 지옥 같은 생활에 대해 나에게 말해 주었다.

"그 시절을 생각할 때 어떤 기분이 들어요?" 내가 물었다.

"아무 느낌도 없어요. 단지 어머니가 주님을 영접하시길 바랄 뿐이에요." 그녀가 말했다.

질문을 하면 할수록, 론다는 점점 더 내 말에 대답하기 힘들어했다. 그녀는 "그것은 주님 손에 달려 있어요"라든가 "그것에 대해서라면 그분을 신뢰할 뿐이에요"와 같은 모호한 대답을 하곤 했다. '신뢰한다'는 것이 무엇을 의미하느냐는 나의 질문에 그녀는 구체적으로 대답할 수 없었다. 그녀는 말씀을 인용하고 자기는 그 말씀에 순종하고 있다고 말하곤 했다.

"그 말씀에 순종한다고 했는데, 어떻게 순종한다는 말이죠?"라고 나는 물었다. 그녀는 솔직하게 대답하기가 힘들었다. 그녀는 단지 성경 말씀을 암송하는 것이지, 반드시 그것을 이해한다거나 고통이 따르는 세세한 부분까지 실천하지 않는다는 것이 분명해졌다.

론다는 매우 힘든 10대 시절을 보냈고 그녀의 어머니는 어떤 일도 쉽게 넘어가는 사람이 아니었다. 가족 중에서 분노를 느끼거나 상처를 줄 수 있는 유일한 사람은 어머니뿐인 것 같았다. 론다와 그녀의 남동생은 (어머니의 마음과 똑같지 않으면) 그들의 마음을 표현하는 것이 허용되지 않았다.

14세 때 론다는 주님을 알게 되었다. 마침내 그녀에게도 자신을 사랑해 주고 이해해 줄 누군가가 생겼다고 그녀는 말했다. 그녀는 교회 중고등부에 열심히 다녔다. 그녀의 어머니는 '그런 광신자들과 친하게 지내는' 그녀를 매우 못마땅하게 여겼지만 그냥 묵인해 주었다. 론다는 어머니를 위해 체계적으로 기도했고 그녀를 그리스도께 인도하는 일에 착수했지만, 어머니는 관심을 보이지 않았다.

론다는 성경을 읽고 기독교 음악을 듣고 복음 전도와 관련된 온갖 일들에 열중하는 데서 위안을 찾았다. 곧 그녀는 방언을 하게 되었고 중고등부에서 지도자의 위치에 올랐다. 그러나 론다가 하지 않은 한 가지 일은, 곧 자신의 감정을 느끼는 것이었다. 그녀는 감정이라는 것이 다른 어떤 것보다 귀찮은 것임을 확신하게 되었다. 정직한 감정 대신 엄격한 신학이 형성되기 시작했다. 무질서한 가족이라는 잿더미를 빠져나와 그녀는 질서 정연하고 예측 가능한 삶을 개척하기 시작했다.

나는 론다가 우리 속에 갇혀 살고 있다는 느낌을 지울 수 없었지만, 어떻게 그것을 말할 수 있었겠는가? 그녀는 내가 하나님과 그녀의 관계를 공격한다고 생각할 것이다. 그러나 나는 시도했다. 나는 그녀에게 하나님을 향한 그녀의 마음을 높이 평가하지만(그리고 실제로 그랬다), 예수님이 치료하셔야 할 부분이 남아 있는 것 같다고 말했다. 그녀의 마음속에 어머니에 관한 고통이 여전히 남아 있을지도 모른다고 넌지시 비추자 그녀는 화를 냈다.

"왜 계속 그 얘기를 꺼내시는 거예요?" 그녀는 거의 소리를 질렀다. "이미 다 극복했어요."

"그럼 왜 금방이라도 울 것 같은 표정이죠?" 내가 물었다.

다음에 어떤 일이 일어났는지는 추측할 수 있을 것이다.

자신의 고통에 대해 솔직하게 인정하는 것은 실제로 론다의 신앙을 엉망으로 만들었다. 그녀는 거의 모든 것에 대해 예전에 그랬던 것처럼 확신이 없었다. 나는 주님이나 그분의 말씀으로부터 그녀를 멀리 떼어놓으려는 것이 아니라 더욱 가깝게 하려는 것이라고 그녀를 안심시켰다. 나는 그녀가 사람들을 피하기 위해서 예수님을 방패로 이용했다는 것을 알 수 있도록 서서히 도와주었다. 나는, 그녀가 14세 때, 그녀의 삶과 연관되어 있으면서 상처를 주는 어떤 사람들과 자기 자신 사이에 거리를 만든 것은 당연한 일이었다고 지적했다.

예수님이 그녀 자신을 사랑하게 해서 다시 온전하게 만드는 대신에, 론다는 자신과 지나치게 가까워지려고 하는 사람은 누구든지 피하기 위해서 그분을 이용했다. 나는 그녀가 심지어 예수님도 접근하지 못하시도록 신학을 이용했다고 말했다. 그녀는 내 말을 이해하기 시작했다. 그 날 이후 그녀는 판에 박힌 말로 기도하는 것을 그만두기 시작했다. 그녀는 자기가 실제로 느끼는 것을 하나님에게 말하는 법을 배웠다. 그녀는 그렇게 하는 것이 '정말로 성경적인지' 나에게 여러 번 확인하고 싶어했다. 나는 기꺼이 확인해 주었다. 시편이 특히 많은 도움이 되었다. 우리는 (영적인 해석자 유형들에게 주요 장애 요소인) 은혜에 대해 많은 대화를 나누었다. 그녀는 바로 내 눈앞에서 점차 인간적으로 변해 갔다.

결코 쉽지 않은 스테레오 유형

론다는 단지 영적인 해석자 유형의 몇 가지 형태 가운데 하나일 뿐이다. 다른 형태도 있다. 애석하게도 이 관계의 가면을 마음에 두르고 있는 남녀들은 그것을 알지도 못한다. 물론, 이것은 모든 관계의 가면에 해당되

당신은 영적인 해석자 유형일지도 모른다. 만약…

- 다른 신념이나 습관을 지닌 그리스도인을 당신보다 영성이 약하다고 생각한다면
- 마음속으로 모든 문제가 성경 말씀이나 기독교 문학에서 인용된 문구로 해결될 수 있다고 생각한다면
- 올바른 번역이나 올바른 영적 지도자나 올바른 교단에 대해서 굳게 믿는다면
- 당신의 실수를 누군가 지적하려고 할 때 깊이 상처받는다면
- 믿지 않는 사람들이 주위에 있을 때 불편하다면
- 다른 사람들이 당신의 믿음과 지혜를 아는 것이 당신에게 중요하다면
- 감정이 영성에 방해가 된다고 생각한다면
- 영적인 사람으로 인정받기를 갈망한다면
- 결혼 생활이나 가정 생활에서 되풀이되는 문제들로 곤혹스럽다면

는 말이다. 그 가면을 우리 안에서 발견하기가 그토록 힘든 이유가 바로 그것이다. 바울은 고린도전서 13장에서 영적인 해석자 유형들에 관해 통찰력 있는 목록을 제시한다. 우리 모두 이 유명한 장을 알고 있지만 우리 대부분은 바울이 나열한 목록이 자기 자신의 삶과 관련이 있다는 것을 모른다. 바울의 말에 따라서 영적인 해석자 유형들이 취하는 고유한 형태에 대해서 살펴보자.

능력 있는 영적인 해석자 유형. 고린도전서 13:1에서 바울은 성령의 은사 뒤로 숨는 사람들에 대해 말한다. "내가 사람의 방언과 천사의 말을 할지라도 사랑이 없으면 소리 나는 구리와 울리는 꽹과리가 되고"(고전 13:1). 예수님을 따르는 많은 사람들은 자신이 방언이나 예언을 말하거나 기적을 믿는다는 사실에 자부심을 갖는다. 이것은 쉽게 영적인 해석자 유형의 사람을 감싸고 있는 또 하나의 포장지가 될 수 있다.

나는 성령의 은사를 전혀 반대하지 않는다는 것을 분명히 밝혀 둔다. 나는 20년 넘게 은사가 충만한 생활을 했으며, 모든 은사의 실제를 믿는다. 그러나 정말로 부정직을 반대한다. 어떤 남자가 영적인 언어로 기도하고 나서 자기 자녀들을 언어로 갈기갈기 찢는다면 그는 영적인 사람이 아니다. 그런 사람은 자기 자신의 영혼 속에 있는 상처나 분노를 세심하게 살펴보지 않는 사람이다. 마찬가지로, 어떤 여자가 성령이 그녀 자신의 죄와 깨어짐에 대하여 무엇을 보여 주시려는지 전혀 보지 못한다면 그녀의 예언이 얼마나 감동적인지는 중요하지 않다.

나는 모든 사람들이 성장해야 할 부분이 있다는 것을 깨닫는다. 경험이 없는 신자들이 자신의 마음속에 있는 미숙함을 알지 못한 채 모든 사람을 '섬기며' 여기저기 돌아다니는 것은 일반적인 일이다. 하나님은 그들이 수년 동안 성장해서 영적 은사를 실천하고 진실한 사람이 되기를 바라신다. 정직해지지 않고 자신에 대해 알지 못한다면 누군가를 진정으로 사랑할 수 없다. 당신이 '기름부음'을 받았다는 것 뒤로 숨어 봤자 아무 소용이 없을 것이다. 하나님은 그것에 찬성하지 않으시고 다른 많은 사람들도 그렇다. 그것은 성령의 이름으로 자행하는 비겁한 행동이다.

통찰력 있는 영적인 해석자 유형. 2절에서 바울은 이런 관계 맺는 양식을 사용하여 사람들과 교류하는 많은 사람들은 지적인 성향을 가지고 있다고 말한다. "모든 비밀과 모든 지식을 알고…사랑이 없으면 내가 아무 것도 아니요." 통찰력 있는 영적인 해석자 유형은 성령이 하시는 일을 불편해할지도 모른다. 신학적 지식이 그의 특기다. 이것은 그 뒤로 숨어 영적인 사람이 될 수 있는 가장 손쉬운 유형이다. 우리가 아는 사람 중에는 우리보다 지적으로 뛰어나고 성경 장절을 인용할 수 있는 사람이 늘 있다. 이런 방식으로 관계를 맺는 사람들은 자신의 신학 이론에서 조금이라도 벗어나는 사람은 누구든지 노골적으로 비판한다는 것을 알아챘는가?

통찰력 있는 영적인 해석자 유형은, 자신은 단지 '통찰력'을 발휘하고 있을 뿐이라고 말할 것이다. 하지만 실제로 벌어지고 있는 일을 보면, 어떤 사람이 자신을 불안하게 만드는 어떤 것, 그러므로 **분명** 잘못된 어떤 것을 생각하거나 경험하고 있다는 것이다. 물론 그가 찾고 있는 것이 생각의 실수나 결함이라면, 멀리에서 찾을 필요가 없다. 주위에 있는 사람들 가운데서 많은 예들을 찾을 수 있을 테니까 말이다. 그는 거짓 교리를 지지하는 사람들이나 의심스러운 영적 체험에 사로잡힌 사람들을 비난하지만, 자신이 다른 사람들을 차갑고 무정하게 대한다는 것은 깨닫지 못한다. 사랑하는 것은 통찰력 있는 영적인 해석자 유형의 사람에게는 중요한 일이 아니다. 올바른 사람이 되는 것이 중요하다.

이런 사람들은 특히 하나님에 대해서 올바른 사람이 되어야 한다. 왜냐하면 일단 그들이 정통 교리에 있어서 유리한 입장을 차지하고 나면, 아무도 그들을 간섭할 수 없기 때문이다. 다시 말해서 그들에게 반대하는 것은 하나님에게 반대하는 것이다. 그러므로 당신이 그들과 싸우고 하나님과 다툰다면 당신이 질 것은 자명한 일이다.

혈통 있는 영적인 해석자 유형. 통찰력 있는 영적인 해석자 유형에는 하위 범주가 하나 있는데, 그것은 혈통 있는 영적인 해석자 유형이다. 이들은 하나님에 대한 진리를 알 뿐만 아니라 하나님의 조직에 대한 진리도 아는 사람들이다. 그들은 그리스도의 '참된' 몸을 알아보는 훌륭한 감각을 지녔기 때문에 당신보다 뛰어나다. 그들의 영적인 계보는 웨슬리(J. Wesley)나 칼뱅(J. Calvin)이나 교황으로 거슬러 올라갈 수 있다. 또한 그들은 무슨무슨 사역 아래 자리를 잡았다(그러므로 그들은 정통파가 되어야 한다). 많은 사람들은 이것을 연막 전술이라고 생각한다.

분명 우리는 각각의 기독교 전통을 자랑할 권리가 있지만, 혈통 있는 영적인 해석자 유형들은 어떤 단체나 운동이나 신학과 제휴하면 자동적으로 그들의 우월성이 인정될 것이라고 생각한다. 이것은 올바른 당과 긴밀한 제휴를 맺었기 때문에 자신을 탁월하다고 생각하는 민주당원이나 공화당원과 다를 바 없다.

바울은 우리가 스스로 안전을 찾는 이런 방법을 허물어뜨린다. "할례나 무할례가 아무것도 아니로되 오직 새로 지으심을 받는 것만이 중요하니라"(갈 6:15). 내가 하는 일의 근원이 초대교회 교부들이나 개혁자들에까지 거슬러 올라간다는 점을 내가 입증할 수 있다는 사실은 아무런 의미가 없다. 진짜 문제는 이것이다. "나의 불안전한 관계의 가면을 벗어 버리고 새로운 피조물로 살 것인가? 회심 공식이나 형식화된 덮개만을 믿고 있는가, 아니면 **오늘** 새로운 삶을 살고 있는가?" 통찰력 있는 영적인 해석자 유형들은 옳은 것에 대한 자신의 지식을 믿는다. 혈통 있는 영적인 해석자 유형들은 자신이 올바른 전통을 실천한다고 믿는다.

혁명적인 영적인 해석자 유형. 일부 신자들은 다양한 사회 문제와 인간의 고통에 대해 믿을 수 없을 정도로 열의가 있지만, 이것도 (바울의 말에 따르면) 사랑 없는 마음을 가리는 연막이 될 수 있다. "내가 내게 있는 모든 것으로 구제하고…사랑이 없으면 내게 아무 유익이 없느니라"(고전 13:3). 혁명적인 영적인 해석자 유형들은 올바른 대의를 옹호하는 것에 자부심을 느끼는 사람들이다. 그들은 낙태를 반대하고 가난한 사람들을 위해서 일하기 때문에 하나님과 아무런 문제가 없어야만 한다. 아무도 감히 그들의 영성을 의심하지 않을 것이다. 왜냐하면 그들은 굶주린 자들을 먹이고 집 없는 자들을 도와주고 가출한 사람들을 상담해 주기 때문이다.

혁명적인 영적인 해석자 유형들은 자신이 제일 앞장서 나간다고 생각한다. 그들은 마음속으로, 보통의 그리스도인은 그들이 하는 일을 할 만한 용기가 없다고 생각한다. 그들이 보기에는 주님을 정말로 사랑하는 유일한 사람들은 도시 사역이나 선교, 기타 다른 인기 없는 대의를 위해 열심히 일하는 사람들이다. 혁명적인 영적인 해석자 유형들은 그들의 불안전성을 사회정치적 엘리트주의라는 포장지로 포장한다.

성경적 관점에서 이런 대의나 노력에는 잘못된 것이 하나도 없다. 성경은 가난한 자들을 돌보고 상한 심령을 사랑하는 것에 대해 말한다. 실제로 그것은 우리가 지금 하나님과 어떤 상태인지 나타내 준다. "누가 이 세상의 재물을 가지고 형제의 궁핍함을 보고도 도와줄 마음을 닫으면 하나님의 사랑이 어찌 그 속에 거하겠느냐. 자녀들아, 우리가 말과 혀로만 사랑하지 말고 행함과 진실함으로 하자"(요일 3:17-18).

모든 그리스도인들이 하나님의 능력을 체험하고, 모든 믿는 자들의 공동체를 이해하거나 그것에 참여해야 하는 것과 마찬가지로, 우리는 어떤 방식으로든지 궁핍한 자들에게 관심을 보여야 한다. 하지만 영적인 해석자 유형은 그리스도 안에서가 아니라 이런 일들 속에서 자신의 가치를 발견한다. 그것이 그들이 대의를 매우 열정적으로 따르는 이유 가운데 하나다. 당신이 그들의 정치학이나 신학에 반대한다면, 그들은 자신의 가치가 위태로워지기 때문에 당신이 틀리다는 것을 입증해야 한다.

이렇게 해서 그들은 가난한 자들을 먹이거나 마약 중독자들을 상담하거나 사형 제도에 반대하거나 자신의 마음을 가리는 가증스러운 자기 보호의 가면을 갖게 된다. 혁명적인 영적인 해석자 유형들을 설득하기는 힘들다. 그들의 자아상이 그들이 내세우는 대의와 뒤얽혀 있기 때문이다. 그들의 대의를 공격하는 것은 그들 자체를 공격하는 것과 같다. 대담하게 그들의 의견에 반대하면 진리나 그리스도 또는 그 둘 다를 소중히 여기지 않는다는 비난을 받게 될 것이다.

교묘한 문제는 혁명적인 영적인 해석자 유형들은 항상 타당한 목적을 갖고 있다는 점이지만, 이것은 여기에서 다룰 문제가 아니다. 여기서 다룰 문제는 이런 유형의 남녀들이 자신의 대의를 자신과 나머지 인류 사이를 가로막는 방패로 사용할 수 있다는 것이다. 다시 말해서 당신에 대한 그들의 사랑은 당신이 그들에게 찬성하는 정도에 달려 있다. 그것은 하나님의 사랑이 아니다.

예수님은 창녀 마리아뿐만 아니라 바리새인인 니고데모도 사랑하셨다. 그분은 빈곤한 사람들뿐만 아니라 물질주의자들에게도 마음을 열어 주셨다. 그분은 대의에 집중하지 않으셨다. 그분은 사람들에게 집중하셨다. 혁명적인 영적인 해석자 유형들도 사랑을 하지만 오직 자신의 편을 드는 사람들만 사랑한다. 반대편에 있는 사람들은 경멸과 무관심을 받는다. 다시 한 번 말하지만, 그것은 하나님의 사랑이 아니다.

아기들을 구하거나 올바른 후보자를 지지하거나 가난한 사람들에게 샌드위치를 나누어 준다 해도, 내게 사랑이 없으면 무슨 선함이 있겠는가? 바울은 이 점을 매우 잘 이해하고 있었다. 그는 이런 일들을 하지 말라고 말하지 않았다(나도 마찬가지다). 그는 이런 일들을 하지만 자신의 약점을 드러내어 공격받을 수 있는 상태가 되기를 거부한다면 그것은 하나님의 일이 아니라고 말했다. 우리가 살펴본 모든 관계의 가면에는 공통된 핵심이 있다. 그것은 누군가에게 사랑을 주고 사랑을 받는 위험을 무릅쓰지 않는다는 것이다. 그 근저에는 우리 마음의 어떤 부분만을 선택적으로 하나님께 열어놓고 그분과 관계를 맺으려는 성향이 있다.

고통받는 영적인 해석자 유형. 침묵 속에서 고통받는 사람들이 이 유형에 해당된다. 그들에게 어떤 일을 하라고 강요하면 그들은 하겠다고 말할 것이다. 왜냐하면 하나님이 그런 상황으로 인도하셨다고 느끼기 때문이다. 그들은 다른 사람들(일반적으로 그들에게 상처를 주는 사람)의 유익을 위해서 그 일을 하고 있다고 말하겠지만 이것도 진실한 사랑의 모조품이 될 수 있다. "내가…내 몸을 불사르게 내줄지라도 사랑이 없으면 내게 아무 유익이 없느니라"(고전 13:3).

분명 하나님은 우리 각자에게 어느 정도 고난과 역경을 당하게 하시지만, 고통받는 영적인 해석자 유형들은 고난과 사랑 모두에 대해서 오해하고 있다.

줄리아와 토마스는 오지의 아프리카 부족을 섬기는 선교사로 사역했지만 토마스는 포르노에 중독되어 있었다. 줄리아는 그들의 주택 안에서 포르노 자료를 발견하거나 토마스가 도시에 다녀올 때마다 이상하게 행동하는 것을 보곤 했다. 심지어 한 번은 토마스의 주머니 속에서 성인극장 입장권의 찢어진 반쪽을 발견하기도 했다.

> **영적인 해석자 유형이 하는 말**
> - "걱정하지 말아요. 다 잘 될 거에요."
> - "예수님과 제가 함께 해결할 수 없는 일은 없어요."
> - "그 사람은 단지 하나님과 관계를 바르게 맺으면 됩니다."
> - "기도하고 성경을 읽는다면 이런 문제는 일어나지 않을 거예요."
> - "그녀는 분명히 죄를 지었어요."
> - "어떻게 감히 내가 주님을 사랑하지 않는다고 생각하죠?"
> - "난 화나지 않았어요."
> - "악마가 오늘 나를 공격하고 있어요."

그녀는 남편이 하나님께 쓰임받고 있다는 것을 알고 있었지만 정욕 때문에 문제가 계속 심각해지고 있다는 것도 알고 있었다. 줄리아는 믿을 수 없을 만큼 오래 기도하는 여자였다. 그녀는 하나님이 토마스에게 말씀해 주시기를 몇 시간 동안 기도했다. 그녀는 금식했다. 그녀는 남편에게 더욱 매력적으로 보이기 위해 두 배로 노력을 기울였다. 5년 동안 그녀는 토마스를 다시 건강한 사람으로 되돌리기 위해서 묵묵히 노력했다. 그가 반응이 없으면 더욱 기도하고 금식했다.

부족 내의 어떤 사람이 토마스가 자신에게 성적으로 접근했다고 비난했을 때 상황은 막바지에 이르렀다. 이 일이 현지에 있던 지도자들의 주의를 끌게 되었고, 그들은 토마스와 줄리아가 결혼 생활의 문제를 해결하도록 미국으로 보냈다. 그 때 내가 그들을 만나게 되었다.

줄리아는 고통받는 영적인 해석자 유형의 좋은 예다. 그녀는 중재했고 끊임없이 인내심을 발휘했으며 그녀가 알고 있는 방식으로 토마스에게 많은 사랑을 쏟아부었다. 하지만 그녀가 하지 않은 한 가지 일은, 토마스에게나 지도자들에게 무슨 일이 일어나고 있는지 정직하게 말하지 않은 것이다. 줄리아에게는 경계의 개념이 거의 의미가 없었다. 남편에게 직접 말하거나 그들의 감독자들에게 말하지 않은 이유를 묻자, 그녀는 "그 문제를 하나님께 맡겼다"고 말했다.

나는 그녀가 전적으로 진실했지만, '고난'이라는 가면 뒤로 숨어 있었다고 생각한다. 그녀가 실제로 그 상황을 외부에 알려서 처리했다면, 그녀의 결혼 생활과 사역과 명성은 엉망이 되었을 것이다. 이런 이유 때문에 (공개적으로 알려질 때까지) 다른 어떤 사람도 그 문제에 개입시키지 않았던 것이다. 그녀는 선교지에서 하나님을 섬기는 영적 거장이라는 자신의 페르소나를 지켜야 했다. 그녀에게 있어서 선교사가 되는 것은 자신이 가치 있는 사람임을 입증하는 것이었다.

사랑이 대가와 상관없이 다른 사람의 최선의 이익을 위해 행동하는 것이라면, 줄리아는 사랑 안에서 행하지 않았다. 사랑 안에서 행하기 위해 우리는 또한 빛 가운데 행해야 한다(요일 1:5-7). 줄리아는 그렇게 하는 것을 거절했다. 그녀가 토마스를 위해 할 수 있는 가장 사랑 넘치는 행동은 다음과 같이 말하는 것이었다. "여보, 당신이 포르노에 빠져 있는 걸 알아요. 당신이 우리 지도자들에게 알리고 책임을 지든지, 그렇지 않으면 내가 그들에게 말하겠어요."

그러나 그렇게 했다면 줄리아의 세계는 완전히 엉망이 되었을 것이다. 실제로 그녀는 남편의 죄와 그녀 자신의 안전을 지키고 있었다. 그녀가 이것을 알기 시작했을 때, 그녀는 하나님이 자신의 기도에 응답하시지 않은 이유를 이해하기 시작했다. 그분의 말씀과 그분의 영이 이 문제에 대해 현실적으로 대처하라고 말씀하고 있었지만 그녀는 두려워했다. 그녀는 남편의 영적인 성장을 향해서 노력하기보다는 자신의 현상을 유지하는 것을 더 중요하게 생각했다. 그녀는 자신의 영성이 실제로 자기 중심적이라는 것을 알게 됐을 때 매우 놀랐다.

고통받는 영적인 해석자 유형의 사람은 배우자, 자녀들, 상사 그리고 다른 사람들로부터 충격적인 학대나 무시를 받아도 참는 경향이 있지만, 그것이 나 자신이나 다른 사람을 사랑하는 것과는 무관할 때가 있다. 가장 사랑 넘치는 행동은 "하나님의 아들이나 딸을 이런 식으로 대우하는 것은 잘못된 거예요. 나 역시 이런 방식이 괜찮다고 믿게 해서 당신에게 심각한 피해를 입히고 있어요. 나는 당신에게 정직하게 살고 있지도 않고, 당신이 다른 사람과 관계를 더욱 잘 맺게 해주지도 못해요. 이렇게 피해를 주는 행동은 오늘로 끝이에요"라고 말하면서 선을 긋는 것이다.

끔찍한 속박

영적인 해석자 유형들의 여러 형태에 대한 내 설명이 일차원적으로 보일지도 모른다. 내가 설명한 남녀들은 내가 여기서 설명할 수 있는 것보다 훨씬 더 복잡하다. 그들은 진실로 사랑을 담은 일을 한다. 그들은 복음 전도, 사역 그리고 선교에 대한 관심이 매우 깊다. 그들은 단순한 바리새인이 아니다. (그 문제에 있어서, 바리새인들도 간단하지 않았다.) 하나님의 영은 이런 남녀들을 놀라운 방식으로 사용하고 계신다.

나는 이런 사실들을 부인하고 있는 것이 아니다. 단지 다른 말을 하고 있는 것이다. 그들은 자신의 은사와 열정으로 인해서 마음속 깊은 곳에 있는 상처를 알지 못한다. 그들은 줄 것이 너무나 많지만, 예수님의 **정직한** 제자들이 되려면 무엇보다 자신의 내부에 있는 두려움에 먼저 직면해야 할 것이다. 대부분의 영적인 해석자 유형들은 두려움을 인정하지 않는다. 왜냐하면 그들 모두가 유지하는 완벽한 척하는 태도로 그 두려움을 가리기 때문이다.

영적인 해석자 유형들은 이렇게 말한다. "물론, 나에게도 잘못은 있어요." 그러나 그 잘못에 대해서 항상 막연하다. 또는 자신의 이미지에 피해가 가지 않도록 하기 위해서 사회적으로 용납되는 잘못만을 인정하려고 한다. 결국 영적인 해석자 유형들이 믿는 것은 예수 그리스도가 아니라 자신의 이미지다. 이로 인해서 그들은 끔찍한 속박 상태에 놓이게 된다. 그들은 진심으로 하나님과 다른 사람들을 섬기기 원하지만, 그런 일을 잘 하려면 자신의 내부를 무서울 정도로 솔직하게 들여다보아야 한다. 하지만 수치심이 들기 때문에 그들은 이렇게 하는 것을 몹시 두려워한다.

수치심은 자신이 무가치하다고 느끼는, 자기 안에 깊이 자리잡은 감정인데 너무나 고통스러워서 인정할 수 없을 때가 많다. 그것은 실제 모습보다 나를 더 잘 보이게 하려는 마음을 갖게 한다. 수치심은 내가 매사에 정통하거나 분명하게 드러나는 어떤 도덕적 결점이 없어야 된다고 생각하게 만든다. 또한 수치심은 내가 두려움이 많다거나 정욕에 가득 찼다거나 혼란스럽다거나 외롭다는 것을 상대방이 결코 의심하지 못하게 해야 한다고 생각하게 한다. 이런 것들에 대해 자백하면 나에게는 (예수 그리스도 이외에) 나를 보호할 만한 수단이 아무것도 남아 있지 않을 것이다. 영적인 해석자 유형들이 겉으로는 우월하게 보임에도 불구하고 지나칠 정도로 불신에 찬 삶을 사는 이유를 이제 알 수 있겠는가?

영적인 해석자 유형들은 그들의 핵심 신념으로부터 관계의 가면을 형성한다. 그들은 '나는 다른 사람들이 필요 없다'는 신념을 고수한다. 전적으로 혼자서도 완전하다고 생각한다. 그들은 '친밀한 관계는 고통을 가져다줄 뿐이다'는 신념을 고수한다. 하지만 그들이 '난 뭐든 다 가지고 있어'라는 겉모습을 버릴 수 있다면, 그들은 진실로 다른 사람에게 몰두할 수 있다. 그들이 이렇게 할 때, 그들은 자신들이 예상하듯이 친밀함이 거절을 가져오는 것이 아니라 때때로 충만함을 가져다준다는 것을 알게 될 것이다.

가장 중요한 것은 영적인 해석자 유형은 '나는 모든 것을 완벽하게 해야 한다. 그렇지 않으면 나는 무가치한 사람이다'라는 큰 손해를 입히는 핵심 신념을 고수한다는 것이다. 이런 핵심 신념은 그들의 모든 관계를 채색하는 관계의 가면으로 전환되며, 이런 상호 작용은 그들이 할 수 있는 방식으로 하나님과 다른 사람들을 사랑하는 것을 불가능하게 만든다. 하지만 희망은 있다.

회복된 영적인 해석자 유형

다양한 영적인 해석자 유형들이 가지고 있는 공통점은 무엇인가? 그것은 교리가 아니다. 근본주의자에서부터 자유주의자에 이르기까지 모든 진영에서 영적인 해석자 유형을 찾을 수 있기 때문이다. 그것은 관습이 아니다. 모든 사회종교학적 환경에서 이런 유형의 사람을 찾을 수 있다. 어떤 영적인 해석자 유형의 사람은 기독교 행동주의에서 흔적을 나타내고 있다. 반면에 다른 사람은 학계나 초자연적 존재와의 강력한 교감에서 두드러진 활약을 보인다. 기질도 공통점이 아니다. 어떤 영적인 해석자 유형들은 인내심이 많고 조용하고(고통받는 영적인 해석자 유형), 어떤 사람들은 대담하고 권위가 있으며(능력 있는 영적인 해석자 유형), 또 어떤 사람들은 위엄이 있고 지적이다(통찰력 있는 영적인 해석자 유형).

그렇다면 이들을 하나로 통합하는 원칙은 무엇인가? 그것은 열정이다. 모든 영적인 해석자 유형들에게는 하나님의 뜻을 행하고자 하는 순수한 열정이 있다. 문제는 그들이 하나님의 성품을 곡해하고 이로 인해서 하나님의 뜻을 오해하기에 이른다는 것이다. 영적인 해석자 유형은 학대나 무시 혹은 엄격한 영성이라는 특징을 보이는 가정 출신인 경우가 많다. 어린 시절의 이런 경험들은 어른이신 하나님을 보는 방식을 형성한다. 영적인 해석자 유형의 태도와 행위는 하나님에 대한 그들의 시각과 매우 일관성이 있다.

영적인 해석자 유형은 역기능적인 부모의 **연장**이나 그들에 대한 **반응**으로 하나님을 대한다. 예를 들면, 수동적이고 부정적인 부모 슬하에서 자란 사람은 아래 두 하나님 가운데 하나를 섬기는 사람으로 성장한다. 첫 번째 하나님은 너무 멀리 계셔서 헤아리기 어려운 분으로 보인다. 그분께 합당한 사람이 되려면 오직 올바른 것들을 믿고 행해야 한다. 이것은 '냉담한 하나님'이 관심을 보이시고, 바라건대 그들을 받아 주시는 유일한 방법이다. 이것은 영적인 해석자 유형들이 자기 가족의 이야기를 영속시키려는 노력이다. 그렇게 하면서 그들은 어려서 얻지 못했던 받아들여짐을 성인이 되어 얻을 수 있다.

두 번째 하나님은 아마도 열정과 열심이라는 특징으로 정의될 것이다. 하나님에 대한 이러한 관점은 이 특별한 유형의 영적인 해석자가 그와 더불어 성장해 왔을지도 모르는 역기능적 양육 방식에 대한 반응이다. 요컨대 그들은 과거에 그들이 부모에게 바라던 모든 모습을 갖추고 계신 존재로서 하나님을 마음속에 그린다. 그런 하나님을 따르는 자로서, 그들은 하나님을 흉내내려고 애쓰고 '미지근한 사람'을 남몰래 경멸한다.

> **영적인 해석자 유형이 하는 일**
> - 말을 많이 한다.
> - 모든 문제에 대해 이미 대답할 준비가 되어 있다.
> - 완벽하고 우월하고 접근하기 힘든 사람처럼 행동한다.
> - 어떤 사람들이나 단체나 신념 체계 등을 지속적으로 비난한다.
> - 성경 말씀을 자주 인용하지만 깊이 있는 이해가 부족하다.
> - 다른 사람들을 섬기지만 흔히 생색을 내면서 섬긴다.
> - 중요하지 않은 일에 집중한다.
> - 그들의 삶 속에 있는 죄를 알지 못한다.

영적인 해석자 유형들은 다소 왜곡된 하나님과 관계를 맺고 있기 때문에, 그들의 유일한 소망은, 양극단은 별문제로 하고, 하나님이 정말로 어떤 분인지를 알아내서 열심히 그분을 따르는 것이다. 영적인 해석자 유형들은 이미 그렇게 할 수 있는 열정과 많은 지식을 갖고 있다. 유일한 문제는 그들의 열정이 **정확한** 지식을 겸비하지 않았다는 것이다(롬 10:2-3; 고전 8:2; 갈 4:18을 보라).

영적인 해석자 유형들의 도전 과제는 참된 하나님을 발견하는 것이다. 율법주의에서 말하는 하나님이 아니다. 자유주의 신학에서 말하는 하나님이 아니다. 내가 바라는 하나님이 아니다. 다양한 형태의 영적인 해석자 유형들을 확인했던 고린도전서 13장에서, 우리는 또한 사랑에 대한 설명을 발견한다. 바울이 이 장에서 말하는 진정한 사랑은 오래 참고 온유하다. 진실한 사랑은 시기하지 않고 자랑하지 않으며 교만하지 않는다.

바울이 사랑에 대해서 무슨 말을 하든지 간에, 그것은 하나님에 대해서 말하는 것이다. 그의 동료 사도 요한도 이에 동의했다(요일 4:7-8을 보라). 하나님이 사랑이시라면, 그 '사랑 장'은 그분과 그분을 따르는 사람들의 특성을 설명하는 것이다. 율법주의에서 말하는 하나님은 거짓 하나님이다. 참된 하나님은 오래 참으시고 온유하시기 때문이다. 참된 하나님은 쉽게 성내지 않으시고 악한 것을 생각하지 않으시기 때문이다. 참된 하나님은 항상 모든 것을 참으시며 항상 모든 것을 견디시며 언제까지나 떨어지지 않으신다. 이 점은 율법주의자의 하나님과 매우 다르다. 율법주의자의 하나님은 약간만 실패할 기미가 보여도 맹렬히 비난할 준비가 되어 있다.

    참된 하나님은 잘 속는 분도 아니다. 그분은 우리의 음행, 부정직 그리고 이기심을 싫어하신다. 왜냐하면 이 모든 것들은 그것에 가담하는 사람을 파괴하기 때문이다. 하나님이 이런 일을 용납하신다면 그분은 우리의 최선의 유익을 위해서 행하시는 분이 아닐 것이다. 그런데 사랑은 다른 사람의 최선의 유익을 위해서 행하는 것이다.

    사랑에 대한 바울의 설명은 사복음서에서 볼 수 있는 예수님의 설명을 완벽하게 반영한다. 하나님의 사랑에 대한 명확한 묘사는 신약 성경의 나머지 부분에도 계속해서 나온다. 하나님은 (또한 성경에도 분명히 나와 있듯이) 심판하시지만, 그분은 자비를 갈구하는 모든 사람들에게 자비를 베푸시기를 항상 좋아하신다.

    영적인 해석자 유형들은 하나님이 자신을 용납하실 수 있으려면 그들이 어떤 일을 하거나 어떤 것이 되어야 한다는 가정을 바탕으로 움직인다. 대부분의 영적인 해석자 유형들은 이 점을 분명하게 말하려고 하지 않는다. 실제로, 이 유형들은 대부분 은혜로운 말을 사용하지만 그들의 태도와 행동은 그들이 율법의 그늘 아래 살고 있다는 것을 보여 준다. 그렇다면 영적인 해석자 유형들은 어떻게 해야 할까? 그들은 참된 하나님을 찾는 일과 그들 자신이 그분과 같은 태도를 취하는 일에 고집스러워져야 한다. 그들은 타고난 열정을 사용해서 오래 참으시고 온유하신 하나님을 구하고 찾아야 한다. 하나님이 그들의 마음을 더욱더 많이 침범하시게 할 때, 그들은 하나님과 똑같은 인내와 온유를 나타낼 것이다. 그들은 자신의 자아상에 뻥 뚫린 구멍을 메우기 위해서 열심히 그분을 찾아야 한다. 그렇게 할 때 그들의 자랑과 교만과 무례함은 그들 구세주의 특성인 인자한 태도로 변하게 될 것이다.

그들이 계속해서 참된 하나님을 찾을 때, 하나님이 실제로 그들을 먼저 찾고 계셨음을 깨닫게 될 것이다. 이렇게 되면 그들의 불안정함과 잘난 체하는 태도가 치유되기 시작할 것이다. 그들은 더 이상 자기의 유익을 구할 필요가 없을 것이다. 자신의 유익을 구하는 그들 자신보다 훨씬 더 위대하고 강력한 누군가가 옆에 계시기 때문이다. 그들은 다른 사람들이 그들보다 혜택을 누리고 승진할 때 쉽게 성내지 않을 것이다. 그들이 행복할 날도 오고 있음을 알기 때문이다.

마지막으로, 그들은 자신의 위엄을 지키는 데 열정을 다할 것이다. 그들은 자신을 수치스럽다고 느끼거나 정죄하는 대신에 오래 참고 온유해질 것이다. 과거의 자기 경멸은 주님으로부터 사랑이 담긴 말씀을 간절히 기다리는 온화한 영으로 바뀔 것이다. 그들은 지은 죄를 솔직하게 말하지만 그 죄에 속박되지는 않을 것이다. 그들은 사랑하는 구세주에 의해서, 오직 그분에 의해서만 속박될 것이다.

어느 영적인 해석자 이야기

어느 날 밤 그룹 모임에서 나는 원가족(family-of-origin) 문제에 관해서 이야기하고 있었다. 나는 성인이 되어도 그 사실을 인식하지 못한 채 사람이 태어나서 처음 15년 동안 얼마나 상처를 받을 수 있는지에 관해서 말하고 있었다. 앤드류라는 어떤 젊은 남자가 내 말을 열심히 듣고 있었다. 내가 이야기할수록, 그의 눈에 점점 더 눈물이 고였다. 앤드류는 자신의 감정을 느끼는 것을 두려워하지 않았고, 여러 가지 감정을 느끼고 있었다. 질의 응답 시간에 그는 어머니와 자신의 관계에 대해 말했다.

앤드류의 어머니는 그가 어렸을 때 그를 매우 차갑게 대했다. 그것은 앤드류에게 깊은 상처를 남겼고 자신의 가치에 대해 의문을 갖게 했다. 그는 자신의 마음을 털어놓으면서 울음을 꾹 참았다. 교실을 둘러보던 중 톰이 앤드류를 유심히 바라보고 있는 것이 눈에 띄었다. "톰, 하고 싶은 말이 있어요?" 내가 물었다.

"네. 앤드류, 당신이 겪은 고통을 듣고 있자니 당신이 과거를 떨쳐버리지 못했다는 느낌이 들어요." 앤드류는 혼란스러운 표정으로 톰을 보았다.

"성경에 '뒤에 있는 것은 잊어버리고 앞만 향해 달려가며 살라'고 나와 있어요." 톰은 계속 말했다. "하나님은 우리가 예수님만을 바라보길 원하시지 주위에 있는 모든 상황들을 보기를 바라시지 않아요. 우리 과거의 상황은 더더욱 그렇죠."

톰은 계속해서 영감을 주는 말을 했고 루터나 아우구스티누스나 기타 위대한 인물들의 말을 인용했다. 나는 앤드류에게 몸을 돌리고 톰의 말이 도움이 됐는지 물어보았다. 앤드류는 거의 한숨을 내쉬며, "솔직히 말하면 아니에요."라고 대답했다.

톰은 손을 들고 분명히 더 하고 싶은 말이 있다는 신호를 보냈다. 나는 놀라지 않았다. 톰은 항상 할 말이 많았기 때문이다. 대부분 그의 말은 정말로 교훈적이었다. 그는 성경을 인용하거나 역사적인 비화를 말하곤 했다. 그는 교회사도 알고 있었고 과거의 위대한 지도자들을 인용하거나 그들의 경험담을 전하기를 좋아했다.

그러나 톰은 우리 가운데 일부를 불편하게 만들었다. 그가 공격적이었다거나 뭐 그런 것은 아니었다. 하지만 그는 자기 자신에 관해서라면 현재 어떤 문제가 있는지에 대해서 절대 말하지 않았다. 항상 다른 사람들을 가르치거나 누군가의 말을 인용하거나 성경 말씀을 상기시켜 주었다. 전체 모임이 끝난 후에는 항상 소그룹으로 모이는 시간을 가졌다. 내가 인도한 그룹은 6명으로 구성되었는데 톰이 속해 있었다. 나는 무엇인가를 말할 때가 됐다는 것을 알았다.

"톰, 지난 몇 달 동안 이 그룹에 있으면서 당신이 했던 많은 의견에 대해서 내가 고맙게 생각한다는 것을 알아 줬으면 좋겠어요. 하지만 톰, 우리는 **당신에** 대해서 잘 몰라요. 우리가 아는 것이라고는 당신이 무엇을 믿는지 그리고 당신이 지식이 많다는 것뿐이에요. 당신에게 묻고 싶은 것이 있어요. 말을 많이 한다고 해서 당신이 어떤 사람인지 감출 수 있다고 생각하나요?"

톰이 내 질문을 곰곰이 생각하는 동안에 세 명쯤 되는 사람들이 고개를 끄덕이기 시작했다. "음, 그건 생각을 해 본 적이 없는데요." 그가 말했다. "하지만 당신 말이 맞을지도 몰라요."

나는 톰이 마음을 열고, 방어적으로 나오지 않아서 기뻤다. "당신을 도와줄 방법을 생각해 봤어요." 내가 말했다. "당신이 '점점 웅변 조로 말하려 할 때마다(몇 사람이 킬킬 웃었다) 그룹 성원들이 당신의 마음은 어떤지 물어보면 어떨까요?"

"좋아요." 톰이 말했다.

그 날 밤 남은 시간 동안 그리고 그 이후 매주, 그 그룹의 성원들은 정확히 그렇게 했다. 톰이 '어떤 사람들'에 대해서 말하거나 "음, 에베소서에서 말하길…"이라고 말하기 시작할 때 우리는 그의 말을 끊었다. "다시 본론으로 돌아가요, 톰." 누군가가 말하곤 했다. "또 시작했어요"라고 다른 사람이 상기시켰다. 기특하게도 톰은 자신을 자제하고 자신의 완벽하지 못한 결혼 생활에서 무슨 일이 일어나고 있는지에 대해서, 또는 개인적으로 고민하고 있는 문제에 대해서 말하곤 했다. 톰은 그 이후에 그렇게 '영적인' 사람이 되지는 않았지만 확실히 이전보다 정직해졌다.

영적인 해석자 유형을 위한 조언

- 당신의 고결한 삶보다는 당신의 죄에 대해서 사람들에게 말하는 연습을 하라.
- 많은 사람들에게 감동을 주려고 한다면, 당신은 아마도 지금 정직하지 않은 것이다(눅 6:26을 보라).
- 다른 사람들에게 그들이 어떻게 문제를 심각하게 만들었는지 설명하는 대신에, "나 때문에 망쳤네요. 미안해요"라고 말하는 법을 배우라.
- 당신의 성경 지식이 당신의 생각만큼 완벽하지 않을지도 모른다고 가정하라.
- 좋게 보이려고 하지 말고 선을 행하는 것에 집중하라.[1]
- (비기독교적인 말로 들릴지 모르지만) 하나님으로 충분하지 않다는 것을 깨달으라. 당신에게는 다른 사람도 필요하다.[2]
- 당신과 (사회적, 윤리적 그리고 신학적으로) 다른 부류의 사람들을 알아 가라. 그들이 당신을 도울 수 있는, 주님이 주신 은사를 가지고 있을지 모른다.
- 자녀들을 위해 당신이 할 수 있는 최고의 일은 (당신이 주님에 관한 말을 하든지 하지 않든지 간에) 그들과 질적인 시간을 많이 보내는 것이다.
- 당신의 배우자는 설교가 아닌 당신의 애정과 실질적인 도움을 필요로 한다.
- 사람들과 단체가 당신이 바라는 대로 결코 되지 않는다는 것을 깨달으라.

- 회개의 강도나 진지함으로 하나님을 감동시키려고 노력하지 말라.
- 다음에 죄를 지으면 하나님의 발 아래 굽실거리지 말고 하나님 앞에 담대히 나아가 그분의 은혜를 구하라(히 4:16).
- 선한 일을 하고 기분이 좋을 때, 여전히 당신 속에 어두움이 있음을 기억하라(약 3:2; 요일 1:8을 보라).
- 죄를 지어 수치스럽고 실패자처럼 느껴질 때, 당신은 여전히 무엇과도 바꿀 수 없는 귀중한 하나님의 자녀임을 기억하라.

9. 하나님과 동행하는 삶의 비결

우리는 지금까지 회피자 유형으로부터 비껴가는 자 유형, 자기 비난자 유형, 구세주 유형, 공격자 유형, 영적인 해석자 유형에 이르기까지 모든 유형에 관해 이야기했다. 우리가 쓰는 관계의 가면이 우리가 맺고 있는 관계에 얼마나 많은 문제를 일으키는지, 각각의 가면을 다루는 구체적인 방법들은 무엇인지 살펴보았다. 그리고 우리가 찾는 해답이 관계의 가면 속에 어떻게 숨어 있는지도 알게 되었다. (그것을 어디에서 찾을지 알기만 한다면 말이다.)

이 모든 것에 적용할 수 있는 원칙이나 진리가 있는가? 다양한 관계의 가면으로부터 해방되려면 하나님, 우리 자신 그리고 다른 사람들을 어떻게 바라보아야 하는가? 방법은 있다. 그리고 나는 그것을 **관계의 원칙**(relational principle)이라고 부른다. 그 관계의 원칙은 이것이다. 하나님이 일찍이 하셨던, 혹은 앞으로 하실 모든 일은 친밀한 관계를 형성하는 쪽으로 맞추어져 있다는 것이다.

하나님은 우리가 단지 선하거나 생산적인 사람이 되기를 원하지 않으신다. 우리가 그분 안에 완전히 감싸이길 원하시고, 우리가 서로서로 진정한 친밀함을 누리길 원하신다. 이것이 우주가 존재하는 유일한 이유다. 친밀함은 창조에서부터 율법을 주시는 일에 이르기까지 모든 것의 배후에 깔린 목적이다. 그것은 구속과 재림의 이면에 있는 목적이다. 친밀함은 새 하늘과 새 땅을 가득 채울 것이다. 친밀함은 바로 하나님의 심장 박동이다.

우리의 관계의 가면이 그토록 비극적인 이유가 바로 이것이다. 우리가 이런 가면 가운데 어느 하나를 쓰고 삶을 살아간다면, **친밀한 관계를 맺을 수 없을 것이다**. 우리가 아무리 영적으로 훌륭해 보인다 할지라도, 우리 속에 깊이 내재하고 있는 이런 특성들과 싸우지 않는다면 우리가 존재하는 바로 그 이유를 모독하는 것이다. 이 장에서는 하나님과 우리의 관계에 적용되는 관계의 원칙에 대해 살펴볼 것이고, 다음 장에서는 이 관계의 원칙이 다른 사람과 우리의 관계에 어떻게 적용되는지 살펴볼 것이다.

우주의 중심

그리스도인으로서 우리는 성경에 계시된 하나님의 성품을 믿는다. 계시된 바로는 하나님이 삼위일체이시다. 이 세상이 시작되기 전에 성부와 성자와 성령은 서로 끊임없는 교제를 누리셨다. 만물이 존재하기 전에 그 세 분은 서로 기쁨의 춤을 추셨다. 하나님은 심심하지도 외롭지도 않으셨다.

성부와 성자와 성령은 사랑과 기쁨이 충만하셨다. 하나님은 이 영원한 친밀함을 나누기 위해서 우리를 창조하셨다. 맨 처음, 그분은 끝도 없이 펼쳐진 공간에 눈부신 별과 행성을 매달아 놓으심으로써 무대 준비를 하셨다. 그 한가운데에 작고 파란 공을 두셨다. 그분이 계속해서 오케스트라를 연주하심에 따라 산, 숲, 동물들이 존재하게 되었다. 그분이 말씀으로 강력한 명령을 내리시자 이런 아찔한 기적이 일어났다.

그러고 나서 그분은 다소 이상한 일을 하셨다. 그분은 말씀을 중단하시고 조용히 몸을 구부리셔서 진흙을 만지셨다. 손수 진흙으로 기교를 부리사 걸작을 조각하셨다. 그런 다음, 마치 손으로 그것을 완성시키는 것은 충분하지 않다는 듯이, 그 생명 없는 커다란 물체를 얼굴 가까이 끌어당겨 생명의 입맞춤을 해주셨다(창 2:7). 하나님은 이런 방식으로 그 일을 하실 필요가 없으셨다. 그분은 한 가지 사실을 확실히 이해시키기 위해서 그렇게 하셨다. 창조된 모든 것이 매우 인상적일지라도 이것은 다르다. 그분에게서 나온 이 남자와 여자는 그분의 비할 바 없는 긍지와 기쁨이다. 무엇보다도 하나님은 관계를 맺으신다.

우리들 대부분은 그 다음에 어떤 일이 일어났는지 알고 있다. 그 남자와 여자는 하나님의 보호 밖으로 나왔다. 그들이 이렇게 했을 때, 그분과 그들 서로 간에는 친밀한 관계를 맺을 수 있는 능력이 그 즉시 죽어 버렸다. 이로써 수천 년 동안 계속될 외로움, 잔인함 그리고 좌절감이 시작되었다.

그 이후 수세기 동안, 하나님은 이스라엘 민족에게 율법을 주셨다. 또한 선지자들을 보내셔서 예배하는 법을 가르치셨다. 그분은 자신의 거룩하심을 제대로 인정하는 마음을 심어 주기 위해 제사와 정교한 의식들을 알려 주셨다. 그런데 **이 모든 것들이 다른 방향으로 흘러갔다**. 그것은 우리와 친밀한 관계를 맺기 위한 것이었음에도 불구하고 말이다. 구약 성경에서도 하나님은 자신의 백성이 율법이나 의식에 집중하는 것을 결코 원치 않으셨다고 분명히 나와 있다. 그분은 관계를 원하셨다.

내가 너희 절기들을 미워하여 멸시하며
　너희 성회들을 기뻐하지 아니하나니
너희가 내게 번제나 소제를 드릴지라도

내가 받지 아니할 것이요.
너희의 살진 희생의 화목제도
   내가 돌아보지 아니하리라.
네 노래 소리를 내 앞에서 그칠지어다.
   네 비파 소리도 내가 듣지 아니하리라.
오직 정의를 물같이,
   공의를 마르지 않는 강같이 흐르게 할지어다(암 5:21-24).

이스라엘 민족의 희생 제사, 절기, 예배는, 비록 하나님이 그 하나하나를 준수하라고 그들에게 명령하신 것임에도 불구하고, 하나님을 노하시게 했다. 그분이 정말로 추구하신 것은 공의였다. 다시 말해서, 그분은 남자와 여자들이 서로를 배려와 사랑으로 대하길 원하셨다. 그분은 또한 의를 추구하셨다. 의란 하나님, 우리 자신 그리고 주위 사람들과 올바르게 관계 맺는 것을 의미한다. 의는 외적인 '거룩함'과는 거의 관계가 없다. 하나님은 우리가 서로 사랑하고 그분과 정직하게 교제하기를 원하신다. 이것이 아모스가 말하고 있는 것이다. 이것이 관계의 원칙이다.

모든 의심을 제거하기

이스라엘 민족에게 내리신 하나님의 계시는 매우 분명했지만, 그들 대부분은 선지자들이 말했던 모든 말에 스며 있는 관계의 핵심을 놓쳤다. 그들은 하나님이 원하신다고 생각하는 것을 율법주의적으로 해석하는 데 몰두했다.

하나님이 사람들에게 자신이 정말로 어떤 분인지 보여 주실 수 있는 단 한 가지 방법이라도 있다면, 그분의 참된 의도에 대한 모든 의심을 없앨 수 있는 어떤 방법이 있다면. 하나님이 예수님을 보내셨을 때 하신 일이 정확히 이것이다.

복음서를 읽는 사람은 누구든지 예수님이 일찍이 하셨던 모든 일의 특징은 사랑이라고 말할 수 있다. 이것은 논란의 여지가 없는 사실이다. 성경은 또한 그 아들을 보는 것은 아버지를 보는 것과 똑같다고 말해 준다(요 8:19; 12:45; 14:9). 예수님이 말씀하실 때 우리가 듣는 것은 아버지의 목소리다(요 14:10). 예수님이 하시는 모든 것은 바로 아버지가 하시는 일이다(요 5:19). 하나님이 어떤 분이신지 궁금하면, 예수님이 그 질문에 대한 답이다.

이 땅의 하나님은 약한 자들에게 다정하시고 죄인들에게 자비로우시며 곤핍한 자들에게 너그러우시다. 그분은 조금도 변하지 않으셨지만, 그분의 가장 위대한 선언, 즉 가장 커다란 외침은 십자가상에서 이루어졌다. 십자가상에서 우리 하나님은 죄가 얼마나 심각한지 그리고 그 죄를 고치기 위해서 무엇을 해야 하는지 우리에게 보여 주셨다. 그분은 또한 우리를 구원하시기 위해 스스로 기꺼이 얼마나 멀리까지 가실 것인지 당신과 나에게 보여 주셨다. 빌리 그래함은 다음과 같이 말했다. "그분은 십자가에서 팔을 벌리시고 '너를 **사랑한다**! 너를 **사랑한다**'고 말씀하셨다."

우리 주님은 단순히 대규모의 치유 집회나 순회 강연을 위해 이 땅에 오신 것이 아니다. 그분은 가능한 한 모든 사람들과 접촉하고 그들에게 말씀하시고 그들과 관계 맺기를 간절히 바라셨다. 그분이 몸을 숙이셔서 아이들을 바라보신 이유가 이것이다. 그분은 사람들과 눈을 맞추시고 놀라운 것들을 말씀해 주셨다. 그분은, 우리가 알 수만 있다면, 하나님의 영원한 심장은 오직 한 가지 목적을 위해 뛴다는 것을 우리에게 보여 주셨다. 그것은 **우리와 관계를 맺는 것**이다. 이것이 관계의 원칙이고, 하나님에 대한 모든 것 가운데 가장 중요한 것이다.

관계의 가면의 영향 아래에 있는 모든 사람들을 위한 해결책은 관계의 원칙을 자신만의 고유한 문제에 적용하는 것이다. 관계의 원칙이 일반적인 적용점을 가지고 있기는 하지만, 그것이 각각의 관계의 가면에 적용될 때는 다양한 형태를 취한다. 이제부터 자세히 살펴보기로 하자.

하나님과 회피자 유형의 사람

당신도 추측했겠지만, 회피자 유형의 제일 심각한 문제는 하나님을 전체적으로 피한다는 것이다. 그러나 회피적인 관계의 가면이 여전히 자리 잡고 있는 그리스도인이라 해도 하나님을 완벽하게 피하지는 않을 것이다. 왜냐하면 그들은 삶 속에서 하나님의 임재를 의식하기 때문에, 하나님과 그들 사이에서 항상 **어떤** 상호 작용을 느끼기 때문이다. 하지만 이런 상호 작용은 대부분 거의 희박하고 지속적이지 못하다.

당신이 회피자 유형의 사람이라면 위험을 감수하는 방법을 배워야 한다. 위험은 당신이 가장 두려워하는 것 가운데 하나일지 모르지만, 그것은 또한 당신이 구원받을 수 있는 길이다. 하나님은 당신을 행동해야만 하는 상황에 두실 것이다. 그분은 당신이 싫어하는 일에, 당신이 고통스러워하는 결혼 생활에 그리고 견딜 수 없을 것 같은 상황에 처하게 하실 것이다.

그분이 특별히 이런 시나리오(인생은 홀로 헤쳐나가야 한다)를 고안하신 것이 아니라, 당신의 회피하는 생활 양식이 힘든 상황을 참을 수 없게 만들 것이다. 닥쳐오는 문제들을 처리하는 대신에 당신은 종종 상황이 완전히 통제할 수 없을 지경에 이를 때까지 더욱 나빠지게 내버려둔다.

당신이 스스로 인생을 책임져야 할 때다. 물론, 당신은 어린 시절을 고통스럽게 보냈을지도 모른다. 다른 사람들이 누리는 혜택을 받지 못했을지도 모른다. 아니면 다른 사람들은 해결할 필요가 없는 건강 문제나 학습 장애가 있었을지도 모른다. 그러나 이런 것들이 당신의 성장을 불가능하게 만드는 것은 아니다. 단지 어렵게 할 뿐이다. 육체와 악마는 당신이 할 수 있는 것은 아무것도 없다고 끊임없이 거짓말한다. 그 말을 믿지 말라.

당신이 해야 할 과제는 계속적으로 관계를 맺는 것이다. 직장에서 모든 사람을 사랑할 필요는 없지만, 하나님이 거기서 문제가 많은 어떤 사람들을 택하셔서 당신의 선생으로 삼으실 가능성이 있다. 내가 금속 세공인이었을 때, 나는 페드로라는 남자와 일해야 했다. 페드로는 무례하고 천박한 사람이었고, 나는 그를 조금도 좋아하지 않았다. 어느 날 나는 새로운 일을 하게 되었는데, 어쩔 수 없이 페드로에게 도움을 요청할 수밖에 없었다. 그는 이 분야에서 20년 동안 배운 유서 깊은 기술을 나에게 보여 주기 시작했다. 나는 그것이 어리석게 보였고 그대로 말했다. 그는 몸을 돌리고 나가면서 말했다. "좋아. 그럼 당신 방식대로 해 봐." 추측했을지 모르지만, 내 방식은 효과가 없었다. 나는 어쩔 수 없이 페드로를 다시 찾아가서 나의 무례함을 사과하고 다시 도와달라고 부탁할 수밖에 없었다. 하나님은 내가 스스로 겸손해질 수밖에 없는 상황에 처하게 하셨다. 나는 지금까지 그런 상황에 많이 처해 왔다.

회피자 유형으로서, 당신은 비관계적인 방식으로 하나님과 관계를 맺고 싶은 유혹이 들 것이다. 당신의 성향은 끊임없이 당신의 기도나 성경 공부가 인격적인 대신 기계적이 되도록 할 것이다. 당신은 완전히 다른 방식으로 하나님과 가까워지는 방법을 배워야 할지도 모른다. 당신은 그 방식을 마음에 깊이 간직해서, 먹거나 자는 것이 선택이 아닌 것처럼 하나님과 관계를 맺는 것도 선택 사항이 아니라는 것을 알아야 할 것이다.

기도를 하거나 성경을 읽거나 금식을 하거나 예배를 드릴 때, '**내가 지금 관계를 맺고 있는가?**'라고 스스로에게 물어 보라. 기도할 때 똑같은 말을 계속 반복하지 말라. 당신이 정말로 느끼고 있는 것을 가장 잘 표현할 수 있는 말을 찾기 위해 마음을 감찰하라. 그런 말들은 약간 노골적이거나 품위가 없을지도 모른다. 회피자 유형의 사람이 그렇게 정직하려고 위험을 무릅쓰는 것은 매우 중요하다.

기도할 때 일부러 과거의 상처와 분노의 영역으로 들어가라. 분노는 항상 나쁘다는 신념을 떨쳐버리고 그것에 대해 정직할 수 있는 하나님께 방법을 배우라. '분노에 가득찬 기도'라는 개념이 당신에게 신성 모독처럼 들릴지 모르지만, 이런 방법으로 당신 자신을 하나님께 표현한다면 당신은 확고한 성경적 기반에 서 있는 것이다."

온 몸으로 그렇게 할 수 있는 방법을 배워 보라. 두 손을 들고 무릎을 꿇고 제일 큰 목소리로 노래를 불러 보라. 당신을 안전한 껍데기 밖으로 끄집어내는 어떤 것이라도 좋을 것이다. 많은 회피자 유형들은 이런 예배 양식 가운데 어떤 것을 좋아할 수 없는 '신학적인' 이유를 찾아낸다. 그런 이유들을 그들의 실제 모습을 가리는 연막이라 여기고 그것을 헤쳐 나가라. 강제로 마음의 문을 활짝 열 때 그 마음에 어떤 일이 일어나는지 보게 되면 깜짝 놀랄 것이다.

지식을 얻기 위해서 성경을 읽지 말라. 성경을 읽을 때 적용할 수 있는 모든 것을 당신 자신에게 적용하라. 이것은 당신이 읽고 있는 성경 말씀 가운데 일부를 실제로 실천해야 한다는 의미일 것이다. 믿을 만한 지도자로부터 당신이 성경 말씀을 정확하게 이해했는지 확인을 받은 다음에, 하나님이 당신의 겁먹은 마음의 문을 여시는 것에 대비하라. 그 때 당신은 그 문을 통과해야 한다. 분명, 당신은 이따금씩 실수하고 바보처럼 보이겠지만, 이것이 과거의 두려움을 넘어서 성장하는 유일한 방법이다.

나는 회피자 유형의 사람들이 예수님의 능력 있는 제자로 서서히 발전해 가는 것을 보는 특권을 누린 적이 있었다. 그들이 더 이상 예전의 두려움에 매여 있지 않다는 것을 깨달았을 때 그들의 얼굴에 피어오르는 기쁨을 보았다. 회피하던 사람들이 그 동안 믿었던 거짓말들을 꿰뚫어 보고 힘든 일을 할 때 가족과 교회가 어떻게 변하는지를 보았다.

하나님과 비껴가는 자 유형의 사람

모든 관계의 가면 중에서, 비껴가는 자 유형의 사람이 가장 관계를 잘 맺는 사람처럼 보인다. 이 유형들은 웃고 얘기하고 관계를 맺는 사람들이다. 그들을 모르는 사람이 없을 정도다. 그러나 우리가 앞서 설명했듯이 비껴가는 자 유형들은 실제로 관계를 맺는 것이 아니라 사교적일 뿐이다. 그 두 가지는 다르다.

하나님은 부정적으로 보이는 사람을 비껴가는 자 유형의 사람에게 보내실 것이다. 실제로 그들은 부정적인 것이 아니라 정직하다. 당신이 비껴가는 자 유형의 사람이라면 그들로 인해 화가 날 것이다. 그들의 직설적인 경향 때문에 이런 부류의 사람들을 무시해 버리기 쉽겠지만, 하나님은 당신을 일깨울 자명종으로 그들을 보내고 계신다. 당신이 배울 수 있는 최고의 것은 믿을 만한 사람들에게 당신의 고통을 말하는 것이다.

이것은 어려운 일이다. 왜냐하면 비껴가는 자 유형의 사람으로서 당신은 자신의 고통을 유머나 화려함으로 포장하면서 평생을 살아왔기 때문이다. 또한 당신 스스로 내면의 고통을 다루지 않기 때문에 그것을 말하기가 더욱 어렵다. 관계의 원칙은 자기 인식이라는 말과도 일맥 상통한다. 비껴가는 자 유형의 마음은 방이 많이 있는 집과 같다. 제일 구석에 있는 방에는 그가 살면서 겪은 온갖 고통과 실망과 분노가 들어 있다. 이 유형에 속하는 어떤 사람들의 경우에는 그 방문 앞에 궁궐의 광대가 서 있다. 배우자나 부모가 길을 지키면서 서 있는 사람들도 있다. 이 보초는 (당신을 비롯해서) 모든 사람이 그 방의 비밀을 열지 못하게 지킨다.

비껴가는 자 유형의 사람이 자신의 진짜 마음과 관계를 맺게 된다면, 하나님도 거기에 계시다는 것을 알게 될 것이다. 하나님뿐만 아니라 신뢰하는 친구와 함께 울거나 화를 내거나 느끼는 훈련을 하라. 농담을 하거나 다른 누군가를 비난하지 않고 당신 자신의 실체를 바라보는 일은 어려울 것이다. 당신은 아마도 가정에서 괴로운 감정을 억누르고 주제를 바꾸는 훈련을 받으면서 자랐을지도 모른다. 그러나 당신은 일단 배웠던 것을 책임지는 관계와 성령의 도움으로 잊어버릴 수 있다.

비껴가는 자 유형을 위한 최고의 영적 훈련 가운데 하나는 일기를 쓰는 것이다. 이것은 당신에게 큰 도전이지만 또한 많은 유익이 될 것이다. 당신의 생활 이야기나 느낌이나 기도를 씀으로써 진리에 접근하지 못하도록 비껴가게 만드는 안개들이 모두 깨끗이 걷힐 것이다. 이 유형에 도움이 되는 다른 유용한 도구는 책임지는 관계다. 당신이 비껴가는 자 유형의 사람이라면 당신이 지나치게 재미있거나 남을 비난하거나 말이 많을 때 당신을 책망해 줄 누구 혹은 소수의 사람들이 필요하다. 그들이 당신을 방해하는 것 같지만 실제로 당신이 중심을 찾을 수 있게 도와주는 것이다.

비껴가는 행동 가운데 결정적인 것은 문제를 하나님 탓으로 돌리는 것이다. 하나님이 아담에게 그 나무의 실과를 먹었냐고 물으셨을 때, 어떻게 이런 일이 있었는지 아담을 통해서 알 수 있다. 그는 말했다. "**하나님이 주셔서** 나와 함께 있게 하신 여자 그가 그 나무 열매를 내게 주므로 내가 먹었나이다"(창 3:12, 강조는 추가). 이 말은 "주님, 전 가만히 있었는데 당신이 이 요부를 주셔서 모든 것이 엉망이 됐어요!"라고 말하는 것이다. 비껴가는 자 유형의 사람으로서, 하나님께 기도하며 나아갈 때 당신 자신의 문제에 집중하는 법을 배우라.

성경은 당신에게 쓸모없는 책이 되기 쉽다. 당신은 종종 성경의 어떤 부분을 읽고 그것이 당신이 알고 있는 누군가를 설명해 주는 말이라고 느끼기 때문이다. 그래서 그것이 당신을 향한 말씀이라는 것을 결코 깨닫지 못한 채 해당된다고 생각하는 사람에게 말해 주고 싶은 열정으로 가득 차오를 것이다. 당신은 다른 사람들의 결점은 예리하게 간파하면서도 자신의 약점은 보지 못한다는 것을 알게 될지도 모른다. 성경 말씀을 다른 모든 사람에게 적용하는 대신 자신을 판단하는 데 적용한다면, 당신은 성경이 얼마나 개인적이고 당신과 관계가 많은지 알고 깜짝 놀랄 것이다.

당신이 진실로 건설적인 비평에 귀를 기울이고 스스로 성경을 읽으며 기도할 때에 정직함을 유지하는 방법을 배운다면, 자유가 찾아올 것이다. 당신은 농담으로 분위기를 밝게 하거나 다른 사람의 죄에 주목할 필요가 없을 것이다. 참된 평화와 기쁨은 항상 우리 중심에 가장 가까운 부분에서 나온다. 당신이 웃음 이면에 있는 고통을 용감하게 포용한다면 마침내 진정한 기쁨이 솟아오를 것이다. 성경은 이것을 다음과 같이 증명한다.

웃을 때에도 마음에 슬픔이 있고
　　즐거움의 끝에도 근심이 있느니라(잠 14:13).

눈물을 흘리며 씨를 뿌리는 자는
　　기쁨으로 거두리로다.
울며 씨를 뿌리러 나가는 자는
　　반드시 기쁨으로 그 곡식 단을 가지고 돌아오리로다(시 126:5-6).

하나님과 자기 비난자 유형의 사람

당신은 자기 비난자 유형의 사람이 하나님께 가는 길을 가장 빨리 찾을 수 있을 것이라고 생각할 것이다. 그렇게 보임에도 불구하고, 자기 비난자 유형의 사람들은 회개의 달인이 아니다. 회개와는 거리가 멀다. 그들은 자신에게 초점을 맞추는 데 전문가인데, 그 초점은 완전히 부정적이고 음울하다. 이것은 회개가 아니다. 강박관념이다.

자기 비난자 유형들이 하나님과 관계를 맺기 위해서는 자신에게 부정적으로 초점을 맞추는 데서 돌아서야 한다. 그들은 수년 동안 자신의 감정에 '젖어서 사는' 방법을 배웠기 때문에 돌아서기가 어려울 것이다. 사람이 지속적으로 화를 내면 뇌 속에서 일종의 행복감을 유발시키는 화학물질이 분비된다. 이상하게 들릴지 모르지만, 자기 비난자 유형들은 기분이 나쁠 때 기분이 좋아진다.

평생 동안 계속된 이런 중독증을 사라지게 하는 것은 매우 힘겨운 일이 될 것이다. 그것은 자기 비난자 유형의 사람이 이제까지 실제적으로 지닌 유일한 정체성 때문이다. 이런 이유 때문에 자기 비난자 유형의 사람에게는 하나님의 은혜를 붙잡는 것이 매우 중요하다. 당신의 관계의 가면이 이것이라면, 다시 한 번 말하지만, 당신은 하나님의 은혜에 잠겨야 하고 결코 그 상태를 떠나지 말아야 한다.

"저기요, 난 **그렇게** 할 수 없어요!"라고 말한다면 이 말조차 함정이 될 수 있다. 그러나 그것이 바로 놀라운 하나님의 은혜다. 그분은 심지어 은혜를 받는 것이 서투른 사람들에게 실제로 은혜를 주신다. 당신은 이 주제에 대해서 할 수 있는 모든 것을 배워야 한다. 손에 넣을 수 있는 책은 모두 다 읽고 테이프란 테이프는 모두 다 들으며 비디오도 보라. 물론 책과 비디오로는 충분하지 않다. 당신에게 가장 필요한 것은 하나님의 은혜를 받은 사람들과 가까이 지내는 것이다.

이런 사람들은 당신이 자신을 보는 것보다 더욱 명확하게 당신을 본다는 것을 담대히 믿으라. 아무튼 당신의 판단을 의심해 볼 만한 충분한 이유가 있다. 그러므로 당신에게 은혜에 대해서 가르쳐 주고 그것을 증명해 주는 하나님의 종에게 귀기울이라.

기도할 때 예수님의 이름으로 하라. 기도를 마칠 때마다 '예수님의 이름으로 기도합니다'라는 말로 끝내라는 뜻이 아니다. 예수님의 이름이 담고 있는 은혜, 능력 그리고 죄 없음 가운데 하나님에게 나아가라는 뜻이다. 그러한 마음가짐으로 하나님에게 나아갈 때마다 당신은 "주님, 제가 또 왔어요. 제 기도를 들으시고 저를 사랑하시고 저를 돌봐 주실 것을 알아요. 왜냐하면 제가 당신의 완벽하시고 전능하신 하나님의 아들이라는 문을 통해 들어왔기 때문이에요"라고 말하고 있는 것이다.

어느 주일 아침에 나는 교회에서 예배를 드릴 준비를 하고 있었다. 주위를 둘러보는데, 아름다운 여자 몇 명이 보였다. 내 가슴은 정욕에 가득 찬 갈망으로 두근거렸다. 바로 그 때 음악이 시작됐고 내 주위에 있던 사람들은 찬송을 부르기 시작했다. 나는 나 자신이 불결하고 쓸모없는 사람처럼 느껴졌다. '난 너무 타락해서 하나님께 예배도 드릴 수가 없어!' 교회에서 나가려고 했는데, 그 때 문뜩 마음속에 어떤 영상이 떠올랐다. 하늘을 향해 두 손을 들고 자갈길에 홀로 서 있는 나 자신이 보였다. 그 길은 문자 그대로 피로 덮여 있었다. 나는 즉시 하나님이 보여 주려고 하시는 것이 무엇인지 알았다. 그것은 예배는 나 자신의 정결한 마음으로 드리는 것이 아니라 바로 하나님 아들의 보혈로 말미암아 그분에게 나아가는 것이라는 사실이었다.

하나님이 당신에게 주신 많은 선물들을 볼 수 있는 방법을 배우라. 당신은 가족이 있는가? 자동차는? 직업은? 당신은 건강한가? 이런 선물 하나하나에는 다음과 같은 카드가 붙어 있다. "나는 너를 완벽하게 사랑한다. 하나님으로부터." 이것이 당신의 가치에 대한 결정적인 선언이다. 다른 어떤 사람의 목소리도 믿지 말라! 당신 자신의 목소리조차 믿지 말라.

말씀의 묘사든 어떤 상징이든, 하나님이 당신에게 주셔서 그분의 은혜에 대해 알게 해주시는 것이라면 무엇이든지 붙잡아야 한다.

로마서, 갈라디아서, 에베소서, 골로새서를 읽되 그것이 다른 누군가를 위해서 기록되었다고 스스로에게 말하지 말라. 그것은 당신을 위해 기록되었다. 자비와 은혜가 필요한 사람들을 위해 기록되었다. 이 책들에 나온 진리를 당신 영혼에 깊이 뿌리내리게 하라. 당신의 마음이 때때로 가증스러울 정도로 거만해질 수 있다는 것을 기억하라(요일 3:20). 그것은 당신을 철저히 삼켜버릴 기회를 노릴 것이다. 그런 일이 일어날 때, 사랑의 품으로 뛰어들어서 조용히 의지하라.

당신에게 관계의 원칙은 계속해서 예수님을 바라보기로 결심하는 것을 의미한다. 당신은 죄를 짓거나 자신을 혐오하지 않고 그분과 관계를 맺기로 선택한 것이다. 하나님이 정말로 어떤 분이신지 발견하라. 사랑이 많으신 그분의 마음을 덮고 있는 종교적 허식을 벗어 버리라. 그분이 문둥병자, 창녀, 사기꾼과 접촉하신 것을 보라(막 1:40-42; 눅 7:36-50; 19:1-10). 그분이 동일한 은혜로 당신과 접촉하신다는 것을 깨달으라.

때때로 당신은 하나님의 사랑을 느낄 것이고, 때로는 느끼지 못할 것이다. 당신의 마음이 당신을 속이지 못하게 하라. 그분은 감정이 아니라 인격이시다. 당신이 계속 그분의 은혜에 확고히 서 있으면 적당한 때에 당신의 감정도 따라올 것이다. 베드로는 자기 혐오에 익숙한 사람이었지만, 여러 해 동안 예수님과 동행했다. 이 노인이 했던 마지막 말 가운데 어떤 것이 있었는가? 그는 우리가 무엇을 기억하기를 원했는가? "이것이 하나님의 참된 은혜임을 증언하노니 너희는 이 은혜에 굳게 서라"(벧전 5:12).

하나님과 구세주 유형의 사람

당신의 삶에서 구세주 유형의 특징을 보는가? 당신은 대부분의 시간을 다른 사람들의 필요에 열중하여 보내는가? 당신은 주는 일은 잘 하지만 받는 일에는 정말로 서투른가? 당신에게 이런 면이 있다면 용기를 내라. 희망은 있다! 예수님이 오셔서 스스로 부과한 직업 윤리로부터 마르다를 해방시키셨던 것처럼, 예수님은 당신을 해방시키기 위해 오셨다.

구세주 유형들은 (비록 역기능적인 동기를 가지고 일할지라도) 다른 사람들을 돕는 일에 이미 숙련되어 있다. 그들에게 부족한 기술은 (다른 사람들에게) **섬김을 받는** 능력이다. 당신이 진실로 하나님과 관계를 맺기 원한다면, 당신을 불편하게 만드는 영역에 그분이 관여하시도록 해야 한다. 구세주 유형들에게 관계의 원칙은, 그가 안식하고 예수님께 그것을 받을 때 효력이 있다. 재미있게 들릴지도 모르지만, 안식은 하나의 성례이며, 온전해지기를 원하는 구세주 유형의 사람이라면 이 성례를 지켜야 한다.

누군가를 위해서 무슨 일인가를 하지 않고 있기 때문에 당신이 쓸모없는 사람처럼 느껴지려는 유혹을 받을 때에, 당신을 향한 하나님의 사랑 안에서 잠잠히 지내도록 스스로를 훈련하라. 내가 한동안 상담을 하고 있는 구세주 유형인 산드라는 이 문제로 인해 정말로 힘든 시간을 보냈다. 나는 그녀에게 서두르지 말라고 간곡히 부탁했지만 그녀는 따르지 않았다. 나는 그녀가 다른 사람들을 도와주고 그들을 위해 일하는 것에서 자신의 가치를 발견한다는 것을 알고 있었다. 그러다가 그녀는 실제로 병이 들었다.

병원에서 그녀는 어쩔 수 없이 침대에 누워 있어야 했고 사람들의 간호를 받는 입장에 놓이게 되었다. 그녀는 그것이 정말로 싫었다! 가족들이나 친구들이 문병을 왔을 때, 그녀는 너무나 부끄러웠다. 아무것도 **하**

지 않고 있었기 때문에 그녀는 부끄러웠다. 물론 그녀는 누워 있어야 하는 기간보다 더 빨리 침대에서 일어났고, 물론 몸이 회복되기 전에 집에 가겠다고 고집을 피웠다.

그러나 결국 하나님이 개입하기 시작하셨다. 산드라는 어떻게 했을까? 그녀는 잠잠히 지내는 것과 하나님이 그녀를 사랑하시게 하는 법을 훈련했다. 그녀는 "주님, 오늘 저에게 어떤 말씀을 하고 싶으세요?"라고 기도하는 법을 배웠다. 때때로 그분은 자신에 대해 말씀해 주셨고 때로는 그녀에 대해 말씀해 주셨다. 그녀는 단지 자신이 무엇을 했는지가 아니라 **자신이 어떤 존재인지** 하나님이 인정해 주시는 것을 받아들이는 방법을 배웠다.

산드라처럼 구세주 유형들은 **진정한** 구세주가 우리를 구원하시도록 해야 한다. 당신이 그분에게 말씀드릴 때, 당신을 어루만져 달라고 담대한 마음으로 간구하라. 당신에게 말씀해 달라고 간구하라. 용기를 달라고 간구하라. 당신을 깨뜨려 달라고 간구하라. 처음에는 이것이 완전히 잘못된 것 같은 느낌이 들겠지만 익숙해질 것이다. 실제로, 예수님이 당신의 마음에 속삭이시는 말씀을 주의 깊게 듣는다면, 그분이 얼마나 칭찬을 잘 하시는 분인지 알고는 깜짝 놀랄 것이다.

당신은 이기적이어서는 안 된다는 교육을 받았을지도 모른다. 그것은 좋은 것이라고 이해해야 옳지만, 하나님의 말씀을 주의 깊게 연구한다면 당신은 수많은 경건한 사람들이 자기 자신을 위해 기도하는 것을 발견할 것이다. 실제로, 그런 예들은 굉장히 많다. 이것의 가장 훌륭한 예는 시편이다. 150편에 달하는 시편 말씀은 내 말을 들으시고, 나에게 응답해 주시고, 나를 구원하시고, 나를 사랑해 달라고 말한다. 내가 조금 과장하고 있는 것 같지만, 무슨 말인지 이해할 수 있을 것이다.

누구보다 가장 위대한 종이 하나님 아버지와 다른 사람들에게 자신의 필요를 만족시켜 달라고 부탁하셨다(마 26:37-39; 27:46; 눅 5:2-3; 요 4:7; 17:5). 한번은 제자들이 일하는 동안 예수님이 주무신 적도 있었다(막 4:35-38). 당신도 자신의 몸을 돌보고 영혼을 살찌게 하는 방법을 배워야 한다. 이것은 이기적인 것이 아니다. 현명한 일이다.

관계의 원칙은 단지 당신과 하나님, 또는 당신과 다른 사람들에게만 적용되는 것이 아니다. 그것은 바로 당신과 당신 자신에게도 적용된다. 당신은 과식이나 수면 부족이나 지속적인 스트레스로 당신의 몸과 마음을 학대하고 있는가? 당신 자신을 몰아붙이는 것은 하나님을 영화롭게 하지 못한다. 물론, 모든 종들이 힘들게 일할 때가 있지만, 주인은 또한 당신이 쉬기를 원한다. 예수님은 "너희는 따로 한적한 곳에 가서 잠깐 쉬어라"(막 6:31)고 말씀하셨다.

휴식 가운데 최고의 휴식은 예수님의 사랑하시는 품 안에서 쉬는 것이다(마 11:28-30). 이것은 당신이 집중해서 기도해야 할 중요한 기도 제목이 되어야 한다. 물론, 공개적으로나 개인적으로 다른 사람들을 위해서 기도하되, 부끄럼 없이 당신의 필요나 소망을 아뢰는 법도 배우라(약 5:14-16).

당신의 자리에서 내려와 하나님과 다른 사람들이 당신과 접촉할 수 있게 하라. 하나님이 당신을 위해 놀라운 일을 하고 싶어하신다는 것을 믿으라. 많은 경우 하나님이 당신의 삶을 축복하심으로써 다른 사람들이 풍성해지지만, 때때로 하나님의 축복이 오직 당신만을 위한 개인적인 선물일 때가 있다. 주인이 불분명한 수많은 선물들을 나무 밑에 놓지 말라. 그것들을 꺼내서 누리라. 당신이 이렇게 할 때 그것은 항상 당신 주위의 사람들에게도 퍼지기 마련이다.

하나님과 공격자 유형의 사람

우리는 지능적이고 부지런한 범죄자들에 관해서 익히 들어 왔다. 그때마다 우리는 "그 힘을 가지고 정직하게 살면 백만장자라도 되겠다"고 얼마나 자주 말하는가? 이것은 공격자 유형들의 경우에도 비슷하다. 그들은 끝없는 에너지와 추진력이 있지만 종종 그것을 잘못된 방향에 사용한다. 공격자 유형의 사람에게 세상에서 가장 쉬운 일은 기독교 관련 활동이나 사역을 함으로써 자기 자신을 소모시키는 것이다. 하지만 그가 관계의 원칙을 배우지 않는다면, 종국에는 무의미한 승리를 얻을 뿐이다.

공격자 유형들의 경우에, 그들은 종종 친밀감이라곤 전혀 없는 상태에서 하나님을 위한 일을 한다. 심지어 '경건의 시간'조차 종종 어떤 사역 활동을 위해 준비하는 시간이 된다. 건장한 공사장 인부라면 소형 착암기는 다룰 수 있겠지만 그가 반드시 바이올린을 연주할 수 있는 것은 아니다. 그 이유는 이 두 가지 활동이 전혀 다른 근육과 감수성을 요구하기 때문이다. 이와 마찬가지로 공격자 유형의 사람으로서 당신은 사역에 대해서는 지나치게 발달하였지만 친밀함에서는 미숙한 사람일지도 모른다.

당신에 대한 해결책은, 그 동일한 추진력과 힘을 하나님과 상호 작용을 하는 지극히 개인적인 쪽으로 향하게 하는 것이다. 구세주 유형의 관계의 가면을 쓰고 있는 사람들처럼, 당신은 자신을 위해서 하나님과 시간을 보내야 한다. 분명 당신은 다른 사람들을 위해서 기도하거나 선교사들을 위해서 중보하거나 당신의 사역을 하나님에게 올려 드릴 수 있다. 하지만 당신은 또한 오직 그분을 사랑하고 그분에게 사랑받기 위해 하나님께 나아가는 개인적인 기도의 세계를 성장시켜야 한다. 이것은 아무리 강조해도 지나치지 않는다. 당신이 하나님과 관계를 맺는 가운데 전적으로 이기적인 느낌이 든다면 당신이 제대로 하고 있는 것임을 알게 될 것이다. 걱정하지 말라. 이 과정은 지나갈 것이다. 머지않아 예수님과 동행하는 당신의 개인적인 삶이 너무나 풍성해져서 당신은 자연스럽게 다른 사람들을 포함시키기 시작할 것이다.

내가 상담했던 모든 기독교 지도자들은 이 문제로 씨름하였다. 아무개 목회자가 그 교회의 비서와 사랑의 도피를 해 버렸을 때 모든 사람들이 매우 놀란 이유가 바로 이것이다. 그는 성경을 설명하는 훌륭한 해설자였는지는 모르지만, 자신의 깊은 필요를 하나님으로 만족시키는 방법은 몰랐던 것이다.

이 지도자들 가운데 일부는 "나는 매일 하나님과 시간을 보냅니다"라고 나에게 말했지만, 사역이라는 상황 밖에서 예수님이 개인적으로 그들을 얼마나 사랑하셨는지 물어보면 그들은 종종 대답을 하지 못한다. 당신 자신을 위해서 또는 당신이 섬기는 사람들을 위해서 할 수 있는 최고의 일은, 당신의 천국 친구에게 연약함을 드러내는 데 능숙해지는 것이다. 하나님은 당신이 천국이라는 위대한 기업에서 단순히 어떤 지위를 차지하기를 원치 않으신다. 그분은 **당신을** 가득 채우기를 원하신다. 그분은 "내가 온 것은 네가 꽁지가 빠지도록 일을 하고 더 풍성히 하게 하려는 것이다"라고 말씀하시지 않으셨다. 그분은 당신에게 풍성한 생명을 주기 위해 오셨다고 말씀하셨다(요 10:10). 성경은 사역이나 열매를 맺는 일이나 영혼을 구원하는 일을 강조하지 않는다. 성경은 관계를 강조한다. 당신이 그분을 **따른다면** 그분은 당신을 사람 낚는 어부가 되게 하실 것이다(막 1:17). 당신이 그분 안에 **거하면** 당신은 "과실을 많이 맺을" 것이다(요 15:5). 당신이 성령을 좇아 **살면** 당신은 "육체의 욕심을 이루지 않을" 것이다(갈 5:16).

미국에 있는 그리스도의 몸은 프로그램과 숫자를 지향하고 있다. 우리는 세상에서 가장 기도를 하지 않고 성경적으로 무식한 그리스도인들이다. 전반적으로 우리는 관계의 원칙을 진실하게 믿지 않는다. 우리가 이것을 열정적으로 추구한다면 사역은 우리 모두로부터 자동적으로 흘러나올 것이다. 당신이 비관계적인 덫에 빠진다면, 예수님이 당신을 사랑하시도록 하는 것 이외의 어떤 계획도 세우지 말고 예수님을 찾기를 간곡히 권한다.

표 9.1은 그리스도인으로서 우리가 흔히 하는 것과 더욱 친밀한 것을 비교한 것이다. '**비관계적**'이라고 명시된 항목이 반드시 나쁜 것은 아니다. 그리고 그러한 항목들이 더욱 관계적인 사람으로 발전해 가는 사람에게 부적절한 것도 아니다. 이런 비관계적 습성 가운데 대부분은 선한 것이지만 하나님의 임재를 가까이 느낄 수 있게 하는 데는 종종 실패한다. 관계의 원칙이 정확하다면, 이런 특징은 구별지어야 할 중요한 것이다.

다윗처럼 그분에게 나와서 당신을 어루만져 달라고 외치라. 당신의 결혼 생활, 당신의 양육 방식 그리고 당신의 외로움에 대해서 하나님과 대화하는 법을 배우라. 당신의 마음에 말씀하시는 그분의 사랑의 말을 듣고 싶다고 그분께 말씀드리라. 영적인 귀의 민감한 근육을 발달시키라. 마태복음 7:22-23에 기록된, 예수님이 쫓아버리신 사람들처럼 되지 말라. 그들은 온갖 종류의 사역을 하지만 그분과는 전혀 상관이 없는 사람들이다. 예수님이 정말로 구원받지 못한 사람들을 가리켜 말씀하고 계신다고 볼지라도, 핵심은 여전히 분명하다. **그분은 우리가 관계 맺는 사람이 되기를 원하신다.** 다른 모든 것은 이차적이다.

주님은 그분이 살던 시대의 영적 지도자들에게 성경을 알지 못한다고 말씀하셨다(마 22:29). 그러나 그들은 성경 전문가들이었다! 또한 그분은 그들이 하나님의 능력에 대해 아무것도 모른다고 말씀하셨다. 그렇다면 하나님의 능력은 무엇인가? 표적과 기사인가? 인상적인 복음 전도 활동인가? 아니다. 하나님의 능력은 사랑이다. 하나님과 관계를 맺고 그분이 마음 구석구석을 살피시게 하는 그리스도인은 진정한 능력을 가진 사람이다. 하나님과 더불어 관계를 맺을 수 있는 이런 힘을 지닌 사람은 사람들과 관계를 맺을 수 있는 힘도 지니게 될 것이다.

기도할 때 당신 영혼의 옷을 벗어 버리고 기도하라. 분주함으로 자신을 둘러치고 이러한 형태로 투명성을 회피하지 말라. 성경 말씀을 공부할 때 그 자체가 목적이 되어서는 안 된다. 당신은 적극적으로 성경을 읽고 말씀을 암송하면서도 여전히 성경을 당신 자신과 관련지어 읽지 않을 수 있다. "너희가 성경에서 영생을 얻는 줄 생각하고 성경을 연구하거니와 이 성경이 곧 내게 대하여 증언하는 것이니라. 그러나 너희가 영생을 얻기 위하여 내게 오기를 원하지 아니하는도다"(요 5:39-40).

기도를 하고 성경을 읽고 예배를 드릴 때마다, 우리는 예수님께 나아가야 한다. 성경을 읽거나 정확한 하나님의 말씀을 사용한다고 해서 당신이 그분과 관계를 맺고 있다고 생각하지 말라. 관계의 원칙을 실천하는 여자는 예수님의 목소리가 그녀의 눈앞에서 그리고 그녀의 마음속에서 들린다는 것을 알면서 하나님의 말씀을 읽을 것이다. 그리고 관계의 원칙을 실천하는 남자는 자신의 연약함을 드러내서 불편해지는 방식으로 기도할 것이다. 그는 우주에서 가장 열정적인 연인에게 마음을 열 것이다.

내가 설명하고 있는 것은 느낌이나 감정이 아니다. 두 사람은 압도적인 감정을 느끼지 않고도 깊이 친밀해질 수 있고, 낯선 두 사람이 서로에 대해 아는 것이 하나도 없을지라도 강렬한 성적 경험을 할 수 있다. 친밀함은 당신의 삶 가운데 당혹스런 부분을 의도적으로 예수님에게 드러내는 것이고, 그분이 당신을 부끄러워하지 않으신다는 것을 거듭해서 배우는 것이다. 친밀함은 자진해서 하나님의 말씀을 통해 자신이 사기꾼임을 완전히 드러내 보이는 것이며, 그러나 당신이 그분의 사랑 속에서 안전

표 9.1. 하나님과의 교류

	비관계적	관계적
기도	· 하나님이 듣고 싶어하신다고 생각하는 말이나 문구를 말한다.	· 실제로 당신의 마음속에 있는 것을 하나님께 말한다(시 51:6).
	· 하나님은 그분의 말씀을 좇아 행동해야 할 의무가 있으시기에 스스로 말씀을 인용하신다.	· 하나님의 말씀이 당신의 느낌을 표현해 주기 때문에 그것을 인용한다.
	· 큰 소리로, 열정적으로 또는 어떤 특정한 방식으로 기도해야 하나님의 주의를 끌 수 있다고 생각한다.	· 하나님이 항상 당신의 말을 들으실 것을 믿으며 잠잠히 (언어를 사용해서든 아니든) 기도를 드린다(시 19:14; 28:6; 34:15).
	· 무릎을 꿇거나 일어서거나 손을 들고 기도해야 한다고 생각한다.	· 마음에서 그렇게 하고 싶기 때문에 무릎을 꿇거나 일어서거나 손을 든다(애 3:41).
	· 기도를 '공식적'으로 만들기 위해 기도할 때마다 '예수님의 이름으로 기도합니다'라고 끝맺는다.	· 예수님 때문에 하나님이 당신을 완전히 받아들이신 것을 온전히 알고 기도한다.
성경 공부	· 사람들에게 말할 수 있도록 1년 동안 성경을 통독한다.	· 예수님에 대한 이해와 체험이 필요할 경우 시간을 정해서 성경을 공부한다.
	· 지식을 쌓을 수 있도록 말의 정의나 역사 연구에 집중한다.	· 성경 공부 방법에 상관없이 하나님의 임재를 경험하는 데 초점을 맞춘다.
	· 말씀을 마음속에 새기면 당신이 변화할 수 있다는 신념으로 성경을 암송한다.	· 성경을 이해하고 그것을 관계에 적용한다(약 1:22; 요일 2:5; 3:18).
	· 하나님의 참된 말씀을 알기 위해서 올바른 번역에 초점을 맞춘다.	· 성경에 나오는 하나님의 마음을 이해하고 그분과 상호 작용을 한다(번역에 개의치 않고).
	· 회의주의자들과 광신자들에게 답하거나 논쟁에서 이기기 위해 성경을 공부한다.	· 하나님을 더 잘 알고 진정으로 경배하기 위해 공부한다.

	비관계적	관계적
금식	· 당신이 진지하다는 것을 하나님께 알리기 위해 금식한다. · '영적인' 사람들은 금식할 것이라고 기대하기 때문에 금식한다. · 당신의 육체에게 누가 주인인지 보여 주기 위해서 금식한다.	· 예수님과 더욱 깊은 친밀함을 나누기 위해 몸과 마음을 깨끗이 하고자 금식한다. · 당신의 마음이나 성령이 예수님과 친밀해지는 데 도움이 될 것이라고 알려 주실 때 금식한다. · 당신 자신에 대해 잊어버리고 예수님을 기쁘게 해 드리기 위해서 금식한다.
영적 전쟁	· 악마에게 호통을 치고 물러가라고 명령한다. · 다양한 장소에서 사탄이 하고 있는 일에 초점을 맞춘다. · 모든 죄악된 행동에서 악마적 요소를 찾는다. · 고통스럽거나 힘든 모든 경험의 배후에 악마적 원인이 있다고 가정한다.	· 당신의 마음이 하나님의 마음과 하나가 되도록 분투한다. · 다양한 장소에서 하나님과 그분이 하시는 일에 초점을 맞춘다. · 당신이 저지른 죄의 배후에 있는 동기를 알아내기 위해서 하나님께 정직하고 자신에게 정직하게 한다(시 4:4; 19:12; 애 3:40). · 고통이나 어려움은 당신이 하나님을 의지하도록 그분이 사용하시는 도구일 수도 있다는 것을 안다(시 119:67; 고후 12:7-9).
예배	· 그것이 좋게 느껴지기 때문에 노래를 부르거나, 찬양하거나 특정한 방식으로 예배 드린다. · 그것이 하나님을 경배하는 유일하고 '참된' 방법이기 때문에 예배드릴 때 어떤 특정한 형태나 양식의 음악을 사용한다.	· 어떤 순간에 당신의 마음을 정확하게 나타내기 위해 노래하거나 춤추거나 찬양한다. · 하나님께 **당신의 마음**을 정직하게 표현할 수 있기 때문에 어떤 특정한 형태나 양식의 음악을 사용한다(요 4:23).

하다는 것을 아는 것이다.

이사야가 살던 시대에 하나님은 공격자 유형들에게 다음과 같이 말씀하셨다.

너희가 돌이켜 조용히 있어야 구원을 얻을 것이요
　잠잠하고 신뢰하여야 힘을 얻을 것이거늘
　너희가 원하지 아니하고
이르기를 아니라 우리가 말 타고 도망하리라 하였으므로
　너희가 도망할 것이요
또 이르기를 우리가 빠른 짐승을 타리라 하였으므로
　너희를 쫓는 자들이 빠르리니
한 사람이 꾸짖은즉
　천 사람이 도망하겠고
다섯이 꾸짖은즉
　너희가 다 도망하고 너희 남은 자는
겨우 산꼭대기의 깃대 같겠고
　산마루 위의 기치 같으리라 하셨느니라.
그러나 여호와께서 기다리시나니
　이는 너희에게 은혜를 베풀려 하심이요
　일어나시리니 이는 너희를 긍휼히 여기려 하심이라.
대저 여호와는 공의의 하나님이심이라.
　그를 기다리는 자마다 복이 있도다(사 30:15-18).

당신의 존재를 입증해 줄 것이라고 믿는 당신의 5개년 계획과 모든 프로젝트를 내려놓고 그분께 나아오라. 그분만이 당신이 필요로 하는 사랑과 긍휼을 쏟아 주실 것이다. 그분을 기다리는 사람들은 모두 복이 있다.

하나님과 영적인 해석자 유형의 사람

영적인 해석자 유형들은 진실로 다양한 측면을 가진다. 그들의 성경 지식과 기도에 대한 헌신은 거짓이 없고 진실하며, 그들은 사람들을 정말로 걱정하며 섬긴다. 다른 한편으로, 영적인 해석자 유형들은 깊은 두려움을 지니고 있으며, 그 두려움을 '영성'으로 은폐한다. 물론 우리는 전적으로 우리의 두려움을 예수님께 가지고 가서 그분이 우리의 두려움을 그분의 임재로 감싸시게 해야 한다. 하지만 영적인 해석자 유형들은 그렇게 하지 않는다. 그들은 기독교라는 종교 뒤로 숨어서 무의식적으로 그들을 위협하는 불안을 처리하지 않는다. 물론 그들은 그렇게 할 수도 없다.

모든 영적인 해석자 유형들은 그들이 하나님을 이해하는 데 따라 문제를 해결하려고 한다. 능력 있는 영적인 해석자 유형들은 자신의 성격상 결점으로부터 즉각적으로 해방시켜 줄 수 있는 기도를 받으려고 애쓰거나 그런 모임에 참석할 것이고, 통찰력 있는 영적인 해석자 유형들은 자신의 문제에 해답을 주고 자신의 삶을 변화시켜 줄 새로운 정보를 추구할 것이며, 혈통 있는 영적인 해석자 유형들은 그들이 추구하는 변화를 얻기 위해서 고대의 문서나 상징이나 의식에 의존할 것이다. 그리고 혁명적인 영적인 해석자 유형들은 대의를 실행하는 데 노력을 배가시킬 것이다. 그들은 자신들이 매우 중요하게 느끼는 사회 문제를 공격하면 그 과정에서 자신들이 변화될 것이라고 믿는다. 고통받는 영적인 해석자 유형들은 더욱 완벽한 고통 가운데 들어갈 수 있다면 자신들이 변화될 것이라고 믿는다.

모든 영적인 해석자 유형들은 신학이나 철학 또는 성화에 대한 독특한 이해에 따라서 삶을 정리한다. 문제는 그렇게 하면 극단적 영성의 관계의 가면이 그대로 남아 있게 된다는 것이다. 영적인 해석자 유형들에게 정말로 필요한 것은, 예수님으로 하여금 그들이 힘든 삶을 경험하도록 인도하셔서 그들이 진정한 자신의 존재를 알게 만드시는 것이다.

예수님이 영적인 해석자 유형들을 인도하는 지점은 그들의 체제에 끔찍한 충격을 야기한다. 능력 있는 영적인 해석자 유형들은 살면서 아무리 노력해도 신앙의 정도가 조금도 변한 것 같지 않은 삶 속에서 시련에 직면한다. 통찰력 있는 영적인 해석자 유형들은 자신의 어떤 지식으로도 처리할 수 있을 것 같지 않은 문제들을 다루고 있는 자신을 발견한다. 혈통 있는 영적인 해석자 유형들은 그들이 가톨릭 교도든 개신교도든 상관없이 불행을 겪는다. 혁명적인 영적인 해석자 유형들은 자신의 마음속에 위선이 있다는 것을 알고 자신도 원수와 똑같은 사람이라는 것을 깨닫게 된다. 그리고 고통받는 영적인 해석자 유형들은 아무리 자진해서 고행을 한다 해도 자신의 문제를 해결하지 못한다는 것을 깨달을 때까지 점점 더 큰 고통을 경험한다.

당신이 결국 이러한 골짜기로 떨어질 때(혹은 떨어진다면), 당신 속에 있는 자신감과 이해력과 당신이 가장한 우월감을 모두 잃게 될 것이다. 이 지점에서 어쩌면 당신은 기독교 자체에 의심을 품게 될지도 모른다. 누구에게든 이것은 끔찍한 경험이지만 관계의 가면처럼 고치기 어려운 어떤 것을 벗길 수 있는 유일한 방법이 된다.

하나님이 이렇게 하시는 이유는 무엇인가? 일반적으로 이 일은 하나님이 하시는 게 아니다. 오히려 그렇게 만드는 것은, 결국 밑바닥까지 이르게 하는 영적인 해석자 유형이 삶에 대해 갖는 접근 방식의 한계라고 할 수 있다. 물론 예수님은 정확히 이런 종류의 시련이 올 것이라고 수년 동안 그에게 말씀하셨다. 영적인 해석자 유형의 사람은 시련이 성장하기 위한 필수 요소라는 것에 **원칙적으로는** 동의하지만, 상실감이나 고통을 **실제로 경험하는** 것은 항상 예상했던 것보다 두렵고 충격적이다.

영적인 해석자 유형의 사람이 이런 '영혼의 어두운 밤'에 어떻게 대처하느냐에 따라서 관계의 가면이 그녀를 무감각하게 만드느냐, 아니면 뒤틀어져 떨어지느냐가 결정될 것이다. 영적인 해석자 유형은 이 문제에 대해 선택권을 가지고 있다. 그가 진정으로 정직해지는 길로 가야만 하는 것은 아니다. 위험이 닥칠 때, 마차를 우회해서 자신의 방식을 지키든가, 마차를 포기하고 예수님으로 하여금 한 번도 가 본 적이 없는 어떤 곳으로 인도하시게 할 수 있다. 후자를 선택하면 성령이 자신이 알고 있는 성품을 파괴하시고 자신을 무언가 다른 존재로 만드신다는 것을 알게 될 것이다.

이것이 바로 영적인 해석자 유형들이 가장 두려워하는 변화다. 어떤 의미에서 그들은 신학이나 힘든 일이나 변하지 않는 태도로 하나님을 견제하고 있다. 이런 것들이 무너지면 그들은 더 이상 자신이 어떤 존재인지 모르게 될 것이다. 영적인 해석자 유형들은 이런 일이 발생하는 것을 보느니 차라리 죽기까지 싸울 것이다.

당신이 영적인 해석자 유형이라면 무엇을 할 수 있겠는가? 간단하다. 예수님이 원하시는 곳으로 당신을 데려가시게 하라. 그분이 당신을 데려가시는 곳은 당신의 꿈이 죽어 버릴 것처럼 보이는 곳일 것이다. 당신의 교회가 망할지도 모른다. 당신의 건강이 쇠약해질지도 모른다. 무섭게 밀어닥치는 죄로 인해서 당신의 거룩함이 무너질지도 모른다. 완벽하게 정돈된 당신의 세계를 이전처럼 유지하지 못할지도 모른다.

당신이 하나님으로 하여금 이런 개인적인 위기를 겪도록 당신을 인도하시게 한다면(그리고 당신이 친숙한 대처 기제를 다시 의지하지 않기로 결심한다면), 분명 어떤 종류의 죽음이 있을 것이다. 이 죽음은 당신에게 정말 생생하게 느껴질 것이다. 그러나 이런 죽음이 없이는 그리고 그것에 자발적으로 복종하지 않고는 어떤 부활도 없다.

당신이 이 문으로 가까이 다가갈 때마다 그 문 안으로 들어갈 것인지 아니면 이 지점으로 돌아오기 위해 다시 몇 년이라는 세월을 보낼 것인지 새로운 선택의 기회를 갖게 된다. 내 경우에는 위기가 두 번 찾아왔다. 첫 번째는 결혼 생활에 문제가 생기기 시작한 때였다. 목사인 나는 상담자에게 가서 문제를 살펴보는 것이 부끄러웠다. 나는 그런 종류의 상담이 악한 것이라고 믿고 있었다. 하나님은 거기서 나를 만나 주셨고, 내가 무시하려고 노력했던, 학대받고 공포에 떨었던 어린 시절에 직면할 수 있도록 도와주심으로써 나를 놀라게 하셨다. 이 오래된 고통으로 인해서 나는 매우 건강하지 못한 방식으로 아내에게 정서적·성적으로 의존하고 있었다.

두 번째 위기는 2년 후에 일어났다. 나는 우리 부부가 잘 살고 있다고 생각했고, 예전의 고통은 이제 다 사라졌다고 여겼다. 그런데 어느 날 아침, 우리는 똑같은 문제로 충돌했다. 이번에 나는 그것을 이성적으로 처리하지 않았다. 나는 그 문제를 마음으로 느끼고 받아들였다. 나는 14세 이후로 경험하지 못했던 외로움과 버림받은 감정을 느꼈다.

나는 오랫동안 걸으면서 나를 구해 달라고 예수님에게 외쳤다. 그분은 그렇게 하지 않으셨다. 적어도 내가 바라는 방식으로는 아니었다. 그분은 내가 어린 시절 이후로 억눌러 왔던 감정들을 다시 살아나게 하셨다. 고통스러운 감정이나 상황을 사라지게 해주지 않으셨다. 그분이 하셨던 일은 내가 꽉 붙잡고 있던 것을 내려놓도록 억지로 내 손을 떼어 놓으신 것이었다. 그것은 내가 이제까지 느꼈던 것 중에서 가장 격심한 고통이었지만 그 이후로 나는 새 사람이 되었다.

내가 선택한 문 뒤에는 또 다른 문이 있을지도 모른다는 것을 알고 있지만, 예수님이 그것도 통과하도록 나를 인도하실 것이라고 확신한다. 왜냐하면 예수님은 내가 첫 번째 문을 통과할 때도 내가 살아 있게 해주셨기 때문이다. 영적으로만 해석하는 나의 성향이 모두 소멸되었는가? 그렇지 않다. 그러나 이제 나는 그것이 곧 다가올 것임을 알고 있고, 나의 수치를 숨겨야 한다는 느낌 없이 공개적으로 드러낼 수 있다. 한때 내가 가장 두려워했던 것이 지금은 가장 큰 힘의 원천이 되고 있다.

내가 지금까지 설명한 이 자리에 당신이 가 보지 않았다면 스스로 거기에 가려고 애쓰지 말라. 그것을 감당할 수 있는 자아의 힘이 생기는 순간 하나님이 그 곳으로 인도하실 것이다. 그 날까지 당신은 할 수 있는 한 정직하게 기도하는 법을 배울 수 있다. 하나님에 대한 당신의 신학을 재조명하라. 당신의 하나님은 유순하고 예측 가능한 분이신가? 당신의 신학은 하나님이 온갖 올바른 방식으로 당신의 삶을 엉망으로 만들 수 있다는 가능성을 허용하는가? 당신이 원했던 방식으로 하나님이 행동하시지 않았기 때문에 절망적인 심정으로 하나님께 화를 내겠는가? 아니면 그분이 명령하시면 흑암이라도 그분을 따라가겠는가?

삶에 역사하시는 하나님께 협력하기 위해서 영적인 해석자 유형들이 할 수 있는 일이 한 가지 더 있다. 그것은 최소한 두세 명의 사람들에게 진실로 마음을 열어 자신의 연약함을 드러내는 것이다. 예수님이 믿을 만한 사람들을 당신에게 인도하실 때, 당신에게 있는 정말 부끄러운 부분들을 그들에게 말하려고 노력하라. 그런 부분을 잘 모른다면 좋은 친구에게 그가 알고 있는 대로 말해 달라고 부탁하라. 깨어짐이란 무엇인지 적어도 이론적으로 파악해서, 당신이 그 곳에 이르렀을 때 희망을 잃지 않도록 하라.

비법

이런 고통스러운 과정은 우리가 논의했던 관계의 가면들 하나하나에 모두 적용된다. 회피자 유형, 영적인 해석자 유형 그리고 나머지 모든 유형들이 온전해지기를 원한다면, 이 용광로를 통과해야 한다. 이 혹독한 시련이 다가오면, 우리는 즉시 하나님에 대해 우리가 알고 있는 모든 것에 의문을 품고 결국에는 그분이 정말로 선한 분이신지 궁금해한다. 이것은 완전히 정상적인 반응이다. 예를 들면, 처음에 욥은 하나님이 자신을 창조하셨다고 인정하지만 결국에는 그분을 탓한다. 그는 하나님이 하시는 모든 일은 불길한 목적을 위해서 은밀히 하는 것이라고 주장했다.

> 주의 손으로 나를 빚으셨으며 만드셨는데
> > 이제 나를 멸하시나이다.
>
> 기억하옵소서. 주께서 내 몸 지으시기를 흙을 뭉치듯 하셨거늘
> > 다시 나를 티끌로 돌려보내려 하시나이까.
>
> 주께서 나를 젖과 같이 쏟으셨으며
> > 엉긴 젖처럼 엉기게 하지 아니하셨나이까.
>
> 피부와 살을 내게 입히시며
> > 뼈와 힘줄로 나를 엮으시고
>
> 생명과 은혜를 내게 주시고
> > 나를 보살피심으로 내 영을 지키셨나이다.
>
> 그러한데 주께서 이것들을 마음에 품으셨나이다.
> > 이 뜻이 주께 있는 줄을 내가 아나이다(욥 10:8-13).

예수님이 약속하신 죽음을 통과할 때 우리는 종종 욥과 같은 느낌이 든다. 그러나 하나님은 우리를 멸하려고 창조하신 것이 아니다. 우리를

죽이기 위해 살찌게 만드시는 사디스트가 아니다. 그분의 진정한 의도는 우리의 삶 속에 역사하셔서 우리를 충만한 기쁨으로 인도하시는 것이다(요 15:11). 우리와 우리의 기쁨 사이를 가로막는 것은 마음속에 있는 죄, 핵심 신념 그리고 관계의 가면들이다. 우리가 그런 기쁨 속으로 들어가도록 해주시기 위해서, 하나님은 그분의 길을 막는 파편들을 제거하셔야 한다.

    하나님은 우리가 고난받는 것을 기뻐하지 않으신다. 하지만 하나님은 우리보다 상황을 더 잘 파악하시고 우리가 은밀히 갈구하는 곳으로 우리를 데려가시기 위해 시간 외에도 일하고 계신다. 당신이 악마나 상사나 배우자에게서 주의를 딴 데로 돌릴 때, 당신의 유익에 가장 큰 해가 되는 것은 바로 당신 자신이라는 것을 알게 될 것이다. 예수님은 당신 마음이 갈망하는 것을 주실 것이다. 하지만 당신은 관계의 삶이라는 여행을 떠나야 한다. 그 여정에 가져가는 비관계적인 것들은 결국 모두 사라질 것이다. 그리고 끝에 가면, 예수님의 방식대로 따르는 사람은 후회하지 않을 것이다.

10. 사람들과 동행하는 삶의 비결

지금까지 우리는 관계의 가면 이면에 있는 것들이 어떻게 우리를 속박하며 진정한 관계를 맺지 못하도록 교묘하게 속이는지를 살펴보았다. 9장에서는 관계의 원칙을 통해서 우리가 이런 함정에서 어떻게 해방될 수 있고 하나님과 어떻게 진실한 관계를 맺을 수 있는지 알아보았다. 이제 관계의 원칙이 일상적인 우리 자신과의 관계에 그리고 다른 사람들과의 관계에 어떻게 적용되는지 살펴보자(표 10.1을 보라).

성경의 두 가지 큰 계명은 우리가 하나님 그리고 이웃과 관계를 맺으며 살아야 한다고 말한다. 대부분의 사람들에게 가장 가까운 이웃은 배우자다. 배우자와 함께 관계의 원칙을 실천하지 않는다면, 우리가 믿는 기독교는 결코 출발선에서 떠나지 못할 것이다. 하지만 이것은 흔히 우리가 가장 분투하는 지점이다.

게리 채프먼(Gary Chapman)은 「다섯 가지 사랑의 언어」(*The Five Love Language*, 생명의말씀사 역간)라는 훌륭한 책에서, 사람들은 각자 고유한 '언어'로 의사 소통을 한다고 말한다. 그는 우리 각 사람은 다음의 다섯 가지 가운데 주로 한두 가지를 간절히 원한다고 말한다. 즉, 선물(gift),

봉사(acts of service), 인정하는 말(words of affirmation), 육체적인 접촉 (physical touch), 함께하는 시간(quality time)이다. 어떤 남편의 사랑의 언어는 봉사인데, 그의 아내가 매일 그를 칭찬한다거나(인정하는 말) 그의 점심 도시락에 사랑의 쪽지(선물)를 넣어 준다면 그녀는 남편의 필요를 만족시키는 방식으로 사랑하는 것이 아니다. 사랑의 언어가 봉사인 그 남편은 아내가 식사를 준비하고 살림을 잘 해줄 때 사랑받는다고 느낀다.

또한 아내는 남편과 함께하는 시간을 간절히 원하는데 남편은 그녀에게 선물만 많이 사준다면 그녀는 사랑받고 있다고 느끼지 않을 것이다. 그녀가 간절히 원하는 것은 느긋하게 길을 걷거나 커피를 마시면서 솔직한 대화를 하는 것이기에 남편이 꽃다발을 잔뜩 선물하거나 집안일을 도와주거나 성적인 접촉을 하는 것은 그녀에게 큰 의미가 없을 것이다.

그런데 문제가 복잡해지는 것은, 하나님이 똑같은 언어를 가지고 있는 사람들끼리 결혼시키지 않으신다는 것이다. 그러므로 당신과 배우자가 서로 자신의 언어를 말하지 않아도, **배우자의** 언어가 무엇인지 알아내고 그것을 숙지해야 한다. 그렇게 되려면 시간이 걸리고 인내가 필요하고 상대방을 사랑하겠다고 하나님께 서약해야 한다. 하지만 서로 상대방이 진정 원하는 것이 무엇인지 발견해서 그것을 주려고 노력할 때 아름다운 음악이 연주되기 시작한다.

나의 주요한 사랑의 언어는 인정하는 말과 육체적 접촉이다. 당연히 이 두 가지는 아내를 비롯해서 다른 사람들에게 주는 것이기도 하다. 하지만 아내의 사랑의 언어는 봉사와 선물이다. 내가 하는 대부분의 찬사와 칭찬과 성적인 접근은 기본적으로 묵살될 것이라고 쉽게 생각할 수 있을 것이다. 아내는 그것들을 별로 원하지는 않는다. 그러나 나는 아니다.

이로 인해 우리가 사랑의 언어라는 개념을 이해할 때까지 수많은 절망과 상처가 있었다. 현재 나는 집안일을 도와주거나 아내가 필요로 하는 식료품을 사오려고 노력한다. 이런 일은 그녀에게 매우 사랑받고 있다는 느낌을 준다. 이따금씩 나는 저녁 식탁 위에 장미 한 송이를 올려놓거나 아내를 데리고 나가서 외식하곤 한다. 이런 선물과 실질적인 행동은 아내의 마음 문을 여는 열쇠다. 이것이 내가 아내에게 내 사랑을 보여 주는 방식이며(엡 5:25을 보라), 또한 내가 아내를 이해하고 귀히 여긴다는 것을 보여 주는 방식이다(벧전 3:7을 보라)

내 아내 또한 내 사랑의 언어를 실천하는 법을 배우고 있다. 비록 그녀가 성관계를 제일 중요하게 생각하는 것은 아니지만 그녀는 그것을 우선 순위로 만드는 법을 배우고 있다. 그녀는 나를 사랑하고 내 언어로 말하고 싶어하기 때문이다. 또한 아내는 칭찬에 열광하지 않는다. 그녀는 인정하는 말에 대한 욕구가 별로 없고, 나만큼 그것을 중요하게 생각하지 않는다. 그러나 그녀는 나를 사랑하기 때문에 내가 그녀가 인정하는 사소한 일을 할 때 나에게 감사하다고 말하고 나를 인정해 주는 법을 배우고 있다.

성적인 것에 관심을 가지려고 하고 인정해 주는 말을 하려는 것은 케리가 나와 내 고유한 사랑의 필요에 복종하는 것이다(엡 5:22-24; 벧전 3:1-6을 보라). 그녀가 내가 이해할 수 있는 언어를 사용해서 그녀 자신의 시들지 않는 속 사람의 아름다움을 표현할 때 그녀는 내게 더할 나위 없이 매혹적이다.

당신과 당신의 배우자는 우리 부부와는 완전히 다를지도 모른다. 당신의 배우자는 다른 사랑의 언어를 중요하게 생각할 수도 있다. 하지만 당신이 관계의 원칙을 실천하고 싶다면 배우자의 특별한 필요를 만족시키는 법을 배워야 한다.

표 10.1. 자신과의 교류

	비관계적	관계적
영적	· 기도나 성경 공부나 예배가 '의무'라는 느낌이 들기 때문에 그것을 무시한다. · 그것이 당신에게 쾌락을 주고 억제할 수 없다고 생각하기 때문에 크든 작든 죄 짓는 일에 탐닉한다. · 해야 한다고 생각하기 때문에 하나님께 순종하고, 그분이 시키시는 훈련에 복종한다.	· 당신의 영과 혼을 유지하는 데 불가결하다고 생각하기 때문에 기도, 성경 공부, 예배를 수용한다(잠 19:8). · 죄가 바로 당신의 삶을 파멸시킨다는 것을 알기 때문에 죄를 **극복하기** 위해서 힘닿는 대로 모든 일을 한다(잠 1:32; 6:32). · 결국 그것이 기쁨으로 이끈다는 것을 알기 때문에 하나님께 순종하고, 그분의 훈련에 복종한다(잠 4:20-22; 요 8:31-32; 히 12:10-11).
정신적	· 당신의 정신에 장기적으로 영향을 미침에도 불구하고, 즐길 수 있는 정보라면 어떤 것이든 읽거나 생각하거나 흡수한다. · 얄팍하고 진부한 사고 과정이 더 쉽고 만족스럽다.	· 당신의 정신에 해가 되는 것은(얼마나 즐거운가에 상관없이) 뭐든지 거부하고 정신을 풍성하게 해 주는 생각을 추구한다(시 101:3; 빌 4:8). · 활발하게 지성을 사용하고 어떤 어려움이 있더라도 편견을 진리로 바꾼다(잠 3:13-15; 고전 3:18; 8:2).
정서적	· 당신의 안락한 삶을 어지럽히지 않기 위해서 상황을 계속 감춘다.	· 감정을 깊이 탐구해서 표현하고 스스로 감정을 적절하게 느끼도록 허용한다(전 3:1, 4; 7:3-4; 마 5:4; 막 14:33; 롬 12:15; 엡 4:26; 빌 4:4; 약 4:9).

	비관계적	관계적
육체적	· 당신의 육체를 영적 성장의 방해물로 본다. · 많이 먹거나 운동하지 않거나 병원 치료를 거부함으로써 당신의 몸을 소홀히 하거나 학대한다. · '늙고', '마르고', '뚱뚱'하기 때문에 당신의 몸을 지긋지긋하게 생각한다.	· 당신의 몸을 영적 성장에 중요하다고 여기고 몸과 정신의 관계를 존중한다(롬 6:13; 고전 6:18-20; 고후 4:10; 빌 1:20). · 몸이 필요로 하는 것(음식, 휴식, 운동 등)이 무엇인지 잘 살피고 몸의 생명선을 잘 유지한다(엡 5:29). · 하나님이 몸을 지으셨기에 결함이 있더라도 당신의 몸을 소중히 여긴다(시 139:13-16).
성적	· 당신의 성적 관심을 부끄러워하고 부부 간의 성관계를 불쾌하게 느낀다. · 정사나 포르노나 부적절한 공상을 통해서 당신의 성적 관심을 오용한다.	· 배우자와 세속적이고 관능적인 성적 쾌락을 즐긴다(잠 5:15-20; 아 1-8장). · 금욕이나(미혼이라면) 정절로(기혼이라면) 성적인 욕구를 건강한 방식으로 유지한다. 결혼 생활에서 정직하게 성적인 관심을 표현하지 못하게 하는 생각이나 관습은 어떤 것이든지 저항한다(고전 7:3-5; 살전 4:3-8).
사회적	· 당신은 다른 사람들과 교류할 가치가 없다고 생각한다. · 끊임없이 당신이 특별하거나 은사가 많다거나 매력적이라는 것을 다른 사람들에게 증명할 수 있는 일을 하거나 말한다.	· 당신은 존경받을 만한 자격이 있다고 믿고 그에 맞게 행동한다(딤전 4:12). · 하나님이나 상황이 지시하는 것에 따라서 돋보이든 아니든 상관없이 만족해 한다(빌 4:11-13).

한계선은 있는가?

배우자가 원하는 것을 주었는데도 여전히 만족하지 않으면 어떻게 하겠는가? 더 열심히 노력해야 하는가? 아니다. 관계의 원칙의 전제를 기억하라. '항상 다른 사람에게 유익한 것을 주라.' 내가 성(性) 중독자라면 내 아내가 내 모든 성적 요구에 '네'라고 말하는 것이 유익한 일이 아닐 것이다. 그것은 섭식 장애가 있는 사람에게 아이스크림을 몇 통씩 주는 것과 같다.

이는 당신 배우자의 주요 언어가 선물이라 해도 그가 신용카드를 지나치게 사용하도록 허용하라는 뜻이 아니다. 그것은 상대를 사랑하는 것이 아니라 오히려 잘못될 수 있는 권한을 그에게 부여하는 것이다. 우리의 마음 상함과 사랑의 언어는 보통 우리 마음속에서 동일한 장소를 차지한다. 두 배우자가 가진 사랑의 언어에서 올바른 쪽은 존중받고 추구되어야 하지만, 깨어지고 소모시키는 쪽은 탐닉해서는 안 된다.

어떤 사람도 다른 사람의 필요를 최대한으로 채울 수는 없다. 끝이 없는 그런 종류의 필요를 충족시키려면 마르지 않는 원천이 필요하다. 그리고 우리가 다른 사람의 영혼에서 그 부분을 채우려고 노력한다면 그것은 하나님의 일을 빼앗는 것이다. 그것은 결코 선하거나 사랑하는 것이 될 수 없다. 관계의 원칙은 우리가 여기서 그릇된 방향으로 나아가지 않도록 키를 잡아 줄 것이다. 그것은 우리가 상대에게 필요한 것만을 주고 결코 하나님이 의도하시는 것 이상을 주지 않도록 항상 방향을 제시해 줄 것이다.

몸보다 귀한 영혼

우리 자녀들은 어떠한가? 부모로서 우리의 임무가 그들을 차에 태워 축구 교실이나 발레 학원에 보내고 그들이 계속해서 신기술을 접하게 하는 것인가? 아니면 하나님은 그것보다 더욱 기본적인 어떤 일을 하라고 우리에게 명령하셨는가? 하나님은 자녀와의 관계에서도, 다른 모든 관계와 마찬가지로 관계를 맺으라고 우리에게 요구하셨다.

신명기는 자녀들에게 하나님의 명령을 가르치는 방법을 이야기한다. "집에 앉았을 때에든지 길을 갈 때에든지 누워 있을 때에든지 일어날 때에든지 이 말씀을 강론할 것이며"(신 6:7). 하나님은 단지 우리에게 그들의 머리에 말씀을 집어넣으라고 하시지 않는다. 하나님은 우리에게 자녀들과 항상, 낮이든 밤이든, 차를 타고 가든 잠자리에 들든, 상호 작용을 하라고 말씀하고 계신다. 당신이 주일학교와 중고등부에 자녀들을 보낼 수 있지만 그들과 대화하고 놀고 그들의 공간으로 들어가지 않는다면, 당신은 관계적이지 않은 것이다.

중요한 것은 가르침이 아니다. 관계를 맺는 것이다. 아들이 스파이더맨이나 울버린에 대해서 이야기할 때 내가 관심을 보인다면, 내가 하나님 나라에 대해서 말할 때 그도 관심을 보일 것이다. 내가 딸과 카드놀이나 인형놀이를 하면 그 아이는 예수 그리스도에 대해 대화하고 싶어할 것이다. 사탄은 부모인 우리를 매우 바쁘게 만들어서 우리 바로 앞에 있는 황금 같은 관계의 기회를 놓치게 만들려고 유혹한다. 내가 아이들과 나누었던 최고의 대화 가운데 어떤 것들은 차 안에서 나누었던 것이다. 아들과 함께 차를 타고 스케이트를 파는 상점으로 가면서 창조론에서 종말론에 이르기까지 모든 것을 토론했다. 딸과 함께 가게에 갈 때 우리는 하나님, 데이트 그리고 그 사이에 존재하는 모든 주제에 대해서 토론했다.

내 친구 랜디는 집을 팔려고 수리를 하고 있었다. 이 때 그는 수리하며 모든 것을 준비하느라 미친 사람처럼 이리저리 뛰어다니고 있었다. 어느 날 그가 바쁘게 거실을 지나 벽돌 더미 앞에 앉아 있는 세 살배기 아들 옆을 지나치는데, 그 어린 아들이 명령하는 목소리로 "아빠, 앉아서 나하고 **놀아요!**"라고 말했다.

랜디는 "아빠는 바빠"라고 말하려고 했는데, 그 때 성령이 그 자리에서 그를 멈춰 세우시는 것을 느꼈다. 놓친 기회를 후회하고 있는 한 노인의 영상이 그의 마음속에 문득 떠올랐다. 그 순간에 그는 이 세상에서 그가 해야 할 가장 중요한 일은 바닥에 앉아 아들과 놀아 주는 것임을 알았다. 랜디는 내게 이 이야기를 하면서 울기 시작했다. "러셀" 그가 말했다. "난 관계는 영원하다는 것을 잊고 있었네. 그것 말고 중요한 것은 없었는데 말이야."

물론, 우리는 허드렛일을 해야 하고, 신용 카드 결산을 해야 하고, 저녁 식사를 준비해야 한다. 하지만 영원무궁토록 정말로 가장 중요한 것은 무엇인가? 관계다. 아무도 임종할 때 이렇게 말하지 않을 것이다. "난 사무실에서 더 일하고 싶어요." 자녀들의 성적보다도, 그들이 원하는 모든 것을 주는 것보다도, 그들에게 '최선의 기회'를 주는 것보다도 그들에게 최고로 필요한 것이 하나 있다. 그것은 바로 당신이다.

우리의 죄성은 문화와 연합하여 많은 사람들을 바쁘게 만들어서 좋은 것들을 놓치게 한다. 성령은 우리에게 자녀를 사랑하고 기쁘게 하는 방법을 보여 주신다. 비록 우리의 부모가 우리에게 그렇게 해주지 않았더라도 우리는 배울 수 있다. 당신이 순간순간 예수님과 관계를 맺는다면, 그분은 값으로 따질 수 없는 이들의 귀한 영혼과 관계 맺는 법을 당신에게 보여 주실 것이다.

하나님의 가족에 초점을 맞춰라

바울은 "형제를 사랑하여 서로 우애하고 존경하기를 서로 먼저 하며" (롬 12:10)라고 말했다. 신약 성경은 이런 명령들로 가득 차 있다. 하나님에 관한 한, 그분은 그리스도의 몸 안에 있는 사람들이 관계적이 되기를 원하신다(표 10.2를 보라). 우리 모두 이것을 알고 있지만 실제로 실천하는 데는 서투르다.

주일 아침 교회에서 서로 옆에 앉는다고 해서 관계를 맺는 것이 아니다. '교제'라고 여겨지는 많은 일들을 한다고 해서 관계를 맺는 것이 아니다. 하나님은 우리가 서로의 삶 속에 들어가기를 바라시지만, 우리가 그렇게 하기 위해서는 우리의 여러 기독교 하위 문화를 넘어가야만 할 것이다.

소그룹 모임은 교회에서 행하는 또 다른 일시적 유행에 불과한 것이 아니다. 이것은 교회에서 매우 중요한 것이다. 오직 소그룹 모임에서만 정말로 서로에 대해서 알게 될 수 있다. 이러한 소그룹은 회복이나 성경 공부나 교제에 초점을 맞춘 공식적인 그룹일 수 있다. 아니면 저녁을 먹기 위해 만나거나 단순히 '빈둥거리기' 위해서 만나는 그룹일 수도 있다. 당신이 최소한 몇 명의 신자들과 마음속 **깊은 곳**에 간직하고 있는 것을 나누지 않고 있다면, 당신은 하나님의 뜻 안에 있는 것이 아니다. 왜냐하면 하나님의 뜻은 관계의 원칙에 따라 정해지기 때문이다.

나는 아주 이상한 작은 교회에 다니고 있다. 우리 교회에는 성가대나 세련된 주일학교가 없다. 우리 목사님은 한때 이런 것들이 탁월하게 구성된 교회를 섬겼지만 그것은 거의 그를 파괴시켰다. 그는 가족을 형성하고 그 가족에게 관계적이 되는 방법을 가르쳐 주기로 결심했다. 교회에서 남성들을 위한 수련회를 할 때면, 5시간 동안 설교를 듣거나 특별한 음악을 듣거나 다른 재미있는 활동들을 선택할 수 없다. 그러나 우리는 먹고 대화하고 신상에 관해 이야기한다.

그것도 3일 동안이나.

그것이 전부다.

물론 일반적으로 예배와 성경 공부 시간은 있지만, 이 수련회의 취지

표 10.2. 다른 사람들과의 교류

	비관계적	관계적
배우자	· 일하고 청구서를 지불하고 집안을 돌보는 일 등에 지나치게 집중한다. · 당신의 배우자가 체중을 줄이거나 나쁜 습관을 바꾸거나 책임지도록 돕는 데 집중한다. · 분노나 침묵이나 노골적인 불쾌감을 통해서 당신의 감정을 전달한다. · 자녀들이나 모임 또는 사적인 여가 활동에 초점을 맞춘다.	· 당신의 배우자와 얼굴을 마주하는 시간을 갖는지 확인하고, 그런 시간을 갖기 위해 바쁘다는 핑계를 대지 않는다(시 127:2; 전 9:9; 골 3:19). · 대화하고, 함께 시간을 보내고, 성적으로 친밀해지는 것에 초점을 맞춘다. · 교묘히 조종하려는 의도 없이 당신이 느끼고 생각하는 것을 **직접** 배우자에게 말한다(마 5:37; 엡 4:25). · 배우자와의 우정을 발전시키고 양성하는 일을 최우선으로 정하고 그 일에 집중한다(엡 5:28-31).
자녀들	· 자녀들의 성적이나 그들이 배우는 스포츠나 그들의 물질적인 필요에 초점을 맞춘다. · 자녀들의 성과나 외모 또는 당신에 대한 의견에 지나치게 신경을 쓴다. · 자녀들이 성인과 같은 수준으로 역할을 해야 한다고 생각하고 그렇게 못할 때 창피를 준다.	· 자녀들과 놀고 대화하고 직접적으로 상호 작용하는 시간을 만든다(시 127:3; 잠 29:15). · 성과에 상관없이 자녀들을 사랑하고 양육하고 그들의 가치를 말해 준다(골 3:21). · 자녀들이 그들 나름의 과정으로 성장한다는 것을 알고 그들이 불완전할 수 있는 여지를 준다(마 18:5-6; 막 10:13-16).

	비관계적	관계적
확대 가족	· 죄의식과 의무가 당신과 부모와 친척들을 연결시키는 '접착제'가 되게 한다. · 가족이나 친구들과 함께 시간을 보낼 때 비열하고 유치한 역할로 되돌아간다. · 당신에게 상처를 입혔기 때문에 가족과의 모든 유대를 끊는다.	· 가족 구성원들이 죄의식과 수치를 통해서 당신을 교묘하게 이용할 때 정직하게 선을 긋는다(마 12:46-50; 딤전 4:12). · 가족들이 찬성하든 아니든 성인으로서 생각하고 행동하기로 결정한다(마 10:34-37; 고전 13:11). · 그렇게 하는 것이 당신에게 불건전하거나 위험한 것이 아니라면 가족과 교류할 기회를 찾는다(롬 12:2, 18).
교회	· 프로그램이나 위원회와 사역에 투자한다. · 다른 그리스도인들이 항상 듣고 싶어한다고 생각하는 말을 한다.	· 그리스도의 몸에 속한 구성원들과의 친밀한 관계에 투자한다(롬 12:9-16; 빌 2:1-4; 벧전 4:8). · 당신의 형제 자매들에게 인자하게 대하되 평안을 유지하기 위해 거짓말하지 않는다(마 18:15; 눅 17:3; 갈 6:1; 엡 4:15-16).
잊혀진 자들	· 그들을 완전히 당신과는 다른 이상한 사람이나 외계 종족으로 여긴다. · 그들을 단지 인구학적으로 복음을 전해야 할 사람으로 여긴다. · 누군가를 위해 기도하면서 그를 인도하고 어떤 프로그램에 참여시킨 다음, 또 다른 사람에게로 관심을 돌린다.	· 당신도 그들과 똑같이 깨어진 사람임을 안다(전 7:20; 롬 2:1; 약 3:2). · 그들을 존경과 존중받을 자격이 있는 사람으로 대한다(눅 6:32-36; 딤전 3:7; 벧전 3:15). · 한 사람을 실제로 전도하기까지 5년이나 10년이 걸릴지도 모른다는 것을 안다(마 28:19-20; 롬 15:1-2; 갈 6:2; 엡 4:2; 살전 5:14).

는 '기독교적인 일'을 하는 것이 아니다. 그 취지는 말하고 웃고 서로를 더욱 깊이 사랑하게 되는 것이다. 나는 매번 이 수련회를 마치고 집에 돌아갈 때마다 너무나 충만한 느낌이 들어서 그 기운을 견딜 수 없을 정도다. 나는 '프라미스 키퍼'(Promise keeper) 행사나 기독교 학술 회의 그리고 당신이 생각할 수 있는 온갖 종류의 종교 행사에 참여해 보았다. 물론 이런 것들이 모두 좋았지만 교회가 추구해야 할 것은 아니다.

교회는 관계를 추구해야 한다. 깊은 관계를. "무엇보다도 뜨겁게 서로 사랑할지니 사랑은 허다한 죄를 덮느니라"(벧전 4:8). 일반적인 주일 오전 예배도 좋지만 예배만으로 가까워지지 않는다. 우리는 짧은 시간 안에 친밀해지는 관계를 원한다. 그러나 인간의 마음은 그렇게 작용하지 않는다. 사람들이 서로 친밀해지는 데 수십 년이 걸리는 것은 예삿일이다. 그런 관계는 배우자나 가족 또는 친구들에게 해당된다.

16세 때 나는 내 삶을 주님께 맡겼고, 17세 때는 제일 친한 친구를 주님께 인도했다. 댄은 얼마 동안 우리 가족과 함께 살았고 그런 다음에 입대했다. 우리는 그가 독일에 주둔해 있을 동안에도 편지를 주고받았고, 그는 제대하자마자 다른 지역으로 이사해서 일을 시작했다.

하나님과 그의 관계는 불안정했다(내가 수년 동안 최선을 다해 그를 도왔음에도 불구하고). 나는 지금 그의 아내가 된 사람을 소개해 주었고, 그의 결혼식에 들러리를 섰다. 그들은 아이를 하나 낳았고 그 다음 10년 동안 수많은 문제에 시달렸다. 내가 도와주려고 애썼지만 그들은 결국 이혼했다.

내가 왜 이런 말을 하겠는가? 그것은 누군가와 관계를 맺기까지 얼마나 오래 걸리는지 보여 주기 위해서다. 댄과 나는 25년이 넘는 시간 동안 함께 지내왔다. 우리는 상대가 성공과 실패를 겪는 모습을 서로 지켜보았다. 또한 몇 년 동안 소원하게 지내다가 다시 연락하곤 했다. 나는 그들

부부가 이혼하고 나서도 2년 동안 그들과 함께 보냈다. 그리고 예수님이 재결합을 통해 그들을 다시 회복하시는 것을 보았다.

그들 가족과 우리 가족은 결혼 생활, 직업상의 변화 그리고 10대의 기쁨과 고통을 함께 나누었다. 댄은 대머리가 되었고 나는 살이 쪘지만 우리는 서로 사랑한다. 그 동안 그와 함께 관계의 원칙을 실천하는 것은 힘들었지만 믿을 수 없는 보상이 뒤따랐다. 성경에서 서로 사랑하고 섬기라고 말할 때 그것은 교회 프로그램을 시작하라는 말이 아니다. 사랑하고 섬기는 일에는 진정한 관계, 즉 부딪히고 상처 입으면서 몇 년에 걸쳐 발전되는 관계가 요구된다. 이것이 예수님이 우리를 사랑하시는 방법이고, 우리가 서로를 사랑해야 하는 방법이다.

망하는 자들을 구하라?

죄와 사탄 다음으로 세상 사람들이 우리 말에 귀를 기울이지 않는 제일 중요한 이유는, 우리가 그들과 관계를 맺지 않고 있기 때문이다. 그들 사이에 뛰어들어서 그들처럼 술을 많이 마시라고 제안하는 것이 아니다 ('모든 사람에게 무엇이든' 맞겠는가?). 그런 접근 방식은 관계의 원칙을 방해한다. 왜냐하면 다른 사람들이 정말로 필요로 하는 것을 주지 못하기 때문이다.

우리는 분명히 건전한 경계선을 그을 수 있지만, 안전 거리를 유지하면서 복음을 전도할 수는 **없다**. 학교나 직장에서 사람들과 관계를 맺고 싶다면 위험을 감수해야 한다. 차라리 동성애나 창조론에 대한 논쟁은 쉽게 느껴질 것이다. 그것은 우리의 연약한 중심을 위험에 빠뜨리지 않고 우리의 뛰어난 지성으로 그들을 압도할 수 있는 방법이다.

그러나 우리는 주위에 있는 사람들보다 뛰어난 행동을 한 뒤에 그들이 우리의 '메시지'에 왜 그렇게 열의 없는 반응을 보이는지 궁금해할 것이다. 우리 주님이 사람들과 접촉하셨을 때 그분은 그들을 무시하지 않으셨다. 그들의 품위를 상하지 않게 유지하면서 그들과 관계를 맺으셨다. 그분이 우물가의 여인을 어떻게 대하시는지 주목하라(요 4:1-26). 그분은 그녀의 삶에 도덕적인 문제가 있다는 것은 인정하시지만 그녀에게 창피를 주시거나 그녀가 잘못했다는 것을 입증할 기회를 잡지는 않으셨다. 그분은 그녀에 대한 진실한 사랑과 그녀가 처한 상황에 대한 염려를 보여주셨다.

사람들은 끊임없이 예수님을 정치적 싸움이나 이데올로기 논쟁에 끌어들이려고 애썼지만, 그분은 결코 미끼를 물지 않으셨다. 그분은 항상 대화를 마음의 문제로 이끄셨다. 우리가 좀더 현명할 수 있다면! 다른 사람들이 얼마나 큰 실수를 저질렀는지에 상관없이 우리가 먼저 그들을 사랑하고 존경하기로 결심한다면 어떤 일이 일어날까? 아마도 그들은 하나님에 대해서 우리가 꼭 해야 하는 말에 더 많이 흥미를 가지게 될 것이다. 이것은 '자유주의'가 아니다. 이것은 우리 주님이 (당신과 나를 포함해서) 모든 사람과 상호 작용하시는 방법이다.

내 어머니는 알코올 중독자인 애인과 동거한다. 나는 가끔 집에서 그 두 사람을 보는데, 어느 날 밤에는 편의점에서 우연히 프레드와 마주쳤다. 그에게서 이미 술 냄새가 진동했음에도 그는 술을 더 사려고 가게에 들어와 있었다. 프레드는 내가 예수님을 믿는 기독교 상담가라는 것을 잘 알고 있다. 그런데 내가 그를 보았을 때, 바로 그 자리가 그를 사랑할 기회라는 것을 알았다. 나는 그에게 걸어가서 악수하며 인사했다.

나는 그를 보자 진심으로 기뻤고 그렇게 말했다. 그는 자기가 맥주를 더 사고 있는 동안에 '거룩한 사람'과 우연히 만난 것에 당황하고 있는 것 같았다. 수치심이 이미 그의 얼굴에 역력하게 나타났고, 나는 거기에 더 추가할 마음이 추호도 없었다. 우리가 얼굴을 마주보고 서 있던 5초

동안에 나는 그의 죄나 치욕 때문에 예수님과 내가 애정을 갖고 그에게 접촉하는 것을 멈추지 않기로 결심했다. 오히려 그가 도저히 참을 수 없었는지 신속하게 가게 밖으로 나갔다.

몇 년 전의 나라면 아마 비웃으며 "술 많이 마셨죠?"라고 말했을지도 모른다. 그 때 이후로 나는 수치심을 느끼게 하는 것이 복음 전도에 효과적인 수단이 아니라는 것을 배웠다. 음주나 음행과 같은 주제가 나오면, 나는 그것에 대해 허심탄회하게 이야기하지만 내가 찬성하지 않는 메시지를 보내는 것은 거의 효과가 없었다.

내가 이것을 어디에서 배웠다고 생각하는가? 이렇게 많은 세월이 흐른 후에도(심지어 내가 어리석고 죄악에 가득 차 있을 때조차도) 여전히 나에게 인자하신 구세주로부터 배웠다. 나에게 베푸신 그분의 인자하심이 나로 하여금 더 죄를 짓고 싶게 만드는 것은 아니다. 실제로, 그것은 정반대다. 우리 가운데 어떤 사람들이 우리의 도덕적 입장에 대해서 그토록 요란스럽게 공포하는 이유는 두려움 때문이다. 우리가 '죄인들'처럼 나쁜 사람이라고 사람들이 생각할까 봐 두려워하기 때문이다. 자, 생각해 보라. 우리는 두려워한다.

내가 예수님과 동행한 25년 동안 나는 변화됐다. 나는 깨끗한 삶을 살고 있고 비교적 부끄러운 과거에서 해방됐다. 하지만 나는 나라는 사람이 여전히 우상을 숭배한다는 것을 알고 있다. 내가 하나님께 더욱 가까이 갈수록 나의 깨어진 어떤 부분이 그대로 있다는 것을 더욱 깨닫게 된다. 그런데 내가 어떻게 옆에 있는 사람을 멸시할 수 있겠는가?

내가 더 좋은 가문에서 태어났기 때문에 예수님이 나에게 사랑을 부어 주시고 축복하시는가? 그렇게 생각하지 않는다. 몇 년 전 나는 여전히 내가 복음화되고 있는 상태라는 것을 깨달았다. 아직도 내 마음속에 예수님이 나를 사랑하신다고 확신하지 못하는 부분이 있다. 그것은 나의 이기심과 바보 같은 행위가 발생하는 그 지점에서 나오는 감정이다.

모든 사람이 나와 같은 상태에 있다. 하나님의 영이 우리 모두를 복음화하고 계신다. 어떤 사람들은 신자였다가 불신자로, 어떤 사람들은 불신자였다가 신자로. 불신자인 많은 사람들은 자신의 완악함을 결코 인정하지 않으려고 하고 예수님이 그들 마음속에 들어오실 정도로 충분히 오랫동안 경계를 늦추지 않을 것이다. 그들은 멸망할 것이다. 하지만 (그리스도의 몸 안에 있는) 믿는 우리들에게도 벽이 있다. 이 책 전체에서 나는 그것들을 관계의 가면이라고 불렀다.

예수님이 계속해서 우리 마음의 개인적인 부분에 적극적으로 침범하시도록 하기를 바란다. 그리고 그분이 다른 사람에게도 똑같은 일을 하시도록 우리가 연결관이 되기를 바란다.

후기
_내가 아는 것

대부분의 기독교 강연자들이나 사역자들은 마음속에 하나의 목표가 있다. 그것은 변화다. 그들은 그들이 섬기는 사람들이 영원히 변화하길 소망한다. 나도 예외는 아니다. 하지만 나는 현실주의자이기도 하다. 나는 어떤 사람들은 그들의 핵심 신념과 관계의 가면을 염두에 두지만 계속해서 변화되지 않을 것임을 알고 있다.

어떤 회피자 유형들은 자신의 회피성을 이해하고 나서도 삶의 중요한 문제들을 계속해서 회피할 것이다. 이 책에 나오는 정보를 자신의 축적된 지식에 추가하지만 자신의 마음은 거의 바꾸지 않는 구세주 유형들도 있을 것이다. 그들은 자기 자신의 아파하는 영혼을 생각할 필요가 없도록 계속해서 다른 사람들을 구하고 고치고 '섬기려' 할 것이다. 어떤 공격자 유형들과 영적인 해석자 유형들은 이런 개념을 사용해서 다른 사람들을 더욱 효과적으로 비난하고 자신의 마음에 둘러친 벽은 보려고 하지 않을 것이다.

이 책을 읽는 또 다른 독자들은 미묘한 부분을 이해하고 자신의 관계의 가면의 본질을 파괴하고 철저히 공격할 것이다. 그들은 성령이 그들의 마음을 구석구석 살피셔서 사랑이 결여된 각 부분을 찾아내시게 할 것이다. 그들은 이전과는 전혀 다르게 기도하면서 예수님께로 도망칠 것이고, 그들의 성품은 변하기 시작할 것이다. 친구들과 가족들은 이런 반전에 깜짝 놀라서 기쁨과 놀라움으로 그들을 환영할 것이다.

그러나 이 그룹은 오래가지 않는다. 예전의 관계의 가면이 다시 되살아날 것이고 그들은 그것을 알지 못할 것이다. 예전의 관계의 가면이 '일하기' 시작하고, 그들을 사랑하는 사람들은 예전의 친밀감 장애 증세가 다시 슬며시 스며드는 것을 보면서 무너질 것이다. 한때 용감했던 이 영혼들은 이쯤에서 변화하는 것은 너무 힘들거나 비현실적이라는 결론을 내린다. 다른 그리스도인들도 이런 문제를 다루지 않는데, 그들이 왜 해야 하는가? 이 책과 성경이 분명히 선언하는 비전은 신앙 지침서나 자기계발서로 먼지만 쌓여 책장에 꽂히는 신세로 전락할 것이다.

하지만 한 그룹을 더 설명하겠다. 그들의 혁명은 더 조용하게 시작될 것이다. 하나님은 한때 영성이나 긍휼이나 인내로 간주되었던 마음속의 죄를 볼 수 있도록 그들의 눈을 열어 주실 것이다. 그들의 삶 대부분의 영역이 표면적으로는 깨끗할지라도, 그들의 관계의 가면이 어떻게 기독교의 핵심을 위반하고 있는지 알게 될 것이다. 이것은 고통을 가져오게 되고, 이로써 하나님이 생기를 불어넣으실 결심을 하게 될 것이다. 그들은 시행착오를 거치면서 무수한 가면 뒤에 숨겨진 자신을 끊임없이 드러내야 한다는 것을 배울 것이다.

그들은 마음을 열고 의지하기 위해서 다른 사람들이 필요하다는 것을 깨달을 것이다. 그들은 예전의 관계의 가면이 다시 되살아날 때 지적해 줄 수 있는 친구들, 지도자들 그리고 상담가들을 정기적으로 만나서 상담할 것이다. 그들은 자기 마음의 속이는 성향을 보는 눈으로 기도를 하고 성경 말씀을 읽을 것이다. 물론, 그들은 실패하겠지만—때로는 몇 달

동안―다시 여정을 계속할 것이다. 그들은 하나님과 다른 사람들과의 정직한 관계가 모두 매우 중요하다는 것을 점점 더 분명하게 이해하게 될 것이다.

이 사람들은 자신의 배우자와 자녀를 천천히 그리고 현명하게 사랑하는 것을 삶의 목표로 삼을 것이다. 그들은 교회와 선교 단체를 자신이 하는 것과 똑같은 종류의 관계적 위험을 감수하는 그룹으로 서서히 변화시킬 것이다. 그들은 자신의 실수들을 사무실이나 교실이나 가게에 있는 사람들에게 즉시 인정하고 고칠 것이다. 그들 주위에 있는 사람들은(그리스도인이든지 이교도든지) 처음에는 회의적이었다가 점차 그들을 존중해 주고 본받을 것이다.

서로에게 정직해지자고 조용히 모의하는 일이 이 사람들의 가정과 사업과 사역지에서 발생할 것이다. 그 속에서 이전에는 볼 수 없던 아름다운 그리스도인들이 생겨날 것이다. 그 숫자는 많지 않을 것이다. 분명 대형 운동장을 채울 만한 숫자는 안 되겠지만, 어떤 영원한 것이 그들 속에 작용할 것이고, 그들은 자신이 입었던 피해만큼 어두움의 나라에 손해를 입힐 것이다.

그들은 다른 그리스도인들처럼 세련되지는 않을 것이다. 하지만 다른 사람들이 오랫동안 도망다니고 있을 때 그들은 앞으로 나아갈 것이다. 그들은 하나님의 나라를 안내하거나 그들 문화에 관심을 갖지도 않을 것이다. 그들은 관계의 가면을 시판용 상품으로 정교하게 만들었던 사람들처럼 유명해지지도 않을 것이다. 하지만 그들은 사람들과 관계를 맺을 것이다. 지금도 그렇고 앞으로도 영원히 그럴 것이다. 이것이 내가 아는 것이다.

부록 1

_핵심 신념 7가지 한눈에 보기

1. **하나님은 신뢰할 수 없는 분이다.**
   - 약물이나 알코올을 사용한다.
   - 사람들과의 관계에서 통제하고 교묘하게 조정한다(하나님은 분명히 하지 않을 것이기 때문에 이 상황에서는 내가 행동해야 한다!).
   - 돈이 없어도 소비한다.
   - 신용 카드나 대출에 지나치게 의존한다(하나님은 절대로 나에게 돈을 주시지 않거나 빨리 주려고 하시지 않기 때문에 이렇게라도 해야 한다).
   - 지속적으로 공포나 걱정, 스트레스에 빠져 살아간다.

2. **성경은 나에게 적용되지 않는다.**
   - 규칙적으로 하나님의 말씀을 읽지 않는다(성경은 그다지 중요하지 않다).
   - 자신을 제외한 모든 사람에게 성경을 적용하려는 경향이 있다.
   - 성경을 읽되 성경에 나오는 경고의 말씀으로 불안해하거나 약속의 말

씀으로 위로받지 않는다.
- 성경 교리에 대해서 모든 사람과 토론하지만 그 말씀에 순종하지는 않는다.
- 성경의 어려운 진리는 다루지 않고, 편리하고 우수하다고 생각하는 신학 연구에 열중한다.
- 21세기 관점에서 성경은 시대에 뒤떨어지고 비현실적이라고 본다.
- 성경에서 명백히 금지하고 있는 생활 양식이나 습관을 계속 유지한다.

3. 나는 다른 사람들이 필요 없다.
- 다른 사람이 자신의 실수를 지적할 때마다 마음이 상한다.
- 피상적인 관계만을 고집한다.
- 자신의 참된 자아를 어떤 사람에게도 드러내지 않는다.
- "나에게 필요한 것은 가족뿐이다"라고 말한다.
- 자신의 안전 지역을 결코 어지럽히지 않으면서 다른 사람들과 관계를 맺는다.
- 다른 사람에 대해 피상적으로 알고 있는 정보로 만족하고, 그들에게도 자신에 대한 피상적인 정보만 제공한다.
- 다른 사람에게 도움을 청하는 것을 거절한다.

4. 친밀한 관계는 고통을 가져다줄 뿐이다.
- 사람들이 짧은 대화나 농담 이상의 것을 원하면 피한다.
- 자신의 장점은 다른 사람에게 말하되 죄는 말하지 않는다.
- 다른 사람들에게 주되 그들이 주는 것은 거절한다.
- 배우자와 몸을 공유하되 마음은 공유하지 않는다.

- 실제로 자신이 느끼는 것 대신에 사람들이 듣고 싶어하는 말을 한다.
- 감정적인 고통에 빠져 있는 사람들을 피한다.
- 자신의 감정적인 고통을 인정하고 받아들이기를 거절한다.
- 하나님을 위해서 일하되 그분을 알기 위해 시간을 내지는 않는다.
- 하나님을 신학이나 신념 체계 또는 윤리 체계로 축소시킨다. 게다가 그분이 자신을 불편하게 만드는 어떤 방식으로든 접촉하시는 것을 거절한다.
- 어떠한 위험도 내포하지 않는 수준에서 모든 관계를 유지한다.
- 관계를 제외하고 일이나 사역 또는 취미나 프로젝트에 집중한다.

5. **로맨스나 섹스가 나의 가장 깊은 필요를 충족시켜 줄 것이다.**
   - 사랑에 대한 사회의 견해를 받아들인다.
   - 미혼일 경우, 결혼만 하면 모든 문제가 사라질 것이라고 믿는다.
   - 기혼일 경우, 배우자에게 행복에 대한 책임을 지게 한다.
   - 기분을 더 좋게 하기 위해서 포르노를 보거나 자위 행위나 섹스를 한다.
   - 배우자가 자신의 필요를 채워 주지 못한다고 계속 화를 낸다.
   - 완벽한 관계를 꿈꾸거나 배우자 이외의 누군가를 사귈 수 있기를 기대한다.
   - 주님보다 배우자에게 더 많은 에너지를 쏟고 헌신한다.
   - 배우자와 자녀들이 협력한다면 자신이 행복해질 것이라고 믿는다.

6. **나는 모든 것을 완벽하게 해야 한다. 그렇지 않으면 나는 무가치한 사람이다.**
   - 자신이 잘못했을 때 인정하기를 거부하거나 강요받을 때에만 잘못을

시인한다.
- 자신이나 다른 사람들에게 불가능한 기준을 세운다.
- 다른 사람들의 나약함을 비난하고 싶어한다.
- 자신의 나약함을 싫어한다.
- 삶 속에서 일어나는 일들에 집착하고 강박관념에 사로잡혀 있으며 모든 일을 완벽하게 하려고 한다.
- 독선적이다.
- 신념이나 생활 양식이 자신이 생각하는 완벽함에 이르지 못하는 사람들을 비난한다.
- 자녀들에게 모든 것을 바르게 하라고 강요하고 그렇게 하지 못할 때 그들을 비난한다.
- 하나님이 자신에게 바라는 것에 결코 맞출 수 없다고 느낀다.
- 지속적인 비난과 죄의식 상태에 빠져 살아간다.
- 자신은 훌륭한 사람이 아니라고 생각하기 때문에 하나님이 자신을 버리실 것 같아 두려워한다.
- 비록 처음으로 그것을 시도할지라도, 사람들은 자신이 모든 것을 잘 할 것이라고 기대한다고 생각한다.
- 자신은 약하거나 피곤하거나 외롭거나 죄에 가득 찼거나 사랑할 수 없는 존재이기 때문에 스스로를 미워한다.
- 자기 자신이나 다른 사람에게 실패할 여지를 주지 않는다.

7. 내가 정직하면 나는 버림받을 것이다.
- 항상 전력을 다하고 누구든지 절대로 자신의 약점을 보게 하지 않는다.
- 모든 것을 다 가진 것처럼 표현한다.

- 자신의 단점이나 죄는 인정하되, 그것에 대해 자세히 말하지는 않는다.
- 사회적으로 용인되는 죄만 고백한다.
- 그렇게 해야 한다는 것에 화가 날지라도 사람들에게 어떤 일을 할 것이라고 말한다.
- 실제로 화가 나거나 모욕당한 기분이 들더라도 상냥하고 친절하게 대한다.
- 사람들이 자신을 좋아하도록 그들을 섬기고 친절한 일을 한다.
- 그것이 부정직한 것임을 알면서도 다른 사람들이 원하는 모습을 취한다.
- 불건전하고 하나님의 뜻에 위배되는 일임을 알면서도 관계를 유지하기 위해 할 수 있는 것은 무엇이든지 한다.

부록 2
_관계의 가면 6가지 한눈에 보기

회피자 유형

장점	단점
• 느긋함	• 수동적
• 분쟁에 쉽게 말려들지 않음	• 중요한 갈등에 끼어들지 않음
• 서두르지 않음	• 꾸물거림
• 호감이 가는	• 결단력이 없는
• 조정할 수 있음	• 편드는 것을 두려워함
• 불화를 피함	• 변화를 피함
• 쉽게 흥분하지 않음	• 행동하지 않음
• 다른 사람의 약점에 관대함	• 다른 사람의 죄에 관대함
• 다른 사람을 돋보이게 함	• 해야 할 일을 '서두르지' 않음
• 긍정적으로 생각함	• 낙관적임
• 다른 사람을 괴롭히지 않음	• 다른 사람에게 관여하지 않음
• 꾸준함	• 고집스러움
• 흥분할 만한 상황에서 빠져나옴	• 위험의 기미만 보여도 달아남
• 논쟁하지 않음	• 위험을 감수하지 않음
• 권리 의식이 없음	• 자신의 것이 명백해도 싸우지 않음

비껴가는 자 유형

장점	단점
• 재미있고 농담을 잘함	• 심각해지기를 거부함
• 다른 사람들을 기분좋게 해줌	• 고통받는 사람들을 볼 때 불안해짐
• 분위기를 가볍게 해야 할 때를 앎	• 적절치 않은 경우에 농담을 함
• 다른 사람들이 고통받을 때 그들이 웃을 수 있도록 도와줌	• 감정이입이 어려움
• 근면하고 열심히 일함	• 너무 바빠서 현실적인 문제를 살필 수 없음
• 다른 사람들을 인정하고 격려해 줌	• 다른 사람들이 **자신을** 제대로 보지 못하도록 그들에게 칭찬의 말을 계속함
• 웃고 기뻐하는 법을 앎	• 울거나 슬퍼하는 법을 모름
• 유쾌하고 명랑함	• 꾸며내고 부정직함
• 사소한 논쟁에 쉽게 말려들지 않음	• 사람들과 거의 친밀하게 지내지 않음
• 다른 사람들을 돕는 일에 열중함	• 주의를 기울여야 하는 삶의 문제들을 회피함
• 훌륭한 대화자	• 대화는 많이 하되 의견을 거의 말하지 않음
• 다른 사람의 단점을 최소화시킬 수 있음	• 자신의 죄와 이기심을 최소화시킬 수 있음
• 다른 사람을 간절히 도와주고 싶어함	• 사람들이 정말로 필요한 것에 대해 거의 모름
• 인격적인 공격을 너그럽게 넘김	• 억압된 분노가 표면에 떠오를 때 버럭 화를 냄
• 프로젝트나 위원회를 돕는 일에 민첩함	• 자신이 듣고 싶은 인정의 말을 듣지 못할 때 실패했다고 여김

자기 비난자 유형

장점	단점
• 옳은 일을 하기 위해 노력함	• 문제가 발생할 것 같은 징후가 보이면 노력하고 있는 일을 실패라고 선언함
• 상처받는 사람들을 측은히 여김	• 자기 자신을 측은하게 여기지 않음
• 다른 사람들의 가치를 알아봄	• 자기 자신을 무가치하게 여김
• 다른 사람들을 칭찬하는 데 빠름	• 자기 자신을 정죄하는 데 빠름
• 자신의 죄에 대해 즉시 책임을 짐	• 절망적일 정도로 비관적이고 부정적임
• 자신의 죄에 대해 격렬하게 화를 냄	• 자기 혐오가 심함
• 전혀 허세부리지 않음	• 자신 속에서 가치 있는 점을 거의 보지 않음
• 다른 사람을 열렬하게 사랑할 수 있음	• 다른 사람들을 사랑하는 것은 자신의 가치를 발견하려는 필사적인 노력임
	• 전적으로 자기 자신에게 집중함
	• 자신이 혐오스럽다는 것을 하나님이 아신다고 믿음
	• 자기 자신을 끊임없이 파괴함
	• 어려움이나 도전이나 미숙함이 자신의 어리석음을 나타낸다고 추측함
	• 하나님의 은혜를 거절함
	• 자신에게는 성공할 수 있는 신비한 능력은 없지만 다른 사람들은 가지고 있다고 믿음
	• 다른 사람들로부터 들은 칭찬의 말이 아첨이나 단순한 말에 지나지 않는다고 생각함

구세주 유형

장점	단점
• 남을 측은히 여기는 마음이 매우 깊음	• 지나친 공동의존증을 보임
• 간절히 다른 사람들을 도와주고 싶어함	• 자신을 위해서 해야 할 일을 다른 사람을 위해서 함
• 열심히 일하는 사람	• 쉴 때 죄의식을 느낌
• '아낌없이' 주려고 함	• 다른 사람들이 자신의 관대한 행위를 인정해 주지 않을 때 분개함
• 일을 완료할 수 있음	• 자신에게 필요한 도움을 청하지 않으려고 함
• 시간을 낭비하지 않음	• 재미있는 일은 거의 하지 않음
• 진실하게 남을 사랑하고 다른 사람에게 관심을 가짐	• 빗나간 방식으로 사랑과 걱정을 표현함
• 다른 사람을 위해 기쁘게 일함	• 분주함으로 자신의 죄와 상처를 가림
• 다른 사람들을 속이지 않음	• 자신은 '빈궁하지' 않기 때문에 우월하다고 느낌
• 자기 자신의 필요를 채우는 데 열중하지 않음	• 자신의 영적·육적 삶을 살찌우지 않음
• 다른 사람들의 고통을 덜어주는 데 빠름	• 고통을 통해서 사람들을 가르치시는 하나님을 방해함
• 매우 유능함	• 매우 통제적임
• 본분을 다하는 것의 중요성을 앎	• 지불 능력 이상의 채무를 짐
• 주는 것을 잘함	• 뽐냄
• 다른 사람들을 돕는 일에 빠름	• 거의 다른 사람들의 도움을 받지 않음

공격자 유형

장점	단점
• 프로젝트를 시작하거나 세우거나 보충하는 일에 매우 유능함	• 사람들을 양육하고 돌보고 칭찬해 주는 일에 서툼
• 실무에 아주 능함. 즉, 가장 중요한 점을 이해함	• 비관계적. 즉, 사람들을 자신의 계획을 실행하는 데 필요한 도구로 여김
• (공리주의적인 관점에서) 큰 그림을 봄	• (관계적 관점에서) 큰 그림을 보지 못함
• 실행 가능한 개념과 어떤 일을 하는 '올바른 방법'의 중요성을 앎	• 자신만의 견해나 통찰력을 지니지 못한 사람들을 평가절하함
• 무능한 사람이나 반대 목적을 지닌 사람들을 제거할 수 있음	• 임무 완성을 가장 중요하게 생각하고 사람들을 소모품으로 여김
• 자신과 같은 방향으로 움직이고 있는 사람들을 전적으로 지지해 줌	• '활동 범위가 좁고' 자신으로부터 돌아선 사람들을 거부함
• 옳고 그름, 좋고 나쁨에 대한 명확한 견해를 갖고 있음	• 균형 잡히고 공정한 사람들을 비난함
• 자신만만함	• 거만함
• 동기 의식이 강함	• 강박관념에 쫓김
• 솔직함	• 무례함
• 뛰어남	• 외로움
• 유능하고 생산적임	• (육체적·정신적으로)몹시 지침
• 유능하며 솔선수범하는 사람	• 연약하고 미숙한 사람들을 경멸함
	• 용서하는 마음이 없고 적의로 가득 차 있음

영적인 해석자 유형

장점	단점
• 하나님 나라를 매우 중요시함	• 하나님 나라에 대한 지식이 포괄적이지 않음
• '파트 타임' 그리스도인이 아님	• 상심한 사람들이나 영적으로 어린 사람들에게 인내심이 거의 없음
• 영성 훈련의 중요성을 알고 그것을 실천함	• 영성 훈련의 중요성을 모르고 그것을 실천하지 못하는 사람들을 판단하고 창피를 줌
• 한 사람의 영성에 대한 분명한 증거가 있어야 한다고 믿음	• 한 사람의 영성에 대한 증거를 너무 편협하게 규정함
• 교회의 역사, 전통, 언어를 소중히 함	• 일반적으로 자신의 고유한 하위 문화 이외의 것에 대해서는 생각할 수 있는 능력이 없음
• 예수님이 자기 인생을 주관해 주시기를 간절히 바람	• 자신의 몸이나 성적 관심이나 태도나 가족에 대한 예수님의 주권을 무시함
• 예수님이 모든 문제에 대한 해답이라는 것을 잘 알고 있음	• 기독교에 대한 자신의 개념과 일치하지 않는 질문과 대답을 두려워함
• 중요한 도덕적 문제에 대한 입장을 견지함	• 도덕적 문제에 대해서 다른 관점을 지닌 사람들이나 아직 그 영역에서 성장하지 못한 사람들을 비난함
• 복음 전도의 중요한 필요성을 알고 있음	• 자신이 복음 전도할 때 마음을 열지 않는 사람들과 관계 맺는 것을 어려워함
• 자신의 열정으로 다른 사람들에게 동기를 부여하고 그들을 고무시킴	• 자신의 열정에 호의적으로 반응하지 않는 사람들에게 위협을 느끼고 그들을 의심함
• 거룩해지기 위해 열심히 노력함	• 자신의 범주에서 옳고 그름이 공정하지 않음
• 천사와 악마의 세계에 대해서 심각하게 받아들임	• 실제로는 자신 때문에 비롯된 일을 악마의 탓으로 돌림
• 다른 사람의 죄를 지적함	• 자기 자신의 죄는 보지 못함

부록 3
_토론 문제

이 토론 지침을 개인적으로 사용할 수도 있지만 그룹 환경에서 사용할 것을 권장한다. 이런 문제들을 그룹에서 토론하는 것은 항상 효과적이다. 원한다면 10주 동안 계속 만나는 그룹을 구성해도 좋다. 각각의 문제를 토론할 수 있고 한두 개의 문제만 토론할 수도 있다. 형식은 당신에게 달려 있다.

몇 가지 제안

- "토미, 당신은 회피자 유형의 사람 같아요"와 같은 말을 너무 성급하게 하지 말라. 이것은 다른 성원들에게 위협받는 듯한 느낌이 들게 할 수 있다. 이것은 또한 당신의 문제를 피하는 방법이 될 수 있을 것이다.
- 관계의 가면의 유형이 당신에게 어떻게 적용되는지 설명하라. 용기를 내서 위험을 감수하라. 다른 사람들이 당신에게서 관계의 가면의 특징을 발견했는지 물어보고 예를 들어 설명해 달라고 부탁하라. 당신에게 더욱 잘 맞는 다른 관계의 가면이 있는지 그룹 성원들에게 물어보라.
- 서로의 질문에 친절하게 대답하라. 서로 비난하거나 진단하지 말라. 누

군가가 피드백을 요청하면 (다음에 당신 차례라는 것을 기억하면서) 정중하게 질문에 대답하라.
- 모임에서 한 말에 대해 상처를 입거나 분노를 느끼는 사람이 있다면 그냥 두라. 그 사람을 설득하는 것은 당신의 일이 아니다. 성령이 하실 일이다.
- 그룹 성원들에게 토론의 결과로 어떤 기도 제목이 있는지 물어보라. 각 사람이 다른 성원을 위해서 기도할 수 있다. 기도할 때 설교나 상담의 형식이 되지 않도록 주의하라. 단순히 그 사람이 요청한 기도 제목 그대로 기도하고 축복해 주라.

이 지침을 매주 그룹 성원들에게 읽어 줄 것을 권한다. 함께 있는 시간 동안에 이 지침들이 '규칙'이 되게 하라.

1. 관계의 가면이라는 견고한 요새

- 1장에서 저자는 관계의 가면의 개념을 소개한다. 당신의 가면은 무엇인가? 당신은 관계 속에서 이 가면을 어떻게 사용하는가? 당신이 아는 사람들은 어떤 관계의 가면을 쓰는가?(이름을 직접 말하거나 이 시간이 험담하는 시간으로 변하지 않게 주의하라) 당신에게 해당되는 관계의 가면이 하나님과 다른 사람들과의 관계를 어떻게 방해하는지 설명하라.
- 저자는 고린도전서 10:2-5과 로마서 12:2 말씀이 동일한 설명이라고 말한다. 당신도 동의하는가? 동의하는 이유와 동의하지 않는 이유는 무엇인가?
- 어떤 사람들은 고린도전서의 말씀이 악마적 요소를 설명한다고 믿는다. 한 사람은 이 말씀을 그렇게 생각하고 다른 사람은 그 말씀이 마

음을 설명하고 있다고 생각한다면, 변화와 성장에 대한 그들의 접근 방식이 어떻게 다른지 설명해 보라.

2. **관계의 가면의 기초** _핵심 신념

- 어떤 핵심 신념이 당신의 사고 방식을 가장 잘 설명하는가? 자신의 핵심 신념에 대해 어떻게 확인할 수 있는가?
- p. 40에서 저자는 '낭만적인 정설'에 대해서 말한다. 당신은 그의 결론에 동의하는가? 당신의 대답을 설명해 보라. 한 부부는 낭만적인 정설을 수용하고 다른 부부는 그렇지 못한다면, 이들 부부는 각각 어떻게 다른가? 예를 들어 보라.
- 부록1은 각각의 핵심 신념과 그 특징에 대해서 나열하고 있다. 당신이 힘들어하고 있는 것을 확인하라(두세 개로 한정하라). 이번 주간 동안 당신에게 해당되는 신념을 부인하기로 결심하고, 그룹 성원들과 이 일이 어떻게 진행되었는지 나누라. (주의: 책임지게 하기 위해서 각 사람의 이름과 그 사람이 그 주에 다루게 될 핵심 신념을 기록하고 싶은 사람이 있을지도 모른다.)

3. **회피자 유형** _내적인 반항아

- "당신은 회피자 유형일지도 모른다. 만약…"과 "회피자 유형이 하는 말"이라고 표기되어 있는 문문을 보고 당신에게 해당되는 항목 옆에 당신의 이름을 표시하라. 당신이 아는 사람을 설명하는 항목에는 그 사람의 이름을 써 보라. (주의: 초점을 바꾸기 위해서가 아니라 설명하기 위해서 다른 사람들을 포함시키라.)
- pp. 59-63에서 저자는 신시아가 살면서 변화해야 할 부분들을 어떻게 깨닫게 되었는지 설명한다. 당신이 살 수 있는 날이 6개월밖에 남지

않았다면, 당신의 관계 속에서 어떤 변화를 기대할 수 있겠는가? 어떻게 변하게 될지 그룹 성원들에게 말하라. (제안: 손쓸 수 없는 상태에 이를 때까지 아무 조치도 취하지 않고 기다려서는 안 된다.)
- pp. 65-66의 '회피자 유형을 위한 조언'을 보라. 성령이 당신에게 말씀하고 계시다고 느끼는 것에 표시하라. 당신이 그 조언을 따라야 하는 이유를 그룹 성원들에게 말해 보라.
- 부록2에 있는 장점과 단점의 목록을 보라. 당신의 단점을 최소화하고 장점을 극대화하기 위해 어떻게 할 수 있는가? 가정이나 직장이나 사역지에서 당신이 변화될 수 있는 일들을 적어 보라. (제안: 주머니나 지갑에 가지고 다닐 수 있게 작은 카드로 만들 수 있다.)

4. 비껴가는 자 유형 _ 심장공포증

- 본문에서 별도 처리된 발문을 살펴보고, 당신에게 적용되는 항목 옆에 이름을 적어 보라. 당신이 아는 사람을 설명하는 항목에는 그 사람의 이름을 써 보라.
- 저자는 비껴가는 자 유형들이 유머를 사용하거나 다른 사람에게 집중함으로써 주의를 분산시킨다고 말한다. 이 가운데 당신이 동일시할 수 있는 것이 있는가? 그룹 성원들에게 p. 72에 "사실은, 그녀의 죄도 남편과 마찬가지로 심각하다" 다음에 나열된 성경 말씀을 찾아보게 하라. 이것은 당신에게 어떻게 적용되는가?(비껴가는 자 유형이든 아니든)
- pp. 78-79의 '비껴가는 자 유형을 위한 조언'을 보라. 성령이 당신에게 말씀하고 계시다고 느끼는 것에 표시하라. 당신이 그 조언을 따라야 하는 이유를 그룹 성원들에게 말해 보라.
- 부록2에 있는 장점과 단점의 목록을 보라. 당신의 단점을 최소화하고

장점을 극대화하기 위해서 어떻게 할 수 있는가? 가정이나 직장이나 사역지에서 당신이 변화되어 할 수 있는 일들을 적어 보라. 간략하고 요령있게 적으라.

5. 자기 비난자 유형 _ 어두움의 숭배자

- 발문을 살펴보고 당신에게 적용되는 항목 옆에 이름을 적어 보라. 당신이 아는 사람을 설명하는 항목에는 그 사람의 이름을 써 보라.
- 신념, 정죄 그리고 자기 비난자 유형 간에는 어떤 차이점이 있는가? 그 각각의 차이점은 무엇을 말해 주는가?
- p. 82에서 저자는 자기 비난자 유형의 사람이 느끼는 수치심과 내적 고통이 생생하다고 말한다. 그는 또한 그것에 어두운 면이 있다고 말한다. 이것은 무슨 뜻인가?
- pp. 93-98에서 저자는 미움이 기독교의 한 가지 덕목이라고 말한다. 이 말에 대해 어떻게 생각하는가? 저자는 미움이 건설적으로 표현되어야 한다고 어떤 제안을 하는가? 미움의 적절한 표현과 부적절한 표현의 예를 들어 보라.

6. 구세주 유형 _ 맹목적인 섬김

- 구세주 유형의 사람은 흔히 바쁘고 남에게 도움을 주지만 그들의 노력은 어쩔 수 없이 좌절감을 낳는다. 그 이유는 무엇인지 설명해 보라.
- 구세주 유형의 사람은 자신의 필요와 다른 사람들의 필요가 매우 다르다고 생각한다. 왜 그럴까? 구세주 유형의 사람은 어떤 기본적 가정을 바탕으로 행동하는가?
- 당신이 구세주 유형의 사람과 공통적인 특성을 가지고 있다면 당신의 경우에 그것은 어떻게 드러나는지 그룹 성원들에게 말하라. 더욱 건

전한 접근 방식은 어떤 것이겠는가?
- pp. 117-118에 나온 '구세주 유형을 위한 조언'과 부록2에 나열된 단점을 보라. 당신에게 해당되는 항목에 표시하라. 이런 생활 양식을 깨뜨리기 위해서 다가오는 주간 동안 어떤 특별한 조치를 취할 것인지 그룹 성원들에게 말하고, 그들에게 조언을 부탁하라.

7. 공격자 유형 _ 방어물로서의 적개심
- pp. 119-122에서 저자는 우리에게 다소 적대적인 공격자 유형인 윌리엄을 소개한다. 이런 유형의 적개심을 불태우는 신념 가운데는 어떤 것이 있는가? 공격자 유형의 사람은 이것을 어떻게 느끼는지 설명해 보라. 또한 그 적개심을 받는 쪽의 사람은 어떻게 느낄지 설명해 보라. 그 두 사람은 무엇을 이해해야 하는가?
- pp. 134-136에서 저자는 공격자 유형을 길들여지지 않은 말에 비유한다. 야생 상태에서 말은 무엇을 할 수 있는가? 이것을 공격자 유형의 사람에게 적용하고 차이점과 결과를 설명해 보라.
- 당신은 공격자 유형의 사람인가? 그렇다면, 이 가면이 당신의 삶 속에서 어떻게 나타났으며, 그 결과는 어떠했는지 그룹 성원들에게 말해 보라. 당신이 공격자 유형의 사람이 아니라면, 그 유형에 해당하는 사람에 대해서 그룹 성원들에게 설명하라. 그 사람의 삶은 어떤 종류의 열매를 맺었는가? (주의: 다른 사람에 대해서 설명한다면 부드럽게 설명하고, 그 사람의 신원은 밝히지 않는다.)
- pp. 137-138에 나온 '공격자 유형을 위한 조언'과 부록2에 나열된 단점을 보라. 당신에게 해당되는 항목에 표시하라. 이런 생활 양식을 깨뜨리기 위해서 다가오는 주간 동안 어떤 특별한 조치를 취할 것인지 그룹 성원들에게 말하고, 그들에게 조언을 부탁하라.

8. 영적인 해석자 유형 _ 가면으로서의 하나님

- 육안으로 보면 영적인 해석자 유형은 그저 위선자일지도 모른다. 이것은 공정한 평가인가? pp. 139-143에 나온 론다의 이야기를 살펴보라. 이 이야기를 통해서 영적인 해석자 유형들의 내면 세계에 대해 깨달은 점이 있다면 무엇인가?
- pp. 144-149에는 다양한 영적인 해석자 유형들이 설명되어 있다. 이런 범주가 어떤 것인지 그룹 성원들에게 말하고 예를 들어 보라. (주의: 대답할 때는 상냥하게 하라.)
- 당신은 영적인 해석자 유형의 사람인가? 이 유형은 어떤 것인지 그룹 성원들에게 말해 보라. 당신의 현재 모습 속에서 영적인 해석자 유형의 특징이 나타나는가? 용기를 내어 그 특징을 그룹 성원들에게 말하고, 더욱 분발하여 당신이 영적인 해석자 유형으로 활동할 때 그들이 무엇을 보았는지 그룹 성원들에게 말해 달라고 부탁하라. 마음을 열고 그들의 피드백을 받아들이라.
- pp. 160-161에 나온 '영적인 해석자 유형을 위한 조언'과 부록2에 나열된 단점을 살펴보라. 당신에게 해당되는 항목에 표시하라. 이런 생활 양식을 깨뜨리기 위해서 다가오는 주간에 어떤 특별한 조치를 취할 것인지 그룹 성원들에게 말하고, 책임감을 가지고 행하라.

9. 하나님과 동행하는 삶의 비결

- 저자는 관계의 원칙이 하나님의 성품과 그분이 하시는 모든 것 가운데 가장 중요하다고 말한다(p. 167). 이에 동의하는가, 아니면 반대하는가? 이유를 설명하라. 각각의 그룹 성원들에게 하나님이 하시는 일들을 말하게 하고(예를 들면, 해가 뜨게 하심, 사람들을 그분의 영으로 충만하게 하심 등), 관계의 원칙이 이런 사건에 어떻게 작용하는지

성원들이 설명하게 하라.
- 관계의 가면으로 고심하고 있는 사람들은 하나님께 가까워지기 위해서 극복해야 할 일이 있다. 회피자 유형과 비껴가는 자 유형의 경우에는 어떤 것이 해당하는지 예를 들어 보라.
- 표 9.1에는 하나님과 관계적이고 비관계적인 방식으로 상호 작용하는 예가 나와 있다. 그룹 성원들과 이것을 자세히 살펴보고 해당하는 성경 말씀을 읽어 보라. 당신이 이에 동의하는지 반대하는지 당신의 생각을 그룹 성원들에게 말하라. (주의: 불꽃 튀는 논쟁을 두려워하지 말라. 단지 존중하는 말투로 하라.)
- 당신이 하나님과 상호 작용을 하기 위해서 변화해야 할 점을 한두 가지 정도 그룹 성원들에게 말해 보라. 그리고 그 다음 주에 어떻게 됐는지 그룹 성원들이 물어 보게 하라.

10. 사람들과 동행하는 삶의 비결

- 표 10.1은 우리 자신이 관계적이거나 비관계적인 방식으로 상호 작용하는 방법을 보여 준다. 그룹 성원들과 이것에 대해 자세히 살펴보고 해당하는 성경 말씀을 읽어 보라. 이에 동의하는지 반대하는지 당신의 생각을 그룹 성원들에게 말하라.
- 표 10.2는 배우자, 자녀들 그리고 친구들이나 다른 사람들과 우리가 관계적인지 비관계적인지 보여 준다. 그룹 성원들과 이것을 자세히 살피고 해당하는 성경 말씀을 읽어 보라. 당신 자신의 경험을 바탕으로 다른 사람들과 상호 작용을 할 때 어떤 것이 관계적이고 비관계적인지 그룹 성원들에게 말하라.
- 각각의 그룹 성원에게 다른 한 사람을 선택하게 하고, 그 사람이 이 공부를 하는 동안 어떻게 변화되었는지 말해 보게 한다. 다른 사람들

의 핵심 신념이나 관계의 가면이나 관계의 원칙이 이 기간 동안에 어떻게 변했는가?

- 당신 자신의 핵심 신념이나 관계의 가면이나 관계의 원칙을 적용하는 것에 대해서 배운 것을 그룹 성원들에게 말하라. 가장 중요한 것은, 이 공부를 통해 당신이 무엇을 했는지 그룹 성원들에게 말하는 것이다.
- 시간을 내서 그룹 성원들 각각을 위해 기도하고, 하나님이 그 사람에게 조명해 주시는 대로 살아가게 도와달라고 하나님께 간구하라. 공부가 끝난 후에도 서로 마음을 열고 관계를 유지하라.

주

2. 관계의 가면의 기초: 핵심 신념

1) Russell Willingham, *Breaking Free: Understanding Sexual Addiction and the Healing Power of Jesus*(Downers Grove, Ill.: InterVarsity Press, 1999).

8. 영적인 해석자 유형: 가면으로서의 하나님

1) 성경에서 선한 일을 하는 것과 사랑하는 것을 분명히 강조하고 있다는 것에 의심이 든다면 다음 말씀들을 읽어 보라. 사 58:6-7; 겔 22:7; 34:1-4; 암 2:6-7; 슥 7:9-10; 마 15:3-6; 22:35-40; 25:31-40; 눅 6:32-36; 10:25-37; 11:4; 요 15:12; 롬 12:10; 13:8-10; 고전 13; 엡 5:1-2; 골 3:12-14, 19; 살전 4:9; 히 13:1-3; 약 2:8-9; 벧전 1:22; 4:8-10; 요일 3:16-18; 4:7-12.

2) 창 2:18; 출 17:11-12; 18:14-18; 삼하 21:15-17; 느 8:8; 잠 12:15; 13:10; 15:12; 20:18; 24:6; 27:17; 전 4:9-12; 행 2:44-46; 8:30-31; 10:33; 딤후 4:9-13을 보라.

9. 하나님과 동행하는 삶의 비결

1) 창 4:5-7; 13-15; 출 5:22-23; 수 7:7; 삿 6:12-13; 룻 1:20-21; 삼하 6:8; 욥 7:19-20; 10:1-3; 13:20-28; 14:18-20; 27:2; 30:20-23; 시 13:1; 22:1-2; 44:23-24; 88:14-18; 89:38-47; 렘 4:10; 20:7-8; 애 3:1-18; 욘 4:8-9을 보라.

옮긴이 원혜영은 숙명여자대학교에서 영어영문학을 전공했다. 역서로는 「그 길에서 서성이지 말라」(디모데)가 있다.

관계의 가면

초판 발행 2006년 2월 10일
초판 16쇄 2025년 6월 30일

지은이 러셀 윌링엄
옮긴이 원혜영
펴낸이 정모세

편집 이성민 이혜영 심혜인 설요한 박예찬
디자인 한현아 서린나 | 마케팅 오인표 | 영업·제작 정성운 이은주 조수영
경영지원 이혜선 이은희 | 물류 박세율 정용탁 김대훈

펴낸곳 한국기독학생회출판부 | 등록번호 제2001-000198호.(1978.6.1)
주소 04031 서울시 마포구 동교로 156-10
대표 전화 (02) 337-2257 | 팩스 (02) 337-2258
영업 전화 (02) 338-2282 | 팩스 080-915-1515
홈페이지 http://www.ivp.co.kr | 이메일 ivp@ivp.co.kr
ISBN 978-89-328-2541-0

ⓒ 한국기독학생회출판부 2006

책값은 뒤표지에 있습니다.
무단 전재와 복제를 금합니다.